«Es un extraordinario nuevo libro sobre la [...]
espirituales personales junto con las teológ[...]
de iglesias deberían leerlo».

Tim Keller, *Redeemer Presbyterian Church*

«Esta sí que es una idea inteligente: preguntar a un experimentado pastor plantador de iglesias cómo se debería realizar esta actividad. *Plantador de iglesias* de Darrin Patrick, con gran veteranía en este campo, habla desde la convicción teológica, la experiencia pastoral y la visión misionológica más profundas. Plantar iglesias es uno de los movimientos más importantes de nuestra época que, además, sigue el patrón establecido por los apóstoles. Este libro tendrá una gran acogida por parte de quienes celebran el renacimiento de la plantación de iglesias en esta generación».

Reverendo Albert Mohler, Jr., Presidente de *The Southern Baptist Theological Seminary*

«Darrin Patrick es un amigo para los plantadores de iglesias. Es ampliamente conocido como líder firme y buen pensador en esta actividad de nuestra época. En este libro, reúne su comprensión bíblica, su profundo conocimiento teológico y su sabiduría pastoral con respecto a lo que se requiere para plantar una iglesia misional. Para quienes ya se están dedicando a esta labor, o piensan hacerlo, este libro será de gran ayuda para comprobar si está preparado con su mensaje y para la misión».

Ed Stetzer, www.edstetzer.com; coautor de *Iglesias virales: Cómo pueden llegar a ser hacedores de movimiento los plantadores de iglesias*

«Todos hemos leído libros sobre la plantación de iglesias y los movimientos relacionados con esta labor. Este libro trata sobre el plantador de iglesias [...] sus aptitudes, teología y carácter. No se equivoque en esto, Darrin Patrick cubre todas las bases que se requieren para ser un plantador de iglesias de éxito en el siglo XXI. Consiga al hombre correcto, que vaya en la dirección adecuada, con el mensaje apropiado y tendrá la impactante combinación para el reino de Dios. Lo que aquí se presenta es un planteamiento centrado en Cristo y en el evangelio para inaugurar nuevas iglesias».

Billy Hornsby, Presidente de *Association of Related Churches*, Birmingham, AL

«*Plantador de iglesias* es una obra espléndida. Darrin Patrick combina la mente de un cuidadoso teólogo, el corazón de un pastor compasivo y la pasión de un cristiano misional. Dada su profunda participación en la formación de plantadores de iglesias en un seminario, este libro es de lectura obligada para aquellos a quienes enseñamos y enviamos a adentrarse en la perdición de los excluidos y las ciudades marginadas de nuestra nación y del mundo. Gracias, Darrin, por esta labor de amor. Has prestado un valioso servicio al cuerpo de Cristo».

Daniel L. Akin, Presidente de *Southeastern Baptist Theological Seminary*, Wake Forest, NC

Plantador de iglesias surge del corazón de un hombre real que comparte el evangelio real a partir de la experiencia real de guiar a la iglesia de Cristo. ¡Potente, útil, esperanzador!

Bryan Chapell, Presidente, Covenant Seminary; autor de *Christ-Centered Preaching* [La predicación cristocéntrica] y *Christ-Centered Worship* [La adoración cristocéntrica]

«Si usted tiene un llamado para plantar iglesias, Darrin Patrick lo entiende, y lo más importante, comprende lo que le cuesta conectarse con el evangelio, el evangelio con la iglesia, y esta con la misión. Este libro está repleto de profundo conocimiento; es un campo de entrenamiento por escrito. Si Dios lo ha reclutado, léalo ¡y que empiece el entrenamiento!».

Dave Harvey, autor de *Rescuing Ambition* [Ambición rescatadora]; *Church Planting & Church Care, Sovereign Grace Ministries*

«Mi nuevo amigo Darrin Patrick ofrece un visión profunda del privilegio y del llamado del plantador de iglesias. Como apasionado del crecimiento de la iglesia de Dios, recomiendo este libro a todos los pastores y plantadores de iglesias. Si espera plantar una para dar a conocer el nombre de Jesucristo, asegúrese de leer antes esta obra».

James MacDonald, Pastor principal de la iglesia *Harvest Bible Chapel* y fundador de *Harvest Bible Fellowship*

«Me gusta que se me exija, y Darrin Patrick es un cuidadoso pensador y un pastor sumamente trabajador. Lo que nos expone aquí es una presentación clara, considerada con esmero y bien ilustrada del pastor y de su ministerio. Su lectura ha supuesto para mí un desafío, una provocación y un gran estímulo. Discrepo en algunos aspectos, como la correlación que Darrin establece entre la resurrección de Cristo y la transformación de las ciudades; sin embargo, el libro ha sido emocionante y muy útil, y lo agradezco enormemente. Me complace recomendarle esta obra y oro para que Dios la use y sea de ayuda para el establecimiento de iglesias que lleven el evangelio de Cristo a los confines del mundo».

Mark Dever, Pastor de la iglesia *Capitol Hill Baptist Church*, Washington, DC

«Me encanta este libro porque aprecio a los plantadores de iglesias y sé que será de gran ayuda para ellos a la hora de cumplir con su llamado. También me gusta mucho que Darrin escriba de una forma tan cruda. No es un libro escrito desde un pedestal, sino que su autor lleva bastantes cicatrices de guerra, por haber estado en las trincheras de la plantación de iglesias».

Mark Batterson, Pastor titular de la iglesia *National Community Church*, Washington, DC

«Darrin hace una esmerada disección para proporcionarnos una visión profunda de lo más importante a la hora de inaugurar una nueva obra: una clara comprensión de lo que debe ser una comunidad que funcione según la Biblia y que esté guiada por alguien apasionadamente comprometido con Jesús. Es un libro fuerte, excelente, que sobrepasa las estrategias pragmáticas y establece principios que servirán en cualquier contexto. ¡Me siento entusiasmado al pensar en un movimiento de líderes que vivan, de una forma completa y absoluta, los principios de *Plantador de iglesias* e inauguren iglesias que honren a Dios y compartan su renombre!

Jud Wilhite, autor de *Eyes Wide Open* [Ojos bien abiertos]; Pastor principal de la iglesia *Central Christian Church*, Las Vegas, NV

«Darrin Patrick comprende el ministerio. Entiende que no se trata de una carrera para aquellos que intentamos hacer algo para Dios. Es un llamado que solo se puede cumplir fielmente cuando se construye sobre el fundamento de las normas escriturarias. No solo es un gran libro para cualquiera que participe en la plantación de iglesias, sino para todo aquel que esté colaborando en el ministerio pastoral. Lo ayudará (y también a su equipo) a mantener su vida, su mensaje y su misión en perfecta alineación con la visión y el llamado de Dios».

Larry Osborne, *North Coast Church*, Vista, CA

«*Plantador de iglesias* de Darrin Patrick es de lectura obligada para cualquiera que esté pensando en plantar una iglesia o que trabaje con líderes que se dedican a esta labor. Aunque no sostengo toda su teología de liderazgo, sigo recomendando este libro enérgicamente. En lo tocante a la plantación de iglesias, Darrin es un tipo que "entiende" absolutamente, ¡porque lo ha realizado! ¡Usted también lo "captará" si lee este libro!».

Dave Fergusson, Pastor titular de la iglesia *Community Christian Church*, Naperville, IL; líder visionario de *New Thing*

«Este libro es un arma. *Plantador de iglesias* es una de las piezas más importante del equipo que un plantador de iglesias (o cualquiera que aspire a algún tipo de liderazgo en la iglesia) pueda poseer. Darrin Patrick escribe basándose en su convicción bíblica y su demostrada experiencia, y no en sus preferencias ni en pragmatismos. Yo confío en él y en lo que ha escrito aquí. Espero que este libro llegue a manos de hombres de todo el mundo».

Justin Buzzard, plantador de iglesias, Phoenix, AZ; blogger, BuzzardBlog

«Darrin Patrick ha realizado un asombroso trabajo al detallar el tipo de llamado que tenemos, no solo como plantadores de iglesias, sino como pastores y hombres de Dios. Ya sea que esté considerando plantar una iglesia o que haya sido pastor durante décadas, me quedaría corto a la hora de recomendarle este libro».

Matt Chandler, Pastor titular de la iglesia *The Village Church*, Texas

Darrin Patrick

PLANTADOR DE IGLESIAS

EL HOMBRE,
EL MENSAJE,
LA MISIÓN.

PLANTADOR DE IGLESIAS
Edición en español publicada por
Editorial Vida – 2012
Miami, Florida

© 2012 por Editorial Vida

Este título también está disponible en formato electrónico.

Originally published in the U.S.A. under the title:
Church Planter
Copyright ©2010 by Darrin Patrick
Published by Crossway
a publishing ministry of Good News Publishers
Wheaton, Illinois 60187, U.S.A.

Traducción: *Loida Viegas*
Edición: *Athala Jaramillo*
Diseño interior: *Grupo Nivel Uno, Inc.*

ISBN: 978-0-8297-6223-5

CATEGORÍA: Ministerio cristiano / Recursos pastorales

IMPRESO EN ESTADOS UNIDOS DE AMÉRICA
PRINTED IN UNITED STATES OF AMERICA

12 13 14 15 16 ❖ 6 5 4 3 2 1

CONTENIDO

Prólogo de Mark Driscoll 7
Agradecimientos 8
Prefacio: ¿Por qué centrarse en los hombres? 9

El hombre
1. Un hombre rescatado 23
2. Un hombre con llamado 33
3. Un hombre capacitado 49
4. Un hombre dependiente 67
5. Un hombre cualificado 77
6. Un hombre capaz de pastorear 91
7. Un hombre resuelto 107

El mensaje
8. Un mensaje histórico 121
9. Que logra la salvación 131
10. Cristocéntrico 147
11. Que expone el pecado 163
12. Que destroza a los ídolos 175

La misión
13. El corazón de la misión: la compasión 195
14. La casa de la misión: la iglesia 205
15. El cómo de la misión: la contextualización 219
16. Las manos de la misión: la dedicación 235
17. La esperanza de la misión: la transformación de la ciudad 253

Prólogo

Conocí a Darrin Patrick en el primer campo de entrenamiento de *Acts 29* [Hechos 29] que celebramos para evaluar y formar a potenciales plantadores de iglesias. Fue un momento providencial que marcó un giro tanto para mí como para muchos otros dedicados a esta labor. Desde aquel día, Patrick se ha convertido por la gracia de Dios en un exitoso plantador de iglesias con un próspero ministerio en San Luis, Missouri, y en un imán para jóvenes obreros de toda la nación y del mundo en este mismo campo. *Acts 29* ha conseguido plantar trescientas iglesias en los Estados Unidos y en otras muchas naciones, y esto se debe en gran parte al liderazgo de este hombre.

Por encima de todo, Darrin se ha convertido en un querido amigo. He visto el amor profundo que prodiga a su esposa, la fidelidad con la que sirve a sus hijos, la diligencia con la que pastorea su iglesia y la pasión con la que predica el evangelio; por todo ello, he llegado a sentir un enorme aprecio por él. Existen pocos líderes extraordinarios y, menos aún, grandes líderes de líderes. Darrin es ambas cosas.

Ha luchado contra la enfermedad, el aborto espontáneo y las críticas religiosas más feroces; todo ello le hizo desear aun más arrepentirse de su pecado, servir con humildad y ayudar a los demás. En resumen, es un pastor de pastores que lleva las cicatrices de la batalla y el botín de la victoria que le otorga el derecho de ser escuchado en los asuntos de los que habla en este libro.

Cuando llegó el momento de que uno de nuestros obreros de *Acts 29* escribiera el primer libro sobre la plantación de iglesias, pareció más que lógico que fuese Darrin quien lo hiciera, ya que numerosos líderes de las denominaciones y redes de comunicaciones más diversas acudían a él para recibir un consejo sabio, centrado en el evangelio, arraigado en la Biblia y enfocado en Jesús. Ahora bien, siento una enorme ilusión al ver su libro por fin publicado. Estoy convencido de que Dios lo usará para añadir algunos leños más al fuego de la labor de plantar iglesias, para convocar a más obreros y salvar a otros de su propia insensatez y, por la capacitación del Espíritu Santo, ver más personas transformadas que adoren a Jesús que es el propósito de la plantación de iglesias.

Mark Driscoll
Pastor, predicador y teólogo
Mars Hill Church
Fundador y líder visionario de *Acts 29*

Agradecimientos

Quiero dar las gracias a mi padre por ser el primer hombre de mi vida, y a mi piadosa madre. Me gustaría que estuvieran vivos para que hubieran podido leer este libro.

Asimismo, quisiera agradecer al consejo de *Red de plantación de iglesias Hechos 29* y a sus miembros por su valor y fe que han inspirado las palabras aquí escritas.

Gracias a los ancianos y al personal de *The Journey* que han servido a nuestra iglesia local, sufriendo por ella, para que yo pudiera escribir.

Tampoco podría haberlo hecho, ni por asomo, sin el apoyo de mi devota esposa, Amie, y nuestros cuatro hijos.

Finalmente, gloria sea a Jesús, que me salvó y me llamó a sí mismo y a su misión por medio de la iglesia local para beneficio del mundo.

Prefacio

¿Por qué centrarse en los

Soy consciente de que muchos de ustedes se echarán atrás aun antes de que hayamos empezado porque he utilizado la palabra «hombre» en el subtítulo de este libro. ¿Por qué descartar a más de la mitad de la población con un enfoque tan estrecho? ¿Por qué tengo que ser tan patriarcal y tan chovinista? ¿Cómo puedo reforzar los estereotipos sobre quién pertenece al ministerio a tiempo completo y quién no? Antes de dejar el libro a un lado achacando que se trata de una nueva promoción de cristianismo de testosterona, lea este prefacio. No estoy tan loco como parece. Existe una razón por la cual un hombre ha escrito este libro dirigido a hombres, y trata de la clase de hombres necesarios para proclamar el evangelio y guiar a la iglesia de Dios en un mundo roto. En una palabra, opto por este enfoque, porque nos vemos ante una crisis cultural y teológica de la que debemos ocuparnos.

La crisis cultural

Vivimos en un mundo lleno de varones que han prolongado su adolescencia. No son niños ni tampoco hombres. Existen suspendidos, por así decirlo, entre la niñez y la adultez, entre la época del crecimiento y el momento de ser mayores. Denominaremos a este tipo de hombre con el término *Ban,* un híbrido de niño y hombre*. Ban es juvenil, porque ha tenido todo un espacio propio creado para disfrutar de los deseos de la juventud. La cultura que lo acompaña no solo tolera su conducta, sino que la alienta y la aprueba. (Considere revistas como *Maxim* o películas del estilo de *Wedding Crashers***). Este tipo de varón se halla en todas partes, incluida la iglesia y, lo que es sumamente alarmante, hasta en el ministerio vocacional.

---

* La palabra *Ban* es el resultado de unir los términos ingleses *boy* [niño] y *man* [hombre] (N.T.).
** La película *Wedding Crashers* se ha traducido en España como «De boda en boda» y en Latinoamérica como «Los rompebodas».

uede ser una aterradora realidad en la iglesia, pero es lo que le ha sucedido a la industria del videojuego. Casi la mitad oximadamente el cuarenta y ocho por ciento) de los varones estadounidenses de edades comprendidas entre los dieciocho y los treinta y cuatro años se entretienen a diario con estos juegos... *durante casi tres horas*[1]. El comprador medio de estos juegos de vídeo tiene treinta y siete años. En 2005, el noventa y cinco por ciento de los consumidores de este producto de entretenimiento y el ochenta y cuatro por ciento de quienes adquieren juegos de consola superaban los dieciocho años[2]. *Halo 3* generó en su primera semana más de trescientos millones de dólares en los EE.UU.[3] y más de un millón de personas jugaron a este videojuego en el servicio *Xbox Live* en las primeras veinticuatro horas[4]. Por asombroso que parezca, el setenta y cinco por ciento de los cabezas de familia se entretiene con juegos de computadora y de vídeo[5].

Puede resultar preocupante observar cómo gasta Ban su dinero, pero su forma de relacionarse con las mujeres es del todo deplorable. Basta con seguirle hasta el «*da club*» para comprobar su opinión y sus expectativas con respecto al sexo opuesto. Una vez más, las estadísticas cuentan la historia.

Unos 9,7 millones de estadounidenses conviven sin casarse con una pareja del sexo opuesto y 1,2 millones lo hacen con alguien de su mismo sexo[6]. Cada *segundo* se gastan 3.075,64 dólares en pornografía[7]; 28.258 usuarios de la Internet visitan páginas pornográficas[8]

---

[1] *Cf.* Kay S. Hymowitz, «Child-Man in the Promised Land» [Niño-hombre en la Tierra prometida]. Puede acceder a este artículo que he utilizado a lo largo de todo este capítulo, en la página http://www.city-journal.org/2008/18_1_single_young_men.html.
Tras observar que el tiempo medio que los varones de entre dieciocho y treinta y cuatro años dedican a este tipo de juegos asciende a dos horas cuarenta y tres minutos al día, Hymowitz añade, no sin ironía: «Esto supone trece minutos más que los de la franja comprendida entre los doce y los dieciséis años que, evidentemente, tienen más responsabilidades que los de veintitantos de hoy».
[2] Véase:http://www.seriousgameseurope.com/indez.php?option=com_frontpage&itemid=1&limit=4&limitstart=44.
[3] Scott Hillis, «Microsoft says "Halo" 1st-week sales were $300 mln» [Microsoft dice que las ventas de "Halo" durante la primera semana ascendieron a trescientos millones de dólares], Reuters, 4 de octubre de 2007.
[4] Paul McDougall, «*Halo 3* Sales Smash Game Industry Records» [Las ventas de *Halo 3* pulverizan los récords de la industria del juego], *Information Week*, 27 de septiembre de 2007.
[5] Véase:http://www.seriousgameseurope.com/indez.php?option=com_frontpage&itemid=1&limit=4&limitstart=44.
[6] U.S. Census Bureau [Oficina del Censo de los Estados Unidos], 2000; http://usattorneylegalservices.com/divorce-statistics.html.
[7] Véase: http://www.familysafemedia.com/pornography_statistics.html.
[8] *Ibíd.*

y 372 introducen conceptos adultos de búsqueda en los servidores[9]. Cada treinta y nueve minutos se crea un nuevo vídeo pornográfico en los Estados Unidos[10].

En la nación estadounidense se viola a 1,3 mujeres cada minuto, lo que arroja un total de setenta y ocho violaciones por hora, 1.872 por día, 56.160 al mes y 683.280 al año[11]. Una de cada tres mujeres estadounidenses será sexualmente agredida durante su vida[12]. Los Estados Unidos tienen la tasa de violaciones más alta del mundo de entre los países que publican este tipo de estadísticas. Representa un porcentaje cuatro veces superior al de Alemania, trece veces más alto que el de Inglaterra y *veinte veces mayor* al de Japón[13].

Lamentablemente, muchas jóvenes han desistido hoy de su intento por encontrar a Don Adecuado. Están tomando conciencia de la cruda realidad: lo más probable es que tengan que conformarse con Don Mediocre. Ban se vende muy bien como hombre, pero en realidad no es más que un «aspirante a hombre». No le suele gustar la verdad absoluta, sino que demuestra su existencia por medio de su continua desconcentración, su conducta de escuela secundaria y las consecuencias asociadas. Asumir las responsabilidades de marido y padre convierte al muchacho en un hombre, esto es una realidad transcultural. Pero a Ban no le gustan las responsabilidades, de modo que alarga su adolescencia hasta donde sea humanamente posible[14]. Al retrasar el momento de formar una familia, rito que en muchas culturas señala que el muchacho ya es un hombre, Ban consigue centrarse de lleno y de forma suprema en sí mismo[15].

Al aplazar la adultez hace lo propio con el matrimonio. ¿Para qué molestarse con una esposa y una hipoteca pudiendo vivir en el sótano de tus padres, jugar todo el día con los videojuegos, participar en las ligas deportivas de adultos por la noche y andar de bares todos los fines de semana? Hymowitz constata que en 1970, el 69% de los hombres blancos de veinticinco años y el 85% de los de treinta estaban casados; en el 2000, solo el 33% y el 58%, respectivamente,

---

[9] *Ibíd.*
[10] *Ibíd.*
[11] Véase: http://oak.cats.ohiou.edu/~ad361896/anne/cease/rapestatisticspage.html.
[12] *Ibíd.*
[13] *Ibíd.*
[14] Hymowitz, «Child-Man in the Promised Land» [Niño-hombre en la Tierra prometida].
[15] Véase David Gilmore, *Manhood in the Making: Cultural Concepts of Masculinity* [Desarrollo de la hombría: conceptos culturales de masculinidad] (Binghamton, NY: Vail-Ballou Press, 1990), 41-42, 64.

lo estaba[16]. Y los datos sugieren que esta tendencia no está disminuyendo. Creo que esta es una de las razones por la que a los jóvenes les gusta ver una variedad de artes marciales. Se autoproyectan en esos «superhéroes», hombres que son todo lo que ellos no llegan a ser: increíblemente disciplinados, valientes y arriesgados, con un respeto genuino por sus congéneres. Es como si observando a hombres reales en peligro tuvieran acceso a la química cerebral responsable de lo que llamamos masculinidad. Curiosamente, la testosterona y la adrenalina que estimulan a los hombres a buscar el peligro y el riesgo rara vez se aprovecha para propósitos honorables como un matrimonio para toda la vida y ser padres. En lugar de ello, Ban se decanta por la realidad y las relaciones virtuales.

Algunos hombres dejan de consentirse[17], de sobar el mando de la consola o el control remoto del televisor y participan en ligas deportivas para adultos, incluido el juego infantil del *kickball*[18]. Uno de los catalizadores más importantes del amor de los jóvenes por los deportes recreativos es, quizás, que repiten el tipo de desafío y competitividad tan ausentes en sus propias vidas personales, profesionales y espirituales. Un autor definió los deportes en equipo como «el sustituto civilizado de la guerra»[19], lo que explicaría por qué son tantos los hombres que solo parecen tener vida emocional en su interior y sentirse conectados socialmente de forma externa con sus compañeros «guerreros de fin de semana». Ser un niño adulto se ha convertido en una corriente dominante[20].

El viaje masculino desde la infancia a la adultez consiste, en gran parte, en la transición de comprometerse físicamente por medio del dolor que inflige la implicación emocional mediante la absorción del sufrimiento anímico y la perseverancia a través del mismo[21]. Los niños han de aprender cómo utilizar su fuerza física de una forma más pasiva que activa a medida que van progresando hacia la adultez

[16] Hymowitz, «Child-Man in the Promised Land» [Niño-hombre en la Tierra prometida].
[17] Según un estudio del Instituto Kinsey sobre las prácticas sexuales estadounidenses realizado hace casi sesenta años, el 92% de los hombres norteamericanos de todas las edades post-púberes confesaron masturbarse con regularidad. Véase: http://www.teenhealthfx.com/answers/Sexuality/1056.html.
[18] Según la World Adult Kickball Association (WAKA), el kickball adulto acreditado ha pasado a superar los setecientos equipos en dieciocho estados, con más de diecisiete mil jugadores matriculados. WAKA cuenta con más de treinta empleados a tiempo completo y constituye un negocio de un millón de dólares al año. Véase http://www.kickball.com.
[19] John Carroll, citado por Leon J. Podles en *The Church Impotent* [La iglesia impotente] (Dallas: Spence Publishing, 1999), 168.
[20] Esto se puede comprobar en http://www.rejuvenile.com.
[21] Podles, *The Church Impotent* [La iglesia impotente], 43.

y se convierten en lo que David Gilmore denomina «verdaderos hombres». Este tipo de hombres «dan más de lo que reciben [...] son generosos hasta el punto del sacrificio»[22]. Ser un hombre significa ser fuerte *y* tierno a la vez.

Tengo tres hermosas hijas que no solo me han robado el corazón, sino que parecen pasearse con él y lanzárselo entre ellas de un lado a otro como si se tratara de un juguete, ¡y burlándose de mí por mi incapacidad de arrebatárselo! Pero también tengo un hijo, Drew. Por mi aguda conciencia de la influencia cultural de los Bans y mi interacción pastoral con ellos, sé que tengo mucho trabajo por delante en lo tocante a educar a un hombre piadoso. Como ocurre con todos los padres que tenemos aspiraciones semejantes, el Espíritu Santo es mi única esperanza. Por tanto, hace poco escribí una pequeña oración que refleja el tipo de hombres que necesitamos. Casi todas las noches, Drew y yo pronunciamos juntos esta plegaria que es tanto para él como para mí:

«Oh Dios, haz de mí un hombre de piel dura y corazón blando, fuerte y tierno a la vez. Hazme tan fuerte que pueda salir adelante en la vida, y tan tierno que pueda amar a las personas. Dios, conviérteme en un hombre».

Con todo esto quiero decir que tenemos un par de generaciones de varones que no han sido criados como hombres y que el resultado es una prolongada adolescencia masculina. En una cultura que necesita urgentemente la influencia de hombres piadosos, este vacío genera una crisis cultural justificada. No la resolveremos ignorando a Ban y esperando que, finalmente, madure. Tampoco lo haremos si nos limitamos a decir a las mujeres que son ellas quienes deberían tensar la cuerda. Debemos solventarlo siendo ejemplos de varones según la Biblia y haciendo un llamamiento a los muchachos adultos para que abandonen sus deseos juveniles y se conviertan en los hombres que Dios pretende que sean en el contexto de la iglesia local. Este llamado debería proceder de hombres y mujeres piadosos que se sienten en los bancos de la iglesia de Dios y, en especial,

---

[22] Gilmore, *Manhood in the Making* [Desarrollo de la hombría], 229.

de quienes se suben al púlpito. Los modelos han de ser hombres de Dios.

La crisis teológica

Nuestro mundo se ve alterado en miles de formas. Abundan los problemas evidentes: crímenes sexuales contra la infancia, violencia perpetrada por gobiernos injustos, prácticas de negocio poco éticas que agotan los ingresos honrados de la gente común y corriente y decente... y la lista sigue y sigue. Sin embargo, una de las áreas más sutiles de confusión malsana y de conflicto que he podido detectar, está relacionada con el género, y aquí las definiciones son de gran importancia.

Nuestro cuerpo es el que decide nuestro *sexo*: somos hombre o mujer de forma tangible, a causa de nuestros genitales. El *género* es, sin embargo, un poco menos palpable. Es una mezcla formada por nuestros actos, nuestra mentalidad y nuestras caracterísitcas[23]. A pesar de que, según la Biblia, Dios creó a los hombres y a las mujeres a su imagen y semejanza, el género está intrincadamente vinculado a la espiritualidad. Ser varón tiene que ver con la biología; ser un hombre depende de la forma en que uno se relaciona con Dios, piensa en él y lo sirve.

Hombres y mujeres son reflejo del carácter de Dios, y los hombres, en general, no están llevando su imagen con integridad. Tratándose de una cuestión espiritual en su núcleo central, ha de corregirse en forma de rectificación teológica. Así como Dios trató de forma particular con Adán aunque tanto él como su esposa habían pecado[24], me parece del todo adecuado aprovechar la oportunidad que me brinda este libro para dirigirme de forma directa a los hombres, y «llamarlos» a afrontar su pecado y ser algo más que meros varones.

Yo no crecí asistiendo a la iglesia. Cuando en mi juventud empecé a acudir tampoco entendía todos aquellos argumentos cristianos que parecían tan quisquillosos. Una de estas cuestiones teológicas consistía en el debate sobre si hombres y mujeres podían desempeñar por igual el cargo de anciano. La iglesia a la que empecé a ir (y

[23] Podles, *The Church Impotent* [La iglesia impotente], 37.
[24] Génesis 3:9.

donde finalmente me convertí) ponía gran pasión en esta controversia específica. Como mi iglesia era de la opinión que solo los hombres podían servir en este oficio, yo creía lo mismo. No fue hasta llegar al seminario cuando me metí de lleno en el debate y empecé a considerar el razonamiento de ambas partes. El criterio de la iglesia donde serví durante aquellos años de seminarista era que ambos podían ser ancianos[25]. Esta opinión se denomina igualitarismo[26]. Durante unos cuantos años yo defendí esta postura, sobre todo y una vez más, porque mi iglesia así lo hacía. Leí un par de libros que apoyaban ese pensamiento y comencé a comentar mis puntos de vista con mis compañeros de clase y mis profesores. Mi pasión y mi enfoque personal consistían en empezar nuevas iglesias, por lo que decidí escribir una ponencia que titulé «Comenzar nuevas iglesias en el siglo XXI». Uno de los principales argumentos expresaba que la iglesia necesitaba adherirse al igualitarismo o correría el riesgo de convertirse en algo irrelevante para el mundo moderno. Recuerdo haber puesto tanta pasión en esta cuestión que empecé a devorar todos los libros que pude encontrar sobre el asunto.

Sin embargo, algo extraño sucedió en el transcurso de mi investigación: me convencí de que la postura complementarianista era la bíblica. Llegué a creer que Dios había reservado el cargo de anciano para los hombres, y no fue por la enseñanza de mi iglesia ni por las corrientes culturales, sino mediante el intenso estudio personal de las Escrituras y la obra de los eruditos bíblicos y lingüistas más sabios y cualificados que yo.

Mientras estudiaba el material sobre este tema[27], me quedé atónito al ver la claridad de la Biblia al respecto[28]. Cuando hablo de

---

[25] Debo mucho de mi desarrollo como maestro y líder a Rick McGinniss, fundador y pastor de la iglesia *North Heartland Community Church* de Kansas City. Véase: http://www.northheartland.org.

[26] El igualitarismo se halla en contraposición con el complementarianismo y sostiene que hombres y mujeres pueden y deben desempeñar las mismas funciones en la iglesia y en el hogar. Por el contrario, el complementarianismo afirma que ambos tienen un valor equivalente, pero son llamados a funciones complementarias en ciertos cargos tanto en la iglesia como en el hogar. La mejor defensa de la postura igualitaria es, en mi opinión, la que Sarah Summer hace en *Men and Women in the Church: Building Consensus on Christian Leadership* [Hombres y mujeres en la iglesia: hagamos consenso en el liderazgo cristiano] (Downers Grove, IL: InterVarsity, 2003).

[27] Algunos libros muy útiles al respecto: Dan Doriani, *Women and Ministry* [Las mujeres y el ministerio] (Wheaton: Crossway, 2003); Jerram Barrs, *Through His Eyes: God's Perspective on Women in the Bible* [Desde su mirada: la perspectiva de Dios acerca de las mujeres en la Biblia] (Wheaton: Crossway, 2009); y *Recovering Biblical Manhood and Womanhood: A Response to Evangelical Feminism* [Recuperar la virilidad y la feminidad bíblicas: una respuesta al feminismo evangélico], ed. John Piper y Wayne Grudem (Wheaton: Crossway, 1991).

[28] Algunos de los textos más relevantes incluyen 1 Timoteo 2:11-15; 1 Timoteo 3:2; Tito 1:6; Efesios 5:22-33; y 1 Corintios 11:1-16 y 14:33b-35.

claridad no pretendo insinuar que quienes sostienen una interpretación igualitaria no sean piadosos o que Dios no los esté usando de maneras poderosas y eficaces. Muchos de mis amigos y varios de mis mentores mantienen esta postura. De hecho, uno de mis instructores que más me impactó fue una mujer madura soltera. Asimismo, trabajo de forma activa con líderes pastorales de otras redes[29] que discrepan con el criterio complementarianista de *Acts 29*. Estoy convencido, sin embargo, de que la claridad y el peso de las Escrituras señalan que el oficio de anciano está reservado a los hombres. Esta opinión, derivada principalmente de las epístolas del Nuevo Testamento, es coherente con el resto de la Biblia. Aunque hombres y mujeres fueron llamados por igual en calidad de profetas tanto en el Antiguo[30] como en el Nuevo Testamentos[31], solo los varones fueron sacerdotes y apóstoles.

Según las Escrituras, las mujeres son iguales a los hombres en valor, dignidad y valía y capaces de servir en un ministerio a tiempo completo. Pueden ser diaconisas y líderes de adoración, dedicarse a la enseñanza y utilizar sus dones espirituales al servicio de Dios en su iglesia. Puedo afirmar sin titubeo que nuestra iglesia no existiría sin mujeres clave, tanto en el servicio como en los bancos, que emplean los dones recibidos de Dios para edificación del cuerpo de Cristo. Nuestros líderes femeninos de adoración llevan a nuestra iglesia hasta el trono de Dios de maneras poderosas; las diaconisas suplen las necesidades en formas que los diáconos no podrían. Las esposas de nuestros ancianos ofrecen una sabiduría y un conocimiento profundo que han demostrado ser absolutamente esenciales para la supervivencia y efectividad de nuestra iglesia.

Nada indica en las Escrituras que el género juegue papel alguno en la distribución soberana que Dios hace de los dones espirituales. Resulta preocupante que quienes aman la Biblia tiendan a centrase en lo que las mujeres no pueden hacer en lugar de fijarse en lo que son capaces de llevar a cabo. Lamentablemente, el enfoque se pone en la restricción y no en la preparación[32]. Por lo general, las iglesias

---

[29] Por ejemplo, la red de liderazgo de Dan Kimball y Erwin McManus: http://theoriginsproject.org., así como la de Dave y Jon Ferguson: http://www.newthing.org.
[30] Por ejemplo, Débora en Jueces 4:4.
[31] Por ejemplo, las hijas de Felipe en Hechos 21:9.
[32] Fue el principal catalizador del libro de Jerram Barrs *Through His eyes: God's Perspective on Women in the Bible* [Desde su mirada: la perspectiva de Dios acerca de las mujeres en la Biblia].

complementarianistas han realizado una labor deplorable a la hora de equipar y capacitar a las mujeres para que utilicen los dones recibidos de Dios en la iglesia. Mi opinión es que pueden hacerlo y que solo el oficio de anciano está reservado para los hombres. Esto podría parecer paradójico, pero pienso que es bíblico.

Creo que las Escrituras no solo enseñan de forma sistemática el principio del liderazgo masculino en la iglesia, sino también en el hogar[33]; asimismo, vinculan este principio al orden creado y no a un contexto cultural[34]. Por tanto, los hombres deberían servir como «primeros entre iguales» tanto en el hogar (como maridos y padres) como en la iglesia (como ancianos y pastores). Sin embargo, Alexander Strauch expresa de forma muy adecuada que «el principio de la jefatura masculina [...] no disminuye en modo alguno la relevancia y la necesidad de una implicación activa femenina en el hogar o en la iglesia»[35]. No se valora más a los maridos en el hogar ni a los pastores en la iglesia, ni tampoco tienen más dones, sino que se les encomienda mayor responsabilidad y deben rendir cuentas a Dios por la forma en que ejercen su liderazgo. Lo vemos claramente en la carta que Pablo dirige a la iglesia de Éfeso, donde se llama a los maridos a amar a sus esposas y ser cabezas de sus hogares del mismo modo en que Cristo lo hizo con la iglesia[36]. Esto significa que, siguiendo el modelo de Jesús, los esposos deben dirigir su hogar siendo los primeros en amar, en perdonar y en sufrir, y responsabilizándose del pecado sea su «culpa» o no. Este principio se halla en Génesis 3:9, momento en el que Dios se dirige a Adán en relación al pecado de Eva, y en Romanos 5, donde se le considera responsable del mismo.

También en Hebreos 13:17 vemos que se hace esta misma acusación a los líderes y pastores de la iglesia de Dios (¡el versículo más aterrador de toda la Biblia para los pastores!)[37]. Ancianos y no

---

[33] Efesios 5:21-33; 1 Pedro 3:1-7; Colosenses 3:19-19.
[34] 1 Corintios 11; 1 Timoteo 2:11-15.
[35] Alexander Strauch, *Biblical Eldership: An Urgent Call to Restore Biblical Church Leadership* [El cargo bíblico de anciano: un llamado urgente a la restauración del liderazgo de la iglesia bíblica] (Littleton, CO: Lewis y Roth, 1995), 58.
[36] Efesios 5:25.
[37] Hebreos 13:17 dice así: «Obedezcan a sus dirigentes y sométanse a ellos, pues cuidan de ustedes *como quienes tienen que rendir cuentas.* Obedézcanlos a fin de que ellos cumplan su tarea con alegría y sin quejarse, pues el quejarse no les trae ningún provecho». En el hogar, Dios ha ordenado a los maridos y padres que tomen la iniciativa en el amor, el servicio y el sufrimiento. En la iglesia, Dios ha llamado a los ancianos y pastores a hacer lo mismo.

ancianos son iguales en la iglesia, pero desempeñan papeles distintos en analogía con las relaciones en el seno de la Trinidad, entre el Padre, el Hijo y el Espíritu Santo. Las personas de la Trinidad disfrutan de la misma igualdad aunque existe, sin embargo, sumisión entre la Deidad de parte del Hijo y del Espíritu Santo hacia el Padre. En mi interpretación de esta divina deferencia, la sumisión supone la característica de una relación saludable e indica una humildad dominante y una confianza mutua que orienta a las partes comprometidas en la relación. Es algo bueno y no solo requiere que una persona se someta, sino que alguien asuma el liderazgo. En su sabiduría, Dios ha colocado al hombre en este papel de líder tanto en la familia como en la iglesia, y la obra moldeadora del carácter que quiere llevar a cabo en maridos, pastores y padres se realizará en el contexto de dicha posición.

Estoy convencido de que, cuando el hogar y la iglesia están adecuadamente ordenados —cuando maridos y ancianos aceptan que el amado pueblo de Dios ha sido colocado bajo el cuidado de ellos y que son responsables ante él de la salud espiritual de sus hijos— familias e iglesias empezarán a parecerse a la perfecta comunidad que vemos en la Trinidad. Cuando esto comienza a ocurrir, los hombres se sienten en verdad atraídos a asumir la responsabilidad en casa y en la iglesia, porque percibirán que el llamado a seguir a Cristo en el liderazgo es inspirador y exclusivamente masculino.

No es dominio lo que se necesita en la iglesia —abuso de poder por parte de hombres desconsiderados y egocéntricos—; de esto ya hemos tenido bastante. Lo que hace verdadera falta es un resurgir, una sana inyección de hombres piadosos que sirvan en ella por el poder del Espíritu de Dios[38].

Considere las reveladoras estadísticas recogidas por David Murrow, autor de *Why Men Hate Going to Church* [Por qué los hombres detestan ir a la iglesia], y director de Church for Men[39]:

- La típica congregación de una iglesia estadounidense atrae a una multitud adulta formada por un 61% de mujeres y un

---

[38] He sacado esta terminología de «dominio frente a.resurgir» de: http://www.churchformen.com.
[39] Todas las estadísticas que siguen están tomadas directamente de: http://www.churchformen.com/allmen.php.

39% de hombres. Esta desigualdad se manifiesta en todas las categorías de edad[40].

- Cualquier domingo asisten trece millones más de mujeres adultas a las iglesias estadounidenses que de hombres. Esta estadística procede de los números de Barna en cuanto a la asistencia dominical promedio calculados sobre las cifras del censo del año 2000 de hombres y mujeres adultos en la población de los Estados Unidos.

- Este domingo, casi un 25% de las mujeres casadas que asisten a la iglesia lo harán sin sus maridos. Llegué a esta cifra tomando el total de adultos casados que figuran en el censo de los Estados Unidos para el año 2000 y aplicando los porcentajes de la investigación Barna para ese mismo año en cuanto a la asistencia femenina contra la masculina a los cultos de adoración semanales. Los números sugieren que al menos 24,5 millones de casadas asisten a la iglesia un fin de semana cualquiera frente a los 19 millones de hombres casados que lo hacen. Esto supone 5,5 millones más de mujeres, o un 22,5%. El número real puede ser incluso superior, porque el número de casados que acuden a la iglesia es mucho mayor que el de los solteros.

- Más del 70% de los niños educados en la iglesia la abandonarán al llegar a la adolescencia o al cumplir los veinte años. Muchos de ellos no regresarán jamás[41].

- Más del 90% de los hombres estadounidenses creen en Dios y cinco de cada seis se autodefinen como cristianos, aunque solo dos asisten a la iglesia un domingo cualquiera. El hombre promedio acepta la realidad de Jesucristo, pero no le ve sentido alguno a ir a la iglesia[42].

El ex director de la Liga Nacional de Béisbol, Leo Durocher suele bromear diciendo que «el béisbol es como la iglesia. Muchos asisten y pocos entienden». Esto es cierto en el caso de los hombres.

---

[40] «U.S. Congregational Life Survey —Key Findings» [Sondeo de la vida congregacional en los EE.UU.— Principales conclusiones], 29 de octubre del 2003; www.congregations.org/key.htm.
[41] «LifeWay Research Uncovers Reasons 18 to 22 Year Olds Drop Out of Church» [LifeWay Research descubre las razones por las que los jóvenes de entre 18 y 22 años abandonan la iglesia] disponible en la página web de LifeWay: http://www.lifeway.com/lwc/article_main_page/0,1703,A=165949&M=200906,00.html. Consulta del 12 de septiembre del 2007.
[42] Barna Research Online, «Women are the Backbone of Christian Congregations in America» [Las mujeres son la columna vertebral de las congregaciones en los Estados Unidos], 6 de marzo del 2000; http://www.barna.org.

Aunque esta cuestión del papel de los géneros es uno de los debates más acalorados en nuestro ambiente cultural actual, el complementarianismo ha representado la postura dominante de la iglesia durante dos mil años y solo se ha visto desafiado en los últimos cien años aproximadamente. Bien es cierto que los complementarianistas tenemos mucho trabajo por hacer mientras vivimos las implicaciones de nuestra postura. El crecimiento debe producirse mediante la firme corrección de los abusos de poder de muchos líderes masculinos infames, y aprendiendo a discrepar de forma digna y respetuosa con quienes no opinen como nosotros. Creo que iglesias, denominaciones y organizaciones —en especial las que intenten plantar iglesias centradas en el evangelio— pueden trabajar juntas a pesar de los desacuerdos sobre este asunto. Debemos aprender a discrepar correctamente. ¿Por qué? Porque el evangelio debe seguir adelante y es poco probable que se pueda imponer en una ciudad cualquiera en la que solo existan iglesias reformadas lideradas por hombres[43]. Por consiguiente, queremos colaborar con todos los tipos de iglesias que se mantengan dentro del Credo de los Apóstoles[44].

Espero que nuestras diferencias teológicas no le impidan leer este libro. Estoy convencido de que muchos de los principios que encierra pueden llevarse a la práctica a pesar de ellas. Un día, todos nos sentaremos delante de Jesús y él podrá corregir nuestros errores doctrinales. Todos «vemos de manera indirecta y velada, como en un espejo»[45]. Hasta que se manifieste toda la verdad a la luz de la gloria de Dios, trabajemos para edificar iglesias más saludables que es el objetivo supremo de este libro.

Tenemos una crisis espiritual y vivimos en un mundo repleto de Bans. Están en nuestra ciudad, nuestros vecindarios, nuestras iglesias y nuestras familias. Ban necesita a hombres y mujeres piadosos que le muestren que hay más vida de la que está experimentando en la actualidad. Precisa ser algo más que un varón. Tiene que ir convirtiéndose en el hombre de Dios que va siendo transformado por el mensaje de su evangelio y que persigue su misión de todo corazón.

---

[43] Véase http://www.acts29network.org/about/doctrine.
[44] Esto es lo que me gusta de la organización Redeemer Church's Planting Center (RCPC). Plantan todo tipo de iglesias que se ciñen al cristianismo ortodoxo para poder alcanzar ciudades por todo el mundo; véase http://www.redeemer.com/aboutus/church_planting.
[45] 1 Corintios 13:12.

El hombre

Un buen ministro que cuenta con la presencia de Dios en su obra representa la bendición suprema que pueda conceder a un pueblo, aparte de sí mismo (Jonathan Edwards)[1].

Un hombre debe limpiarse primero, antes de pretender limpiar a los demás: adquirir sabiduría para poder proporcionársela a otros; convertirse en luz para poder alumbrar: acercarse a Dios y, así, llevar a otros hasta él; ser santificado para poder consagrarlos (Gregorio Nacianceno)[2].

Cuiden su doctrina, no sea que carezcan de esa gracia salvadora de Dios que ofrecen a los demás y sean ajenos a la obra eficaz del evangelio que predican; no sea que, mientras proclaman al mundo su necesidad del Salvador, sus propios corazones hagan caso omiso de él y puedan perder el interés en él y en sus beneficios salvíficos. Cuiden de sí mismos no sea que perezcan mientras exhortan a los demás a prestar atención y no perecer, y ustedes mueran de hambre en tanto que preparan alimentos para ellos (Richard Baxter)[3].

La conversión es una cosa *sine qua non* en un ministro. Vosotros, aspirantes a nuestros púlpitos, es menester que nazcáis de nuevo. Ni es la posesión de esta primera cualidad una cosa que pueda tenerse como concedida por cualquiera porque hay una muy gran posibilidad de que nos engañemos acerca de si estamos convertidos o no. Creedme, no es juego de niños el que os aseguréis de vuestro llamamiento y elección (Charles Spurgeon)[4].

---

[1] Jonathan Edwards, *The Salvation of Souls* [La salvación de las almas] (Wheaton, IL: Crossway, 2002), 140.
[2] Gregorio Nacianceno, *Oratorian* 2.71, citado por Andrew Purves en *Pastoral theology in the Classical Tradition* [Teología pastoral en la tradición clásica] (Louisville: Westminster John Knox Press, 2001), 9.
[3] Richard Baxter, *The Reformed Pastor* [El pastor reformado] (Edimburgh: The Banner of Truth Trust, 2001), 53.
[4] Charles Spurgeon, *Discursos a mis estudiantes* http://pdfcast/download/c-spurgeon-discursosamisestudiantes.pdf, página 3. (Grand Rapids: Zondervan, 1972), 9. *Sine qua non* es una locución latina que significa «sin la cual no», es decir, que se trata de un requisito previo necesario.

1

Un hombre rescatado

Por mucha habilidad que posea un orador, por mucho talento que tenga un líder o por extenso que sea su pedigrí teológico, nadie puede esforzarse en pastorear la iglesia de Jesús sin haber experimentado antes el poder salvífico del Pastor lleno de gracia. Aunque un pastor/plantador de iglesia pueda ser un buen hombre, talentoso o inteligente, ante todo debe ser un hombre rescatado, redimido de la esclavitud y de la necedad de su propio pecado, y salvo mediante la libertad y la «locura» de un Dios que exhibió su perfecta justicia y amor entregando su vida por aquellas mismas personas que lo ofendieron. La condición obligatoria y el primer requisito para el hombre que desea servir y dirigir en el nombre de Jesús consisten en haber experimentado de forma personal el perdón de Jesús y su aceptación.

Por desgracia, no se necesita un discernimiento extraordinario para darse cuenta de que muchas iglesias tienen un pastor que intenta conducir a la gente hacia un Salvador con el que él mismo aún no ha tenido un encuentro personal.

Muchas personas suponen de manera trágica que los pastores y los plantadores de iglesias son cristianos con toda seguridad. Esta suposición, sin embargo, pasa por alto que es posible, y para algunos incluso demasiado fácil, fingir los dones requeridos para el ministerio. Una persona puede ser un comunicador, un consejero y un líder de gran talento sin haber conocido en verdad a Cristo. De hecho, él mismo trató este asunto en Mateo 7:21-23 cuando advirtió:

> No todo el que me dice: «Señor, Señor», entrará en el reino de los cielos, sino sólo el que hace la voluntad de mi Padre que está en el cielo. Muchos me dirán en aquel día: «Señor, Señor, ¿no profetizamos en tu nombre, y en tu nombre expulsamos demonios e hicimos muchos milagros?». Entonces les diré claramente: «Jamás los conocí. ¡Aléjense de mí, hacedores de maldad!».

¡Qué declaración tan asombrosa! Si es posible profetizar, echar fuera demonios y hacer *muchos milagros* en el nombre de Cristo sin conocerlo de verdad, con toda seguridad se podrá plantar una iglesia o dirigirla aunque no se tenga una relación salvífica con él. Si los dones espirituales no son una prueba de fe auténtica, el título tampoco. Richard Baxter, el pastor y teólogo puritano, escribe sobre esta realidad de una forma muy gráfica:

> Señores, ¡cuántos han predicado a Cristo y, sin embargo, han perecido por la falta de interés salvífico en él! ¡Cuántos de los que ahora están en el infierno le han hablado a su gente de los tormentos de ese lugar, y le han advertido que escapen de él! ¡Cuántos, habiendo predicado sobre la ira de Dios contra los pecadores, la están soportando ahora! ¿Puede haber un caso más desolador en el mundo que el de un hombre que, habiendo convertido la proclamación de la salvación en su propio negocio y llamamiento, y tras haber ayudado a otros a ir al cielo, vea cómo a él se le cierra la puerta ante sus propias narices?[5]

«Examínense para ver si están en la fe; pruébense a sí mismos. ¿No se dan cuenta de que Cristo Jesús está en ustedes? ¡A menos que fracasen en la prueba!» (2 Co 13:5).

A lo largo de los años he conocido a varios pastores que parecían carecer de la fe salvadora[6]. Recuerdo cómo un joven pastor, al que me unía una amistad desde la facultad, me reveló que se encontraba en el ministerio principalmente porque perteneció a un gran ministerio juvenil en la escuela secundaria. Confesó que aunque dudaba de su propia salvación, ya se había «comprometido con el ministerio profesional». Otro tipo que conozco plantó una iglesia, en gran parte y en sus propias palabras, para impresionar a su padre. Durante una sesión de entrenamiento conmigo, me confesó que le preocupaba que el consejero al que estaba visitando pudiera descubrir la asombrosa

---

[5] Baxter, *The Reformed Pastor* [El pastor reformado], 72.

[6] Dado que solo Dios conoce el corazón de la persona, no podemos ser el juez definitivo sobre la salvación de otro. Al mismo tiempo, las Escrituras nos exhortan a discernir el carácter de quienes están a nuestro alrededor. Jesús advierte sobre los falsos profetas con estas palabras: «Por sus frutos los conocerán» (Mt 7:20).

realidad de que no solo había plantado una iglesia para ganarse el favor de su padre, sino también el de Dios.

Podría contarles numerosas historias similares. Por el momento, se trata de que muchos de los que participan en profesiones de asistencia (obra social, consejería, etcétera) lo hacen para resolver alguno de sus propios problemas. Este tipo de personas utiliza su servicio a los demás para conseguir sanidad para sí mismos. Muchos actúan del mismo modo con el pastorado. En cierto sentido, esto puede parecer noble: cuanto más sirvamos a los demás, más conscientes somos de que, en verdad, son ellos quienes nos sirven a nosotros. Lo entiendo. La principal diferencia en el pastorado es, sin embargo, que este tipo de hombres no solo están buscando ayudarse a sí mismos, sino *salvarse*.

Uno de mis primeros mentores, Wayne Barber, a quien Dios utilizó para confirmar mi sensación de haber sido llamado al ministerio, confesó en uno de sus sermones que no había sido cristiano durante los primeros años de su ministerio. Admitió que se había convertido en pastor con el fin de ganar el favor de Dios. Wayne, como muchos otros, utilizaba el ministerio como forma de cubrir y expiar su propio pecado. Confiaba en lo que hacía para Dios y no en lo que Cristo había llevado a cabo para él.

Lamentablemente, las iglesias suelen estar tan desesperadas por un liderazgo que están dispuestas a pasar por alto los defectos de carácter en un líder, sobre todo si es alguien con talento. Muchos piensan: *Quizás no hace gala de un carácter piadoso, ¡pero puede levantar la pintura de la pared cuando predica!... ¡Es un magnífico consejero!... ¡Puede inspirar a la gente para que lo siga!* Con la inmensa mayoría de las iglesias en declive o estancadas, los hombres de talento, aunque no regenerados, se convierten en un producto muy valorado en la economía cristiana profesional.

Otras iglesias sencillamente no están preparadas para discernir entre un líder redimido y otro que no lo está. Algunas veces la visión que la iglesia tiene del pastorado está tan influenciada por el modelo estadounidense de negocios de resultados y de crecimiento-a-toda-costa que se hace poco o ningún hincapié en encontrar a alguien que haya sido en verdad llamado por Dios. En los últimos años, varios grupos y organizaciones evangélicas, así como unas pocas denominaciones tradicionales, me han pedido que los asesore en sus decisiones de contratar, despedir y reclutar. He comprobado que la pregunta principal por la que suelen empezar liberales y conservadores no consiste en *¿Es cristiano?*, sino más bien en *¿Puede hacer que la iglesia crezca?* Esta pregunta de sondeo es reveladora y nos alerta de por qué son tantos los hombres que plantan y dirigen iglesias sin tener una relación salvífica con Jesucristo.

Desde luego existe una preocupación ética cuando un hombre engaña a la iglesia con respecto a sus propias «credenciales» para el ministerio. Pero es algo más que una mera cuestión ética. El bienestar de la iglesia (y de su pastor) está en juego. Considere lo que le ocurre a un hombre que intenta liderar o plantar una iglesia sin haber sido antes rescatado de sus pecados. Se sentirá *abatido* (condenado, inseguro e inadecuado), o *inflado* (presumido, arrogante y orgulloso), dependiendo de que la iglesia esté en declive o en pleno crecimiento. En ambos casos, el pastor/plantador de iglesias que procura dirigir la iglesia sin haber sido primero rescatado de sus pecados está predispuesto a la idolatría, a la tristeza y al fracaso total, porque está usando a la iglesia y a su ministerio como medio para salvarse a sí mismo. Solo un hombre redimido puede servir verdaderamente a la iglesia de Cristo, porque su identidad y sus motivaciones para el ministerio son externas al mismo.

Por lamentable que pueda ser el estado final de un pastor no regenerado[7], el de la iglesia que este hombre dirija es aún peor. Aunque Dios, en su misericordia, utilice algunas veces a predicadores con motivaciones falsas[8], la iglesia que esté bajo el gobierno de un pastor semejante suele, por lo general, sufrir en lo espiritual, lo comunitario y lo misional y, en última instancia, secarse y morir. La mayoría de las iglesias no crecen más allá de la salud espiritual de su liderazgo. Las metáforas de Spurgeon son de gran utilidad:

---

[7] Como observa Wayne Grudem, el término *no regenerado* significa literalmente «alguien cuyo corazón y mente no han sido renovados o que no ha nacido de nuevo en el espíritu». Contrasta con alguien regenerado. Es importante que recordemos que un espíritu regenerado no es algo que una persona pueda lograr por sí misma, sino que se asemeja a nacer de nuevo: es un acontecimiento fuera de su poder humano. Véase la obra de Grudem, *Systematic Theology: An Introduction to Biblical Doctrine* [Teología sistemática: una introducción a la doctrina bíblica] (Grand Rapids: Zondervan, 1994), 699-700. Véanse también Ezequiel 36:26-27; Juan 3:3-8; Santiago 1:18; 1 Pedro 1:3.
[8] Véase Filipenses 1:15-18.

Un pastor fuera de la gracia es un ciego elegido para una cátedra de óptica que filosofa sobre la luz y la visión, disertando y señalando a los demás las hermosas sombras y las delicadas mezclas de los colores del prisma, ¡mientras él se halla en la más absoluta oscuridad! ¡Es un mudo elevado a una cátedra de música; un sordo que diserta con elocuencia sobre sinfonías y armonías! Es un topo que profesa educar a aguiluchos; una lapa elegida para presidir sobre los ángeles[9].

Dicho de un modo sencillo, un hombre ajeno a las cosas de Dios será totalmente incapaz de enseñárselas a los demás. ¡Con todo, muchos son los pastores que ingresan en el ministerio con serias dudas sobre su propia salvación! ¿Podría ser esta una de las razones por las cuales miles de iglesias cerrarán sus puertas este año en América del Norte y la inmensa mayoría de las demás se encuentran estancadas o en declive?

Ser un hombre rescatado es un requisito fundamental para cualquiera que aspire a pastor/plantador de iglesia; dado que ninguno puede tener éxito en el ministerio sin él resulta, pues, necesario considerar cuidadosamente lo que significa ser un hombre rescatado antes de apresurarnos a analizar otras condiciones.

¿Qué significa ser *rescatado*? La Biblia usa muchas palabras para describir el milagro de la salvación: adopción, justificación, redención, reconciliación, etcétera. Una de las imágenes que emplea para describir esta realidad es la del *nuevo nacimiento*. Jesús afirmó: «De veras te aseguro que quien no nazca de nuevo no puede ver el reino de Dios» (Jn 3:3). El término que los teólogos suelen utilizar para describir este nuevo nacimiento es *regeneración* que se refiere a la implantación de la nueva vida espiritual en el corazón del pecador, haciéndolo que ame a Dios y a los demás. J. I. Packer describe la regeneración de este modo: «El nuevo nacimiento o regeneración es la recreación interna por medio del Espíritu Santo de la naturaleza humana caída. Hace que la disposición a la maldad, a la egoísta impiedad pase a la confianza y el amor, al arrepentimiento por las rebeliones y la incredulidad pasadas, y a la tierna conformidad con la ley de Dios desde ese momento en adelante. Ilumina la mente

---

[9] Charles Spurgeon, *Lectures to My Students* [Discursos a mis estudiantes] (Grand Rapids: Zondervan, 1972), 9-10.

cegada para que discierna las realidades espirituales; libera y vigoriza la voluntad esclavizada para una libre obediencia a Dios»[10]. Un hombre rescatado ha nacido de nuevo a esta reciente vida espiritual que lo capacita para arrepentirse de su pecado y confiar en la obra de Cristo a su favor. «Por tanto, si alguno está en Cristo, es una nueva creación. ¡Lo viejo ha pasado, ha llegado ya lo nuevo!»[11].

También puede describirse lo que significa ser rescatado considerando lo que Dios hace en la vida de quien ha sido en verdad redimido de sus pecados. En Mateo 22:37-40 Jesús enseña que todo el Antiguo Testamento depende de dos breves mandamientos: «"Ama al Señor tu Dios con todo tu corazón, con todo tu ser y con toda tu mente". Éste es el primero y el más importante de los mandamientos. El segundo se parece a éste: "Ama a tu prójimo como a ti mismo". De estos dos mandamientos dependen toda la ley y los profetas».

Un hombre rescatado no solo *cree* esta verdad que forma el corazón y el núcleo central del cristianismo, sino que en realidad *ama* a Dios con todo su corazón, alma, mente y fuerza; como resultado, procura amar a su prójimo como a sí mismo. Un hombre rescatado es alguien cuyo amor por Dios va creciendo de forma holística. En sus afectos, pensamientos, motivaciones, pasiones, deberes y en todos los ámbitos de su vida. También es alguien que demuestra un amor creciente por otras personas, se sacrifica por los demás y entrega su vida para beneficio de ellos. En resumen, un hombre rescatado crece en amor genuino hacia Dios y hacia el prójimo[12].

Es, asimismo, alguien en quien el Espíritu Santo obra, produciendo el fruto de justicia. En Gálatas 5:22-24, el apóstol Pablo escribe lo siguiente: «El fruto del Espíritu es amor, alegría, paz, paciencia, amabilidad, bondad, fidelidad, humildad y dominio propio. No hay ley que condene estas cosas. Los que son de Cristo Jesús han crucificado la naturaleza pecaminosa, con sus pasiones y deseos». En el original griego la palabra «fruto» del versículo 22 está en singular. Pablo no está haciendo la lista del menú espiritual en el que unos escogen el amor, otros la paz, alguien se decanta por

---

[10] James Packer, *Your Father Loves You: Daily Insights for Knowing God* [Tu Padre te ama: Apreciaciones diarias para conocer a Dios] (Wheaton, IL: Harold Shaw Publishers, 1986), 22 de enero.

[11] 2 Corintios 5:17.

[12] En 1 Juan 2:9-10 leemos: «El que afirma que está en la luz, pero odia a su hermano, todavía está en la oscuridad. El que ama a su hermano permanece en la luz, y no hay nada en su vida que lo haga tropezar».

la paciencia, etcétera, sino que todas estas cualidades en su conjunto constituyen el fruto que un hombre cristiano debe producir. El hombre rescatado debe exhibir, cada vez más, todas estas virtudes en su vida: amor, alegría, paz, paciencia, amabilidad, bondad, fidelidad, humildad y dominio propio[13].

Si aspira al ministerio pastoral, debe comenzar por un examen sincero de su propia salvación, de su rescate personal. No dé por sentado que es cristiano solo porque es, o quiere ser, pastor. Jesús dijo que «*muchos*» de los que echan fuera demonios en su nombre no serán salvos (*cf.* Mt 7:22). Asegúrese de que conoce por sí mismo la salvación que les está proclamando a los demás. Esté dispuesto a cuestionar sus motivaciones para el ministerio y asegúrese de no estar intentando conseguir el favor de Dios. La salvación es el requisito primordial para el ministerio cristiano. Sin él, nada es posible; y si ingresa en este oficio careciendo de ella, se arruinará a sí mismo y a todos aquellos a los que procura servir.

En el capítulo siguiente analizaremos cuál es el aspecto del hombre cualificado para liderar la iglesia. Sin embargo, antes de eso, le ruego que considere las preguntas siguientes que han sido diseñadas para ayudar al lector a revisar lo que cree en cuanto a la vida, la muerte y la resurrección de Jesús y el ministerio del Espíritu Santo.

1) ¿Tiene usted en estos momentos la genuina seguridad de que Cristo es quien perdona sus pecados y es su única esperanza para una relación eterna con Dios?

2) Imagine que está delante de Dios, el Juez justo de todas las personas. ¿Siente la tentación en su mente de enumerar las buenas acciones que usted ha realizado en defensa de su salvación o es consciente de que depende de la obra de Cristo —su vida de obediencia, su muerte sacrificial y su poderosa resurrección— para ser salvo?

3) ¿Existe alguna evidencia de la obra del Espíritu Santo en su vida y en su carácter?

---

[13] En 1 Juan 2:3 se afirma: «¿Cómo sabemos si hemos llegado a conocer a Dios? Si obedecemos sus mandamientos».

a. ¿Tiene la sensación general de ser un verdadero hijo de Dios? (Véanse Ro 8:15-16; 1 Jn 4:13).

b. Lea Gálatas 5:22-23. ¿Son «el amor, la alegría, la paz, la paciencia, la amabilidad, la bondad, la fidelidad, la humildad y el dominio propio» características que se están desarrollando en usted? ¿Dirían sus más allegados que ven estos rasgos en su vida con regularidad?

c. Lea Mateo 7:16-20. ¿Produce su ministerio buen fruto? ¿Es la edificación de las personas y de la iglesia una característica de su ministerio o, por el contrario, este se distingue más por la disensión y la división?

4) Si en la actualidad es usted pastor o plantador de iglesia seguro de su estado de «hombre rescatado», ¿está convencido de que aquellos que comparten el liderazgo con usted creen en el verdadero evangelio de la gracia?

El ministerio no es una profesión. Es una vocación [...]. Uno debe haber recibido un llamado para poder dedicarse a ello. Aunque los pastores puedan luchar contra lo que significa exactamente que Dios los haya llamado a liderar una iglesia, deben tener alguna sensación de estar en el ministerio porque él así lo quiere. Una y otra vez, en medio de los desafíos del ministerio pastoral esta autorización divina y más que subjetiva es el medio principal de la perseverancia en el pastorado. (William H. Willimon)[1]

No entre en el ministerio si puede evitarlo. Si algún estudiante en esta aula pudiera sentirse satisfecho con ser editor de un periódico, comerciante, agricultor, médico, abogado, senador o rey, por lo que más quieran, déjenlo que siga su camino. (Charles Spurgeon)[2]

Creo que Dios me creó con un propósito [...] pero también me hizo veloz y cuando corro, siento su contentamiento. (Eric Liddell)[3]

---

[1] William H. Willimon, *Pastor: The Theology and Practice of Ordained Ministry* [La teología y la práctica del ministerio ordenado] (Nashville: Abingdon Press, 2002), 141-145.
[2] Charles Spurgeon, *Lectures to My Students* [Discursos a mis estudiantes] (Grand Rapids: Zondervan, 1972), 262-67.
[3] De la película *Carros de fuego*, guión de Colin Welland, Warner Brothers, 1981.

2

Un hombre con llamado

Hace más de dos mil quinientos años, Dios llamó a Jeremías para que fuera profeta y lo hizo con estas palabras: «Antes de formarte en el vientre, ya te había elegido; antes de que nacieras, ya te había apartado; te había nombrado profeta para las naciones»[4]. Cuánto más seguía Jeremías el llamado de Dios, más se burlaban de él sus oyentes, más lo marginaban y lo perseguían. Con frecuencia se le apoda «el profeta llorón», por la profundidad de su lucha como hombre llamado por Dios[5]. Considere el llamamiento de Jeremías a ser profeta. La mayoría piensa que un profeta es algo parecido a un adivino que predice el futuro, lee la mente y cosas por el estilo. Ciertamente a lo largo de toda la Biblia tenemos evidencias de predicciones e incluso de visiones futuras. Sin embargo, la mayoría de las veces, el profeta bíblico pasaba el mismo tiempo mirando al pasado y al presente que al futuro. Era, y sigue siendo, alguien que examinaba el pasado y el presente con el fin de reprender al pueblo de Dios por sus pecados y llamarlo a ser fiel al pacto con él.

Jeremías era este tipo de profeta. Al considerar la condición pasada y presente del pueblo de Dios, el futuro no parecía tan halagüeño. Lo que veía era gente rebelde, desagradecida, terca y absolutamente pecadora; y Dios lo llamó para obligar a ese pueblo duro de cerviz a mirarse en un espejo[6]. La principal vocación de Jeremías era criticar y desmenuzar todos los aspectos de la cultura a la que estaba llamado a «ministrar». Y era tan bueno en su trabajo que su vida se convirtió en el blanco de la cultura de su tiempo.

Era un crítico que no discriminaba: desde el israelita más corriente y los profesionales religiosos, hasta el rey y su entorno, nadie salía indemne. Condenaba el sexo ocasional y las orgías, denunciaba al rico por oprimir al pobre, reprendía a este por no aspirar a una vida

---

[4] Jeremías 1.5.
[5] Alguien me dijo una vez que aceptar servir a Dios en un ministerio vocacional significa aceptar un llamado al sufrimiento de por vida.
[6] Tal como se ve en Éxodo 32:9 y en muchos otros pasajes.

mejor y arremetía contra todos ellos por adorar a cada ídolo de pacotilla que veían sus ojos. Era un recriminador implacable del pueblo de Dios y un profeta excelente; y esto lo dejó sin amigos.

Se puede sentir el dolor de Jeremías en uno de sus momentos más vulnerables captados en las Escrituras, en que se lamenta: «Cada vez que hablo, es para gritar: "¡Violencia! ¡Violencia!". Por eso la palabra del Señor no deja de ser para mí un oprobio y una burla» (Jer 20:8). Ser un hombre con llamado es un trabajo solitario y, muchas veces, se siente como si Dios lo hubiera abandonado a uno en su ministerio.

Pero el Dios que llamó a Jeremías ardía en lo más profundo del profeta. Con el mismo aliento que lo acusaba de no bendecir su ministerio, también exclamaba: «Si digo: "No me acordaré más de él, ni hablaré más en su nombre", entonces su palabra en mi interior se vuelve un fuego ardiente que me cala hasta los huesos. He hecho todo lo posible por contenerla, pero ya no puedo más» (Jer 20:9).

El llamado de Jeremías no le trajo más que tristeza; sin embargo, no podía abandonar. ¿Por qué? *Porque la Palabra de Dios era como un fuego en sus huesos.* Traducción: *porque Dios lo había llamado.*

Jeremías es una ilustración de lo que significa tener un llamado para el ministerio pastoral. Es un oficio más que duro. Es imposible. A menos que tengamos un fuego dentro de nuestros huesos que nos obligue, sencillamente no sobreviviremos. El ministerio pastoral es un llamamiento, no es una carrera. No es un empleo que se persigue solo porque queremos que nos presten atención, porque nuestra madre piense que lo haríamos bien, o porque no implica demasiado esfuerzo. Sigue escandalizándome la cantidad de hombres que intentan dedicarse al ministerio sin el claro sentido de tener un llamado. Le ruego que oiga esto: si no tiene la sensación de ser llamado al ministerio, por favor, ¡busque otra vocación! Solo quienes, como Jeremías, tienen un fuerte y ardiente llamado de Dios deberían perseguir el ministerio pastoral.

¿Qué es el llamado?

Una de las cosas más importantes a la hora de evaluar su llamado es estudiar el de otros hombres y comprobar lo que ellos han tenido que decir al respecto.

Martín Lutero, el reformador y teólogo de la iglesia del siglo XVI que hizo estallar la Reforma protestante, enseñó que «el llamado es doble [...] divino, porque procede del más alto poder, y de la fe [...] [y] una llamada de amor [...] como cuando los amigos de uno desean que les prediques un sermón. Ambas vocaciones son necesarias para asegurar la conciencia»[7]. Lutero enumeró ocho cualidades que un ministro debe tener:

1. Ser capaz de enseñar sistemáticamente.
2. La elocuencia.
3. Una buena voz.
4. Una buena memoria.
5. Saber cómo acabar.
6. Estar seguro de su doctrina.
7. Estar dispuesto a arriesgar cuerpo y sangre, riqueza y honor en la obra.
8. Soportar que todos se burlen y se mofen de él[8].

Juan Calvino, el Reformador y teólogo que siguió los pasos de Lutero también distinguió entre dos aspectos del llamado. Escribió: «El llamado secreto es el buen testimonio de nuestro corazón de haber entendido el oficio ofrecido [no] mediante [...] un sentimiento egoísta, sino desde el temor sincero de Dios [...]. El llamamiento externo tiene a la iglesia por testigo [...]. Solo deben ser elegidos quienes posean una doctrina sana, vidas santas [...] y estén provistos de los medios necesarios para cumplir con su cargo»[9].

John Newton, el clérigo anglicano del siglo XVIII y escritor del célebre himno «Sublime gracias» señaló tres indicaciones en el llamado. En primer lugar, el llamamiento al ministerio va acompañado de «un cálido y ferviente deseo de estar empleado en este servicio»; en segundo lugar, de «una suficiencia competente en lo que a dones, conocimientos y expresión se refiere»; y, en tercer lugar, de «la correspondiente apertura a la Providencia mediante una serie progresiva de circunstancias que apunten a los medios, el tiempo, el lugar de

---

[7] *The Table Talk Theology of Martín Luther* [La teología de Charlas de sobremesa de Martín Lutero], editado y presentado por Thomas S. Kepler (Grand Rapids: Baker, 1952), 234.
[8] *Ibíd.*, 23-89.
[9] Juan Calvino, *Institutes* [Institución], Libro IV, Cap. 3, 111-112.

emprender dicha obra»[10]. George Whitefield, el evangelista del siglo XVIII, aconseja a quienes consideran el llamado: «Pregúntense una y otra vez si predicarían para Cristo si estuvieran seguros de tener que dar la vida por hacerlo. Si ahora ya temen desagradar a alguien por cumplir con su deber, asegúrense de que no se convierta en una inclinación»[11].

Charles Hodge, el teólogo reformador del siglo XIX distinguió entre las aptitudes intelectuales, espirituales y corporales, todas ellas presentes en un llamado auténtico. Se consideran intelectuales «la aptitud, el conocimiento y la ortodoxia». Las espirituales consisten en «un alto aprecio por el oficio, un fuerte deseo por él que parta de las motivaciones adecuadas, la disposición de ir a cualquier lugar y de someterse a todo en el desempeño de los deberes, [y] un sentido de la obligación que nos haga exclamar: "¡Ay de mí si no predico el evangelio!"». Y las corporales son «una buena salud y los dones de expresión necesarios»[12].

Robert L. Dabney, otro teólogo presbiteriano del siglo XIX, escribió que Dios llama a un hombre al ministerio «iluminando e influenciando su conciencia y entendimiento, así como los de sus hermanos cristianos para que comprenda [...] las aptitudes que, en él, señalan acertadamente a la predicación como el trabajo que debe desempeñar»[13]. Los requisitos que enumera incluyen: (1) una piedad saludable y abundante, (2) una reputación justa de vida santa, (3) una respetable fuerza de carácter, (4) una cierta experiencia cristiana, y (5) aptitud para enseñar[14].

Permítanme abandonar el lejano pasado y hablarles del más reciente: cómo fui llamado al ministerio. Me encontraba en un culto de adoración de mi primer campamento cristiano de verano y, para ser sincero, me sentía un tanto intimidado por la inmensa cantidad de jóvenes que abarrotaban la capilla de aquella pequeña universidad cristiana denominacional. Estaba situada sobre una montaña con la mitad de sus instalaciones en Tennessee y la otra parte en Georgia.

[10] *Letters of John Newton* [Cartas de John Newton] (Londres: The Banner of Truth Trust), 545-546.
[11] *Letters of George Whitefield: For the Period 1734-1742* [Cartas de George Whitefield: durante el periodo 1734-1742] (Edinburgh: The Banner of Truth Trust, 1976), 81-82.
[12] Charles Hodge, *Princeton Sermons: Outlines of Discourses, Doctrinal and Practical* [Sermones de Princeton: bosquejos de discursos, doctrinales y prácticos] (Londres: The Banner of Truth Trust, 1958), 311.
[13] Robert L. Dabney, *Discussions: Evangelical and Theological* [Debates: evangélicos y teológicos], Vol. 2 (London: The Banner of Truth Trust, 1967), 27.
[14] *Ibíd.*, 31.

Nos encontrábamos en el Sur, con «S» mayúscula. Nunca había estado allí con anterioridad. Donde yo crecí había una extraña combinación de cultura del Medio Oeste y del Sur, y esto significaba que algunas personas eran simpáticas, pero la mayoría no. Pues bien, en el Sur *todo el mundo* es amable, por lo menos es lo que aparentan. El único mérito excepcional de toda aquella «amabilidad» era que las «muchachas sureñas» eran muy sociables y estas eran buenas noticias... no del modo en que lo es el evangelio, pero buenas nuevas a fin de cuentas.

Lo más extraño de encontrarme en aquel lugar era que parecía que todos aquellos chicos a mi alrededor habían crecido en la iglesia. Esto me resultaba absolutamente raro, porque no era mi caso y significaba que no estaba versado en los matices de la subcultura cristiana. No me sabía la mayoría de los «coritos» ni los ridículos movimientos de manos que parecían acompañar casi al ochenta por ciento de los «cánticos de alabanza». No entendía cómo se hacía para *aparentar* solamente que escuchaba con intensidad al orador. No era experto en la habilidad de «tomar notas con falso desenfreno», algo necesario cuando se quiere dar la impresión de estar prestando atención, aunque en realidad estés escribiendo una notita de amor a tu tercera novia sobre tu experiencia de una semana en un campamento veraniego de la iglesia. No obstante, hacía lo posible por desentenderme de gran parte de la «agrupación juvenil» del campamento para poder centrarme en lo que Dios me estaba diciendo.

Este campamento en particular tenía su propio pastor. Me gustó el tipo desde el momento en que lo vi. En primer lugar, era divertido. No parecía darse demasiada importancia. En segundo lugar, medía 2,04 m, pesaba unos buenos ciento cincuenta kilos y había jugado al béisbol en la universidad. Me gustaba la idea de escuchar a un predicador que sería un buen contrincante en una pelea.

Este pastor de campamento se puso en pie e hizo algo sumamente inusual en ese tipo de actividad juvenil (por desgracia para muchas iglesias, como reconozco ahora). Abrió una Biblia. Aquello fue extraño de por sí, pero aun lo llevó a un nuevo nivel. Aquel cómico pastor juvenil extragrande no solo la utilizó como punto de partida para conversar sobre algunas necesidades evidentes de la adolescencia (no bebas, no fumes, no mastiques chicle o no salgas como aquellos lo hacen). Lo que hizo fue ¡enseñar la Biblia versículo a versículo a unos adolescentes! Tenía una especial habilidad para utilizar ilustraciones en sus sermones que conectaran con los tipos en aquella habitación, sobre todo porque siempre tenían que ver con los deportes, la caza o la pesca, actividades que la mayoría de los chicos de aquel campamento escogían como asignatura principal en la universidad. Se le daba muy bien mezclar una buena enseñanza bíblica con la adecuada contextualización.

Recuerdo que enseñaba sobre el maravilloso libro llamado Filipenses, que escribiera el apóstol Pablo de su puño y letra cuando sufría por Jesús en una prisión infestada de ratas con guardias romanos. Hacia el final del campamento, predicaba sobre Filipenses 3:12-17 y fue en ese preciso momento cuando supe que Dios me llamaba a su servicio en el ministerio vocacional. Me habló interiormente desde este pasaje indicándome que no solo debía estirarme hacia adelante, lanzarme a lo que tenía por delante, avanzar hacia la meta y olvidar lo que queda atrás, como cualquier otro cristiano, sino que también debía imitar a Pablo y dedicar el resto de mi vida a sufrir por la iglesia y servirla. No tenía ni idea de cómo sería aquello ni tampoco cuánto requeriría de mí, pero aquel día acepté el llamado de Dios.

Discernir el llamado

Su llamado al ministerio no tiene por qué ser igual al mío ni al de nadie más. De hecho, uno de los rasgos más interesantes del llamamiento es que, ya sea que busque en los pasajes bíblicos o en los anales de la historia de la iglesia, Dios rara vez llama a dos personas exactamente del mismo modo. Es muy importante que no estandaricemos la experiencia del llamado. En algunas ocasiones puede ser un dramático camino de Damasco; en otras es más como un tirón interno. Sin embargo, comoquiera que haya ocurrido, es imperativo reconocer que *deben tener un claro sentido de llamado antes de ingresar en el ministerio.* Examinemos la naturaleza del llamado al ministerio con un poco más de atención:

Cualquiera que aspire a ser pastor/plantador de iglesias y que busque poner a prueba su sensación de estar siendo llamado, debería procurar tener confirmación en al menos tres ámbitos: el corazón, la mente y la aptitud[15].

La confirmación del corazón

No hay nada como ir a un concierto de rock y sentirse martilleado. Me refiero a la música. Si el sonido de un espectáculo es como debe ser, puede sentirse el bajo en el pecho, como si interrumpiera el ritmo del corazón. Existe una presión, una fuerza a la que no podemos sustraernos hasta que abandonamos el lugar. La confirmación del corazón con respecto al llamado del ministerio es algo parecido. Se siente dentro de uno, sobre uno. Es una presión sobre el corazón y el alma. Y no se puede escapar a ella. Una presión ineludible que produce el profundo anhelo de ser pastor.

En 1 Timoteo 3:1 se hace alusión a uno que «desee el oficio» de anciano. En realidad, podría considerarse que este deseo es el primer requisito para dicho cargo. El hombre que tiene un verdadero llamado para el ministerio lo *desea*. No asume dicho cargo a regañadientes, de forma lastimera, con renuencia, arrastrando los pies, sino que ingresa en el oficio porque quiere y se siente feliz de poder perseguir este deseo. Esto no significa que no exista la debida cautela dado el alto llamamiento del oficio, sino que hay un entusiasmo, un gozo y una sensación de privilegio por poder servir a Dios de este modo[16].

El verdadero llamado suele llegar con un deseo insaciable de servir a Dios y a su pueblo a toda costa. El corazón tiene la fuerte sensación de que solo puede ser el ministerio o nada más. Consideremos el llamamiento de Nehemías. El libro que lleva su nombre comienza con la descripción de un llamado sentido en el corazón por servir a Dios liderando a su pueblo. En el capítulo 1, Nehemías indaga sobre el estado de aquellos que sobrevivieron al exilio y la condición física de la gran ciudad, Jerusalén. El informe que recibe es desalentador. «Los que se libraron del destierro y se quedaron en la provincia están enfrentando una gran calamidad y humillación. La muralla de

---

[15] Con esta terminología me refiero al nivel popular; también es lícito utilizar la palabra *corazón* para aludir al conjunto de la persona. *Cf.* el útil debate de Bruce K. Waltke en *The Book of Proverbs: Chapters 1—15* [El libro de Proverbios: capítulos 1—15] (Grand Rapids: Eerdmans, 2004), 902-909.

[16] Esto tampoco significa que no haya una cierta «renuencia humilde» por parte de quien es llamado.

Jerusalén sigue derribada, con sus puertas consumidas por el fuego»
(Neh 1:3). Estas noticias le traspasaron el corazón, y esto lo sabemos
por el versículo siguiente:

> Al escuchar esto, me senté a llorar; hice duelo por algunos
> días, ayuné y oré al Dios del cielo (Neh 1:4).

Esta es la esencia del llamado de Nehemías; su *corazón* está literalmente detrás de su llamamiento al ministerio. No se fue a su casa
con la noticia para pensar en ella durante unos días. No comenzó
a resolver el problema de inmediato, buscando una estrategia, aunque esto fuera algo que, desde luego, hizo más tarde y muy bien, por
cierto. No; cuando oyó las noticias, se le rompió el corazón. El texto enfatiza la urgencia, la angustia y la tristeza que sintió e indica
que respondió de forma inmediata con un profundo pesar y que, de
hecho, estuvo llorando durante días. Es lo que suele hacerse cuando
alguien muere y es una de las experiencias humanas más profundas y
dolorosas. Vemos que llora porque el pueblo y la ciudad de Dios están
en ruinas. Su corazón sangra por la noticia y no tiene más elección
que alterar el curso de su vida para servir a ambos con sus mejores
dones. Este es el llamado del corazón.

En él, una honda inclinación del alma afirma: *Debo hacer esto o
me muero.* El hombre llamado no puede imaginarse siguiendo otra
vocación: sueña despierto con el ministerio, habla sobre él y no puede
esperar para entrar en él. Existe un deseo tan pertinaz e incesante
por la obra del ministerio que el hombre no puede deshacerse de él ni
pasarlo por alto, ni siquiera en medio de la dificultad, la persecución
o el temor.

Este fuerte deseo del corazón puede, a veces, provocar angustia
y aprensión. Las preguntas afloran a la superficie: *¿Puedo hacerlo en
verdad? ¿Es posible que Dios realmente me use? ¿Y si fracaso?* Nada
ocasiona tanta inseguridad como alistarse para seguir el llamado de
Dios y llevar a cabo su obra. Cualquiera que tenga un llamamiento verdadero puede dudar de él y luchar en su contra en algunos
momentos pero, en última instancia, no conseguirá apartarse de
él. Sus vacilaciones pueden *poner a prueba* su deseo por el ministerio, pero no *destruirán* sus anhelos por ministrar. Es importante
reconocer que los titubeos y los sentimientos de inseguridad no son

señales de que no ha sido llamado. Quienes tienen un llamamiento genuino atraviesan, a menudo, periodos de dudas e incertidumbre. Sin embargo, con el tiempo, la sensación de que Dios lo ha llamado se fortalece en lugar de debilitarse.

Esta confirmación del corazón supera cualquier mero capricho pasajero o entusiasmo inicial ante la perspectiva de entrar en el ministerio. Supone lo que Spurgeon define como «un intenso deseo absolutamente absorbente por la obra»[17]. Es lo que Newton denomina «un cálido y ferviente deseo de estar empleado en este servicio [...] no puede abandonar [...] el deseo de predicar es más ferviente»[18]. Por decirlo de un modo más sencillo, el hombre *llamado* al ministerio *desea* estar en él con tanta fuerza que no puede echarse atrás: es fuego en sus huesos, exactamente como en el caso de Jeremías. Es un profundo deseo de proteger y proveer para el pueblo de Dios, como hizo Nehemías. Esta confirmación del corazón es un componente esencial del llamamiento. Sin embargo, no basta para señalar un llamado auténtico al ministerio. Quien haya sido en verdad llamado por Dios experimenta también la confirmación de la mente.

La confirmación de la mente

La confirmación de la mente es un aspecto importante del discernimiento del llamado al ministerio que se suele pasar por alto por lo fácil que resulta centrarse en la del corazón. Permitir que las emociones del llamado percibido prevalezcan sobre todo lo demás ocurre con suma facilidad. No obstante, un llamamiento genuino supera el deseo y las emociones para convertirse en consideración y planificación. La confirmación de la mente es una evaluación realizada por la persona misma que se siente llamada al ministerio, con respecto a lo que se espera que haga de manera específica. Mientras la confirmación del corazón es más general y etérea, la de la mente es específica y práctica. La primera surge a través de las pasiones y grita: *¡Quiero entregar mi vida a la iglesia!* La segunda, hace un seguimiento de los entusiasmos y pregunta: *¿De qué forma específica puedo servir a esta iglesia?*

---

[17] Spurgeon, *Lectures to my Students* [Discursos a mis estudiantes], 26.
[18] John Newton, *Memoirs of the Rev. John Newton* [Memorias del reverendo John Newton], en *The Works of the Rev. John Newton* [Obras del reverendo John Newton], vol. 1 (Edinburgh: The Banner of Truth Trust, 1985).

Muchos hombres se han entregado al ministerio en general sin la menor idea de a *cuál* en particular están llamados a servir. La historia cristiana demuestra que el llamado al ministerio suele ir acompañado, por lo general, por una carga ministerial específica. Esto no significa que el primer ministerio asignado sea el definitivo, pero tampoco quiere decir que el llamado a dicho oficio deba originarse en un entorno específico.

Uno de los errores comunes de los jóvenes que se entregan al ministerio consiste en limitarse a adoptar el modelo de iglesia que han experimentado o idolatrado. Otra equivocación similar es la de apropiarse de la filosofía y la práctica de un héroe del ministerio. El hombre que siente la confirmación de su mente es reflexivo en cuanto a su *propia* filosofía, su estilo, sus creencias teológicas, sus dones únicos, sus aptitudes y sus deseos para su ministerio. A diferencia de muchos jóvenes que saben muy bien a qué se *oponen* y muy poco de aquello que *apoyan*, quien está apreciando la confirmación de la mente lo sopesa todo con sumo cuidado y deliberación: *¿Qué apoyo con mi vida y con mi ministerio? ¿Cuáles son mis cargas específicas por la iglesia? ¿Cómo puedo servir mejor a la iglesia en esos ámbitos?*

Gavin, uno de los antiguos pasantes de nuestra iglesia, viene de una familia en la que el ministerio es hereditario. Su abuelo fue pastor, su padre también lo es, y sus dos hermanos mayores están en el ministerio. Él también siente el deseo de ser pastor, pero también le gustaría seguir estudiando. En estos momentos está sopesando preguntas como: *¿No será que quiero entrar en el ministerio sencillamente porque mis más allegados lo han hecho? ¿De qué forma específica me está llamando Dios a servir en el ministerio? ¿Me estará Dios llamando a conseguir un doctorado y enseñar, o a servir en la iglesia local?* Esta clase de preguntas y las luchas que conllevan entran en la categoría de la confirmación de la mente. La prueba definitiva de esta ratificación llega cuando un joven puede afirmar: *Dios me está confirmando, a través de mis pensamientos, el llamado a mi ministerio específico.*

La confirmación de la mente y la del corazón son, ambas, importantes. Entran en la categoría de lo que muchos pastores y teólogos han descrito como el *llamamiento interno*. No obstante, por sí solas son incompletas. Un llamamiento auténtico al ministerio no solo se manifiesta en los pensamientos y deseos de la persona en cuestión, sino también en sus dones, aptitudes y capacidades. Este último aspecto de la ratificación pertenece a la categoría de lo que los teólogos denominan *llamamiento externo*, por ser el que las demás personas reconocen con mayor facilidad.

La confirmación de la aptitud

No crecí asistiendo a la iglesia de niño, de modo que al convertirme y empezar a experimentar los aspectos del llamado en cuanto al corazón y la mente, no poseía un paradigma de lo que debía hacer con el llamamiento de Dios en mi vida. La tradición de la iglesia a la que estaba acudiendo era pasar al frente al final del culto para demostrar el compromiso espiritual. Uno se dirigía a la parte delantera si quería formar parte de la iglesia, si deseaba ser bautizado y, por extraño que pueda parecer, uno también caminaba hasta aquel lugar para hacer pública la sensación de que Dios lo estaba llamando a uno para el ministerio vocacional.

Mi iglesia tenía un procedimiento para ayudar a los jóvenes mientras exploraban el llamado al ministerio. En primer lugar, confirmaba que en efecto hubiese tal llamamiento. Se realizaba un examen de carácter, en el que se hacía la pregunta: *¿Es apto este joven por su carácter?* (Trataremos este examen con mayor profundidad en el siguiente capítulo). La iglesia también examinaba las aptitudes del hombre que afirmaba haber sido llamado, formulando la pregunta: *¿Posee este hombre los dones requeridos para desempeñar el ministerio?* Estos dos exámenes de carácter y aptitud son primordiales para aquel que es llamado, porque le permiten comprobar su impresión subjetiva de forma objetiva frente a la evaluación de la iglesia.

Es inevitable que, mientras la iglesia examina la aptitud del hombre, su llamamiento se pula. La iglesia no solo ayuda a responder a la pregunta *¿Tengo un llamado?*, sino también a la siguiente: *¿A qué estoy siendo llamado?* De este modo, sirve de valioso filtro para distinguir entre un llamado verdadero y uno falso, así como de guía para perseguir uno auténtico. En resumen: la iglesia ayuda al hombre a discernir de manera específica qué ministerio debe perseguir.

Existen dos zanjas en las que los líderes de la iglesia pueden caer al confirmar el llamamiento de un hombre al ministerio. En primer lugar, pueden hacer que resulte demasiado fácil confirmar a alguien en el ministerio del evangelio. Una iglesia puede aceptar sin sentido crítico el *llamamiento interno* de un hombre —es decir su sensación subjetiva de tener un llamado— y tomarlo como afirmación por parte de Dios. Las iglesias que caen en este hoyo tienen la clase de actitud de *¡Hombre, deja que el muchacho predique!* Muchas veces, el producto de este tipo de planteamiento es un hombre que depende de sus dones y no llega a desarrollar su carácter, y esto no hace más que asegurar una inhabilitación futura.

El otro foso es cuando la iglesia dificulta demasiado la confirmación en el ministerio del evangelio. Estas iglesias ponen el listón demasiado alto con respecto al desarrollo de la aptitud (ser un extraordinario predicador) o de la educación (el candidato debe haber acabado el seminario). Muchos pastores de talento empezaron ministerios de éxito aunque nunca habían asistido al seminario, como Mark Driscoll o Matt Chandler, dos pastores con los que sirvo en el consejo de *Acts 29*, y que han tenido una gran influencia pastoral. Debemos tener mucho cuidado de no establecer el listón tan alto que excluya del ministerio a hombres a los que Dios está llamando en verdad.

¿Cómo debería comprobar la iglesia si un hombre es llamado al ministerio pastoral desde la perspectiva de la aptitud? Existen al menos dos pruebas que deberían considerarse. El primer examen implica la comprensión que el hombre tenga de las Escrituras. Las preguntas que debería contestar podrían incluir:

1. ¿Tiene un conocimiento práctico de todas las Escrituras?
2. ¿Puede expresar la historia del evangelio a lo largo de las Escrituras?
3. ¿Entiende los versículos polémicos que han causado división en la historia de la iglesia (calvinismo frente a arminianismo, método y modo de bautismo, etcétera)?
4. ¿Es capaz de explicar la naturaleza cristocéntrica de la teología cristiana?

El segundo examen obliga a inspeccionar el fruto de su ministerio. Entre las preguntas que habrían de responderse figurarían las siguientes:

1. ¿Puede inspirar a la iglesia para la misión?
2. ¿Es capaz de presentar una visión para la iglesia e inspirar a la gente a que lo acompañe a lograr esa visión?
3. ¿Puede organizar a la iglesia para que alcance sus metas?
4. ¿Tiene la capacidad de establecer sistemas y estructuras que puedan funcionar sin su influencia directa?

La famosa analogía del «autobús» de Jim Collins da testimonio del trabajo del líder hábil. Dice que este consiste en «conseguir que se suba la gente adecuada, que se baje la que no lo es, y que las personas correctas se sienten en los asientos apropiados»[19]. La iglesia debería discernir si el candidato puede construir algo que funcione por sí solo en lugar de depender de que él lo haga seguir adelante.

Estas tres confirmaciones —corazón, mente y aptitud— deben estar presentes en un llamado genuino. El bando pentecostal/carismático tiende a centrarse en el corazón y el llamado sobrenatural de Dios. El reformado/evangélico, en la mente. Las iglesias tradicionales suelen fijarse en las aptitudes. Sin embargo, el llamado auténtico ha de contar con las tres ratificaciones.

Concluiremos este capítulo con algunas preguntas para los aspirantes a pastores y plantadores de iglesias, y les pediremos que las utilicen para probar y discernir su llamado:

1. ¿Deseo el ministerio pastoral con todas mis fuerzas? ¿Me resulta inimaginable dedicar mi vida a cualquier otra cosa?
2. ¿Me ha dado Dios convicciones y pensamientos específicos sobre cómo puedo servir mejor a la iglesia con mi vida?
3. ¿Quiero entrar en el ministerio con el fin de hacerme un nombre, demostrar que soy alguien o expiar mis fracasos anteriores? ¿Estoy poniendo a prueba mis motivaciones para

---

[19] Jim Collins, *Good to Great: Why Some Companies Make the Leap and Others Don't* [De bueno a extraordinario: por qué algunas compañías dan el salto y otras no] (New York: HarperCollins, 2001), 13.

el ministerio y le estoy pidiendo a Dios que pula mis deseos y pensamientos?

4. ¿Amo a las personas? ¿Quiero ayudarlas? ¿Tiene que ver mi deseo de entrar en el ministerio principalmente conmigo o con ayudar a otros y señalarles el camino a Cristo?

5. ¿Disfruto aprendiendo y comunicando la verdad sobre Dios a la gente a partir de las Escrituras? ¿Estoy dispuesto a ser disciplinado en mis hábitos de estudio como pastor?

6. ¿Soy capaz de liderar al pueblo de forma eficaz hacia una meta? ¿Puede seguirme la gente? ¿Estoy dispuesto a recibir algunos golpes por decisiones que tome?

Si, como nación, nos llamaran a defender nuestros hogares, no enviaríamos a niños ni a niñas con espadas y pistolas a enfrentarse con el enemigo; tampoco debe la iglesia mandar a cualquier novato elocuente o fanático sin experiencia a abogar por la fe. (Charles Spurgeon)[1]

La conducta del prelado debe superar ampliamente a la de la gente así como la vida del pastor lo diferencia de su rebaño [...]. Es necesario, por tanto, que sea limpio de pensamiento, ejemplar en su comportamiento, discreto en guardar silencio, de discurso provechoso, compasivo y cercano a todos, más elevado que los demás en la meditación, humilde compañero de quienes obren bien, severo en su celo por la justicia frente a los vicios de los pecadores. (Cipriano)[2]

Mejor es no tener ancianos que tener unos que no sean los adecuados. (Jon Zens)[3]

---

[1] Charles Spurgeon, *Lectures to My Students* [Discursos a mis estudiantes] (Grand Rapids: Zondervan, 1972), 13.
[2] Citado por William H. Willimon en *Pastor: The Theology and Practice of Ordained Ministry* [La teología y la práctica del ministerio ordenado] (Nashville: Abingdon press, 2002), 301.
[3] Jon Zens, «The Major Concepts of Eldership in the New Testament» [Los principales conceptos del cargo de ancianoo en el Nuevo Testamento], *Baptism Reformation Review 7* (Verano 1978), 29, citado por Alexander Strauch en *Biblical Eldership: An Urgent Call to Restore Biblical Church Leadership* [El cargo bíblico de anciano: un llamado urgente a la restauración del liderazgo de la iglesia bíblica] (Littleton, CO: Lewis y Roth, 1995), 83.

3

Un hombre capacitado

Mucha gente se pregunta por qué son necesarios los requisitos para ser pastor. Podrían pensar: «Si alguien quiere ser pastor, ¿no debería tener derecho a ello independientemente de que cumpla con una lista de condiciones? ¿Y, en cualquier caso, quién decide cuáles deben ser dichas condiciones?». Se suele criticar con frecuencia a la organización *Acts 29* por «centrarse demasiado» en evaluar los requisitos de los futuros plantadores de iglesias.

Sin embargo, la verdad es que todos nosotros consideramos que los criterios son necesarios en otras profesiones. Nadie se embarcaría a bordo de un avión si supiera que al «piloto» le encantan los aviones, pero no tiene la licencia correspondiente. Nadie querría que lo operara un «cirujano» cuya principal credencial fuera que su padre es médico. Una joven pareja no confiaría el diseño de la casa de sus sueños a un «arquitecto» cuyo muestrario de trabajos fuera la parte trasera de una caja de *Lincoln Logs**. Los requisitos son importantes en todos los trabajos y, cuanto más relevante es la tarea, mayor es la necesidad de unas condiciones estrictas.

El Nuevo Testamento hace gran hincapié en la importancia de nombrar a ancianos capacitados en la iglesia[4]. Como señala Alexander Strauch: «El Nuevo Testamento ofrece más instrucción con respecto a los ancianos que sobre cualquiera de las cuestiones eclesiales importantes como la Santa Cena, el Día del Señor, el bautismo o los dones espirituales»[5]. Además, encierra más enseñanza acerca de los *requisitos* para el cargo de anciano que para cualquier otro aspecto del liderazgo bíblico[6].

---

* Los *Lincoln Logs* son unos juegos infantiles de construcción a base de pequeñas piezas de madera. En la caja viene la fotografía a todo color de la casa que se ha de edificar con ellas. [N.T.].
[4] 1 Timoteo 3:1-7; Tito 1:5-9; 1 Pedro 5:1-4.
[5] Strauch, *Biblical Eldership* [El cargo bíblico de anciano] [El cargo bíblico de anciano: un llamado urgente a la restauración del liderazgo de la iglesia bíblica],103.
[6] *Cf. Ibíd.*, 68-72.

El motivo de este fuerte énfasis es que a los ancianos se les encarga la sagrada tarea de ocuparse de las almas eternas por las que Cristo murió. Dado que el pastor tiene la extremadamente importante tarea de enseñar y cuidar a estas almas, es importante asegurarse de no escoger a hombres que no sean adecuados para dicho oficio. Cuando un médico no cualificado realiza una cirugía, cuando un piloto no apto conduce un avión, o cuando un arquitecto inepto construye una casa, la gente sufre daño y las cosas se desmoronan. En la iglesia ocurre lo mismo: las personas suelen acabar heridas cuando están bajo la dirección de líderes incompetentes y, con toda probabilidad, desde los matrimonios hasta la iglesia misma se harán pedazos.

El Nuevo Testamento permite bastante flexibilidad en cuanto a cómo deben funcionar los ancianos en la iglesia. Se nos dice que tengamos ancianos, pero no se nos da toda la información sobre ellos. El patrón de liderazgo que establece el Nuevo Testamento, sin embargo, es *una pluralidad de ancianos*[7]. Sirven como principales supervisores de la iglesia, enseñan y predican la Palabra, protegen a la congregación de falsos maestros, exhortan y amonestan a los santos en la sana doctrina, oran por los enfermos y juzgan los asuntos doctrinales[8]. Son hombres muy conocidos por la comunidad, poseen un carácter probado, una integridad demostrada y son doctrinalmente sanos. Deben ser hombres que puedan pastorearse a sí mismos y a los demás, tener autodisciplina personal y madurez, así como la capacidad de relacionarse bien con los demás, enseñarles y cuidarles. En la pluralidad hay responsabilidad y una fuerza de la que un solo hombre carece. «¡Ay del que cae y no tiene quien lo levante!» (Ec 4:10).

Los requisitos del cargo de anciano en el Nuevo Testamento

En el Nuevo Testamento existen unas cuantas listas de requisitos para el cargo de anciano, pero la más larga se encuentra en 1 Timoteo 3:1-7:

> Se dice, y es verdad, que si alguno desea ser obispo, a noble función aspira. Así que el obispo debe ser intachable, esposo

---

[7] Hechos 14:23; 15; 20:17, 28; 1 Timoteo 5:17; Filipenses 1:1; Tito 1:5; Santiago 5:14; 1 Pedro 1:1; 5:1.
[8] *Cf.* Strauch, *Biblical Eldership*, 16.

de una sola mujer, moderado, sensato, respetable, hospitalario, capaz de enseñar; no debe ser borracho ni pendenciero, ni amigo del dinero, sino amable y apacible. Debe gobernar bien su casa y hacer que sus hijos le obedezcan con el debido respeto; porque el que no sabe gobernar su propia familia, ¿cómo podrá cuidar de la iglesia de Dios? No debe ser un recién convertido, no sea que se vuelva presuntuoso y caiga en la misma condenación en que cayó el diablo. Se requiere además que hablen bien de él los que no pertenecen a la iglesia, para que no caiga en descrédito y en la trampa del diablo.

En cierto sentido, esta lista de requisitos se destaca por lo poco sobresaliente que es. Casi todas las condiciones establecidas aquí para los ancianos (u obispos) son las que se requiere a cualquier creyente en otros lugares de las Escrituras. Por ejemplo, la estipulación de que el anciano no sea dado a la bebida no implica que se permita a los demás imitar a los chicos de las fraternidades universitarias y ser bebedores compulsivos. Del mismo modo, el hecho de que un anciano no deba ser amante del dinero, no sugiere que quien no ostente dicho cargo en la iglesia pueda convertirlo en su salvador funcional. A cualquiera que sirva a Cristo se le exige que no sea un borracho o amigo del dinero. Entonces, ¿qué es lo que distingue a los ancianos?

No constituyen una clase superior de cristianos; más bien, como indica D. A. Carson, «lo que se requiere en cierto sentido a todos los creyentes, *se exige de forma particular a sus líderes*»[9]. No podría tener más razón. Los ancianos están llamados a centrarse únicamente en las virtudes a las que todos los cristianos aspiran y a vivirlas.

El término *obispo* viene del griego *episcope*, que se utiliza de forma intercambiable con la palabra *anciano* (Tit 1:5-7). *Episcope* describe a aquel que cuida, considera, examina y proporciona cobertura a alguien o a algo. En la antigua sociedad griega, un obispo era un guardián, un controlador, un gobernador o un encargado.

¿Qué supervisa un anciano? A *gente*, personas creadas a imagen divina, por quienes Cristo murió, y a las que Dios ama profundamente.

---

[9] D. A. Carson, *The Cross and Christian Ministry* [La cruz y el ministerio cristiano] (Grand Rapids: Baker, 1993), 95; el énfasis es mío.

Una de las razones por la cual es fundamental que los ancianos sean hombres piadosos es que, cuando no lo son, resulta muy difícil que las personas puedan llegar a serlo. Como escribe John MacArthur, «la gente se convierte en lo que son sus líderes». Como afirmó Oseas, «¡De tal pueblo, tal sacerdote!» (Os 4:9). Jesús explicó: «El que haya completado su aprendizaje, a lo sumo llega al nivel de su maestro» (Lc 6:40). La historia bíblica demuestra que rara vez la gente supera el nivel espiritual de su liderazgo[10].

Aunque la lista de Pablo no es exhaustiva y se escribió para tratar una serie particular de circunstancias en un contexto concreto, resulta muy útil para discernir qué *tipo* de persona es la que, en opinión del apóstol, será un buen anciano. Echemos un vistazo a la lista de requisitos de Pablo y veamos qué clase de personas tiene en mente para este oficio.

Anepíleptos, «irreprensible»

Este término describe a un hombre libre de toda mancha grave en su carácter, respetado por quienes lo conocen y a quien se reconoce ampliamente por vivir piadosamente. Crisóstomo observa: «Toda virtud está implícita en esta palabra»[11]. William Mounce argumenta que «irreprensible» es, en realidad, la fuente de la que fluyen todas las demás virtudes: «Lo primero representa el título por encima de todas estas cualidades: el obispo ha de ser irreprensible; todo lo que sigue detalla lo que esto supone»[12]. El requisito básico y fundamental de un anciano es, por tanto, que sea intachable; este es el título global de todo lo que Pablo describe aquí en 1 Timoteo 3. Mark Driscoll define el término «irreprensible» como el «cajón de sobrantes» que Pablo aplica a lo que significa estar capacitado.

Mías gunaikéios andra, «Marido de una sola mujer»

Su corazón y su mente están dedicados a su esposa. Es un «hombre de una sola mujer».

---

[10] Citado por Strauch en *Biblical Eldership*, 70.
[11] Citado por William D. Mounce, en *Word Biblical Commentary* [Comentario bíblico Word], vol. 46, *Pastoral Epistles* [Las epístolas pastorales] (Nashville: Nelson Reference and Electronic, 2000), 169.
[12] *Ibíd.*, 152.

A primera vista, puede parecer que Pablo prohíbe que un divorciado pueda ser anciano[13]. Pero lo más probable es que se esté refiriendo a la devoción de un hombre por su esposa y su relación con ella. Para cumplir el requisito, debe estar dedicado de forma exclusiva a su esposa y tener una relación emocional, social y sexual profunda con ella.

Prácticamente significa que el matrimonio de un pastor ha de ser saludable. Más aun, parece indicar que la falta de intimidad emocional o física en un matrimonio impediría que un pastor pudiera desempeñar el ministerio. En otras palabras, sugiere que una vida sexual nada espectacular descalificaría a un hombre para el pastorado. Los pastores han de tomar la iniciativa en la relación emocional, social y sexual con sus esposas. Como en todos los demás requisitos, esto no significa que el pastor o su matrimonio sean perfectos, sino que son dignos de ser imitados. Quiere decir que otros hombres solteros y casados se fijarán en cómo ama y sirve el pastor a su esposa como modelo de su propia devoción por su esposa o futura mujer.

Nefáleos, «moderado» o mesurado

El pastor debe tener dominio propio (no dejarse llevar por sus emociones o deseos). Está libre de los excesos debilitantes o conductas impulsivas.

Este requisito habla de la vida emocional de un hombre. Un pastor capacitado debe ser un hombre capaz de controlar sus deseos y emociones por medio de la sumisión al poder y la autoridad del Espíritu Santo. La cuestión que Pablo parece tratar aquí es que el hombre apto está guiado por el Espíritu y no por sus emociones. Esto no quiere decir que un pastor deba estar muerto interiormente y ser absolutamente incapaz de sentir y demostrar sus emociones. No significa, sin embargo, que quien se somete al Espíritu en lo emocional podrá ciertamente evitar pecados como la infidelidad marital, las irregularidades financieras y una ira injusta. Lo que se espera es que guíe a la iglesia que pastorea de manera que eviten caer en ello.

Consideremos la lucha del pastor Bruce Wesley por controlar sus emociones[14].

---

[13] *Cf.* el debate en *ibíd.*, 170ss.
[14] Para más información sobre Bruce y su iglesia, visite http://www.clearcreek.org.

Bruce dice:

Plantar iglesias fue una actividad que expuso de veras mi disfunción emocional. Cuando miro hacia atrás, veo que siempre estaba airado. Vivía justo por debajo del punto de ebullición cada hora del día en que estaba despierto. Justificaba mi enojo diciéndome a mí mismo que me veía obligado a defender el evangelio en mi pequeño ámbito de responsabilidad. Pero la realidad del día a día en mi hogar era que mi esposa e hijos caminaban de puntillas a causa de mi impredecibilidad.

Dos años después de plantar Clear Creek, empecé a reconocer una indiferencia emocional muy clara por parte de mi esposa e hijos. Y lo peor fue que me di cuenta de que, probablemente, fui el último miembro de la familia en caer en la cuenta. Mi mujer y mis hijos ya se sentían desvinculados de mí.

Recuerdo haberme preguntado un día: «¿Qué ocurrirá si planto una iglesia de éxito, pero no sé cómo amar, cuidar, proteger a mi propia esposa e hijos y relacionarme con ellos? ¿Qué pasará si consigo alcanzar el final de mi única vida y mi esposa e hijos no quieren ya nada conmigo?».

Un sabio y piadoso amigo me ayudó a tomar conciencia de un par de cosas. En primer lugar, pude ver que las explosiones de ira son como tirarse en bomba dentro de una piscina: uno no sabe realmente hasta dónde salpicará, porque salta con los ojos cerrados. Mi enojo salpicaba a gente que yo no había pretendido alcanzar jamás.

En segundo lugar, me ayudó a reconocer que estaba provocando que mi energía emocional me ayudara a permanecer metido en un proceso o a luchar en situaciones difíciles, y esto podía ser muy bueno. Pero, en mi caso, se trataba de la ira y mi enfado iba dirigido de lleno a las personas, sobre todo a las más allegadas. Me di cuenta de que era un sentimiento relacionado con mi obsesión por tener éxito. Cualquiera que se interpusiera entre mis objetivos y yo se las tenía que ver con mi enojo.

¡Y quién lo iba a decir! Fue el evangelio el que me cambió. Un día, un amigo me hizo una reflexión: «No hay nada que puedas hacer para que Dios te ame más ni para que su amor por ti disminuya». Era algo que yo mismo había afirmado cientos de veces a lo largo de mi vida ministerial. Sin embargo, cuando mi amigo me lo dijo en ese preciso momento, el Espíritu de Dios abrió mi corazón para que, una vez más, pudiera ver la inmensidad de su gracia.

Entendí que estaba queriendo ganar el amor de Dios mediante el duro trabajo y el éxito. Me enojaba porque era una tarea sin fin, improductiva y totalmente fútil. El resultado de mi idolatría y arrogancia era la ira, y esta, a su vez, estaba aumentando la distancia entre quienes me amaban y yo. Aprendí a predicarme el evangelio a mí mismo y fue entonces cuando mi mundo emocional cambió. Bajo la gracia, a la luz del evangelio, me convertí en un hombre templado. Me siento agradecido [...]; mi esposa y mis hijos también.

Sófron, «sensato»

Debe ser cabal (capaz de centrarse y no distraerse con facilidad). De buen juicio y con sentido común.

Pablo enseña en Gálatas 5:22-23 que el dominio propio es el resultado de la obra del Espíritu en nuestras vidas. En el contexto de este pasaje, parece indicar que no es la consecuencia de la fuerza de voluntad, sino el fruto del poder de Dios a medida que caminamos en el Espíritu Santo y somos guiados por él. Por tanto, el apóstol parece decir aquí que el pastor debe ser un hombre cuya vida se caracterice por el dominio del Espíritu sobre él, con el resultado de un «yo» controlado.

Kósmios, «respetable»

Esto significa tener una vida ordenada (que no se caracterice por el caos).

Este requisito parece referirse al carácter general de la vida de un pastor, algo parecido a un medidor de decibelios para su forma de vivir. Uno de mis amigos pastores era un hombre que no llevaba una vida equilibrada. Su automóvil nunca estaba limpio por fuera, y por dentro era aún peor. El jardín de su casa estaba diseñado por la naturaleza, es decir, lleno de maleza (le decía a sus hijos pequeños que eran flores). Y no solo su automóvil, su casa y su césped estaban desaliñados; *él* también tenía el mismo aspecto. Había un frenesí general en su forma de comportarse. Siempre tenía prisa, sus conversaciones eran precipitadas y el caos impregnaba cualquier entorno en el que se encontrara. La consecuencia de todo esto era que nadie lo respetaba, sencillamente porque no era respetable. Este término significa que el pastor tiene un buen control sobre las responsabilidades de su vida. No implica necesariamente que los demás consideren que lo tiene todo perfectamente equilibrado, pero sí que puede llevar el peso y la complejidad de su vida ya que esto lo capacitará para liderar las distintas complejidades de la iglesia.

Filóxenos, «hospitalario»

Le gustan los forasteros. No es exclusivista.

Contrariamente a la creencia popular, este requisito no significa que el pastor y su esposa deban tener una olla comunitaria en su casa para toda la gente de la iglesia ni tampoco que la puerta de entrada de su hogar sea giratoria para que vengan a pasar el rato, vean la televisión y «hagan comunidad». La palabra «hospitalario» se refiere a la forma en que el pastor y su familia reciben a quienes no pertenecen a la fe. En otras palabras, ser hospitalario significa ser amigo de los pecadores y, por tanto, ser como Jesús.

Un excelente ejemplo de hospitalidad centrada en la comunidad se halla en la historia de Alex Early que explica cómo plantó la iglesia *Four Corners Church* en lo que él define como «un bar de rock' n' roll a la americana de ambiente gay»[15].

En enero de 2007 dejé un cómodo trabajo en mi iglesia por algo más radical. Había seguido leyendo los Evangelios una y otra vez y seguía viendo a Jesús como «amigo de los pecadores». Fui buscando en mi teléfono y miré mi calendario. Me

---

[15] Para más información sobre la iglesia *Four Corners Church*, visite http://fourcornersnewnan.org.

sentí consternado. No tenía ningún amigo que no fuera creyente. Toda la gente relacionada conmigo era cristiana, blanca, de clase media alta, republicana. No conocía a ningún «pecador». Empecé a pensar: «¿Dentro del cinturón bíblico, quién no conoce a Jesús y por qué?». Pensé en el contexto del bar local, en la comunidad homosexual.

Dios me dijo que abandonara mi trabajo en la iglesia y que fuera al centro de la ciudad, a un bar de ambiente homosexual llamado Álamo, y que consiguiera un trabajo allí. La clientela es única y el personal iba cubierto de tatuajes de manga y eran bastante francos en cuanto a su ateísmo. Pensé para mis adentros: «¡Perfecto!».

Conseguí un empleo detrás de la barra que consistía en reponer las neveras y limpiar el lugar. Trabajaría como maestro sustituto de 7:45 de la mañana a 3:15 de la tarde y, a continuación, iría al Álamo de 4:00 de la tarde a 2:00 de la madrugada, cuatro días a la semana. Comencé manteniendo conversaciones con los demás trabajadores y los patrones, fui conociéndolos y, poco a poco, se abrieron oportunidades para hablar acerca de la persona y la obra de Cristo.

Finalmente logré que me escuchara la dueña del Álamo, Amy Murphy. Era una lesbiana de treinta y siete años que se autoproclamaba atea y que descubrió que yo estaba plantando una iglesia. Un día se interesó por ello y cuando le contesté que estaba organizando una reunión en mi casa para gente interesada en la iglesia, me preguntó si podía asistir. «Por supuesto», le contesté. Para mi sorpresa, lo hizo.

Tras la reunión, Amy se me acercó y me comentó: «Necesitas un lugar mayor para la iglesia». Riendo, le respondí: «Claro, ¿por qué no me das el Álamo?». En un momento lleno de gracia y de máxima sorpresa, ella me espetó: «Ok. Eso está hecho». Y así fue. Me hizo saber que nos lo dejaba sin tener que pagar alquiler alguno, y empezamos a congregarnos allí al domingo siguiente.

Meses más tarde, Amy y yo estábamos sentados en su patio trasero, un día de verano, comiendo barbacoa, y me confesó: «Siento como si tuviera un nuevo corazón. Me paso el tiempo orando y pidiendo a Jesús que me perdone por mis pecados y me ayude a vivir para él en el trabajo. Esta actividad es una locura. Lo que quiero decir es que, en estos últimos meses, supe en todo momento que Dios estaba conmigo, pero ahora siento como si, en realidad, estuviera dentro de mí. ¿Es eso normal?».

Fue un inmenso placer para mí poder decirle a Amy en aquel momento que Jesús la había salvado, que lo que estaba percibiendo y experimentando era uno de los principales beneficios de la salvación: que el Espíritu de Dios morara en su interior.

Desde entonces, Amy ha abierto otros bares en Atlanta y sus alrededores y quiere ayudar a que se planten otras iglesias en sus espacios, para que más gente pueda conocer a Jesús.

Didaktikós, «capaz de enseñar»

Esto indica una aptitud para la enseñanza.

Aunque profundizaremos más sobre esto en otro capítulo, debemos observar aquí que es necesario que un pastor sea capaz de enseñar. Un pastor apto es capaz de tomar las Escrituras y ayudar a que la gente entienda lo que significan en su contexto original y en sus aplicaciones contemporáneas.

«No debe ser borracho»

Que no tenga ninguna idolatría conocida (adicción). En la versión King James [así como en la Reina Valera 1960; N.T.], dice «no dado al vino».

Este requisito parece aludir a la válvula de escape del pastor. Hacer ejercicio parece una forma legítima de soltar la presión del día. Jugar con los hijos es una forma aceptable de aliviar el estrés. Hacer el amor con la mujer de uno es una forma que la Biblia recomienda para distraerte de las dificultades del ministerio. Agarrarse a la botella no lo es. Como Mark Driscoll ha explicado tan a menudo: «Uno sabe que tiene problemas como pastor cuando su grupo de responsabilidad está formado por Jim Beam, Jack Daniels y José Cuervo».

Este requisito parece referirse a la adicción a las sustancias en general y no se limita al vino. Al entrenar e instruir a plantadores de iglesias y pastores, me desconcierta ver cuántos de ellos son adictos al alcohol o van camino de serlo. Lo mismo va ocurriendo cada vez más con los medicamentos con receta. Conozco a un pastor que no puede relajarse sin tomar varias cervezas después del trabajo y que no concilia el sueño sin la ayuda de píldoras. Esto no solo representa un peligro físico, mental y emocional, sino que es una señal de profunda desconfianza en la capacidad de Dios para suplir nuestras necesidades y proporcionarnos fuerza.

Pléktes, «no violento» (NTV)

En la versión King James de la Biblia [así como en la Reina Valera 1960 y la NVI; N.T.], se traduce como «no pendenciero». Dicho de otro modo, usted no puede ser pastor si llega a los puños con los miembros de la iglesia o con los perdidos de su ciudad. Recuerdo haber conocido a un pastor que estaba siendo inhabilitado por ser un alborotador. Me encontraba ministrando en el Barrio Francés de Nueva Orleans durante las fiestas de Carnaval. Si no está familiarizado con la fiesta callejera que lleva ese nombre, es uno de los acontecimientos más decadentes de toda América del Norte. Hace que la fiesta de una fraternidad parezca una cena de domingo en casa de la abuela. Yo he visto, personalmente, cómo en el Carnaval la gente practica sexo en la calle, vomita en la acera, más de un grupo se emborracha y muchas de estas personas hacen sus necesidades en cualquier lugar. Por supuesto (sorpresa, sorpresa), no se trata de una calle cualquiera, sino de la tristemente conocida Bourbon Street[16]. Por desconcertante que pudiera resultar ser testigo de este tipo de debacle, aún lo fue más ver a uno de los pastores locales dejar literalmente fuera de combate con un gancho de derecha a un juerguista del Carnaval. Buen luchador, mal pastor. En resumen, usted no puede ser pastor si tiene tendencia a resolver los conflictos al estilo en que Mike Tyson lo hizo con Evander Holyfield. Basta con decir que atender al rebaño con puños de acero es algo rotundamente mal visto en las Escrituras.

---

[16] Bourbon Street en particular, y el Barrio Francés en general, tienen un olor único: una combinación de alcohol, orina y vómito, que imaginé ser el del pecado.

Epieikés, «amable»

El término «amable» no se refiere aquí a tipos blandos, pasivos, que cuando les das un apretón de mano es como si agarraras un pescado muerto, que necesitan retrovisores implantados en la cabeza por lo mucho que retroceden. En este contexto, la amabilidad significa ser indulgente, dispuesto a ceder cuando sea posible. Describe a un hombre que no siempre ha de salirse con la suya. Este requisito alude al cociente de testarudez de un hombre. Aquellos que están capacitados no siempre tienen que conseguir lo que quieren. Están dispuestos a no tener razón por amor a la iglesia.

Ámajos, «apacibles»

No debe andar peleando (*cf.* 2 Ti 2:24:25).

Usted no puede ser pastor si su «consejo pastoral» provoca más calor que luz. En otras palabras, si no es un hombre capacitado, convertirá la mayoría de las conversaciones en discusiones. Nada les gusta tanto a algunos hombres como ponerse «del lado contrario» y jugar al «abogado del diablo». Este tipo de conducta puede convertirlo en un estudiante de seminario de éxito, pero lo inhabilita como pastor.

Aisjrokerdés, «no amigo del dinero»

No debe desear al dinero más que a Dios (*cf.* He 13:5; 1 Ti 6:7-9).

Jason Martín, pastor de la iglesia *Journey Church* de Atlanta, Georgia[17], es uno de esos hombres que entienden los desafíos y las recompensas de estar libre del amor al dinero. En el transcurso de su vida de ministerio vocacional, Jason ha servido en iglesias que compensaban su falta de enfoque en el evangelio ofreciendo un buen salario y cómodos beneficios a sus pastores. El Espíritu Santo hizo que Jason se sintiera mal por conformarse con las comodidades monetarias temporales que la iglesia proporcionaba en lugar de retar a la gente a fomentar los beneficios eternos que solo el evangelio puede aportar.

---

[17] Para más información sobre Jason y la iglesia *Journey Church*, visite su página web: http://discoverthe-journey.net.

Cuando emprendió el atrevido riesgo de replantar su iglesia, destinando todos sus recursos a la creación de un lugar de culto centrado en el evangelio en la parte occidental de Atlanta, fue con desventajas financieras.

Jason comentó en aquel momento: «Comprometerse a unificar a las personas y replantar fue una jugada terrible desde el punto de vista financiero. Pasé de un salario sumamente conveniente a tiempo completo a no recibir nada por parte de la iglesia durante casi tres años». Y añadió: «Creo que soy como la mayoría de los hombres. Siempre he querido proporcionarle a mi familia la seguridad y las comodidades que muchas otras tienen. Sin embargo, llevar la transformación del evangelio a las iglesias ha significado con frecuencia que mi familia tenga que aprender a vivir con menos en lugar de más».

Aunque los beneficios tangibles puedan no ser tan abundantes, Jason admite que no cambiaría las cosas un ápice.

«En los últimos dos años de replantación hemos sido testigos de las cosas extraordinarias que Dios ha hecho y que bien han merecido el esfuerzo económico que experimentamos. La satisfacción temporal del dinero y el placer que ofrece palidecen al compararlos con el deleite eterno que proporciona el evangelio y los goces que producen el perdón de los pecados y la relación correcta con Dios», admite Jason.

Los pastores que aman el dinero acabarán a la larga poniendo este amor por encima del bien de la iglesia. Tomarán decisiones que velen por la seguridad de su propio empleo y el aumento de su salario; la mayor parte del tiempo serán disposiciones que obstaculizarán el progreso del evangelio. Además, estos pastores amantes de las ganancias tienden a apropiarse indebidamente del dinero (utilizando la tarjeta de crédito de la iglesia para compras personales, robando de la ofrenda y aumentando sus emolumentos sin la aprobación de los ancianos, y esto son solo unos cuantos ejemplos).

Proístemi, «gobernar bien su casa»

Esto significa estar al frente, gobernar, ser diligente (ocupar el puesto de líder espiritual en la propia familia).

Los puritanos solían decir que no se puede pastorear la gran iglesia (la propia congregación) si no se es capaz de cuidar la pequeña (la familia). Si no se tiene la capacidad de enseñar las Escrituras a los hijos, no se puede instruir a la iglesia. Si no se está capacitado para responder a las preguntas teológicas de la esposa, no lo estará para responder a las de la iglesia.

Proístemi también alude a un hombre capaz de mantener a sus hijos bajo control con toda dignidad, hacer que obedezcan de una forma elegante derivada de una crianza amorosa y pastoral. Demasiados hijos de pastores se comportan como pequeños demonios rebeldes, y esto no es culpa de los niños. Muchos pastores disciplinan el trasero de sus retoños, pero no sus actitudes, verdadero catalizador de su mala conducta. Esto no quiere decir que deban ser siempre unos hijos perfectos, dulces angelitos, sino que deberían estar bajo el amoroso control de unos padres cuya disciplina alimenta en ellos un sano temor de Dios.

Neófutos, «no [...] un recién convertido»

No debe ser un neófito (un bebé en la fe). Este requisito está relacionado con la madurez espiritual del pastor y, en concreto, con su longevidad en el cristianismo. Es evidente que, junto con el resto de las condiciones, esta formalidad es subjetiva; por tanto, la iglesia local debería estar íntimamente incluida en esta cuestión.

Marturión kalén, «que hablen bien de él»

Debe tener buena reputación entre quienes no pertenecen a la iglesia, ser alguien que conoce a no creyentes y es respetado por su fe. Este requisito implica, principalmente, que los ancianos tendrán relaciones con incrédulos, de otro modo no tendría sentido. Deberían ser hombres no solo respetados por la iglesia, sino también entre los no cristianos. Aunque son llamados según el estándar bíblico que es más alto que el del mundo, deberían *al menos* cumplir los principios del mundo con respecto a la decencia. Una buena reputación entre los incrédulos también protege contra los ataques de carácter por parte de los de fuera de la iglesia.

Los ancianos capacitados harán gala de integridad en su lugar de trabajo y serán conocidos como buenos trabajadores, según

Colosenses 3:22-23. Asimismo, procurarán tener relación con incrédulos, interesándose por ellos y dejándose conocer por los demás. En este tipo de relaciones, será sincero en cuanto a su fe y su vida.

Seguir adelante a partir de aquí

Si han aparecido algunas «banderas rojas» en sus pensamientos al leer estos capítulos, le ruego que no las pase por alto neciamente. Si el Espíritu Santo está haciendo que se sienta incómodo en algún ámbito de los requisitos, debe ocuparse de ello. Mientras que algunos de nosotros que tenemos una conciencia sensible necesitamos que nos recuerden que la única persona absolutamente capacitada para el ministerio es Jesús, otros tenemos que pasar un buen tiempo en oración por estas cuestiones y no limitarnos a esquivarlas. Estos requisitos no son arbitrarios: están diseñados para protegerlo a usted, a su familia y a la iglesia del fracaso, el pecado y el dolor. Sería mucho mejor apartarse un tiempo del ministerio que inhabilitarse uno mismo para su desempeño[18]. Si al leer estas condiciones se da cuenta de que no está aún capacitado para el pastorado, quiero alentarlo exponiendo tres cosas.

En primer lugar, es importante recordar que los requisitos bíblicos para el ministerio no son de «ahora o nunca». En otras palabras, la incapacidad para el ministerio no tiene por qué ser permanente. Si después de leer estas condiciones se da cuenta de que no está preparado para el ministerio, no significa que no pueda volver a ser un ministro jamás. Si es usted un joven aspirante a pastor que, por ejemplo, lucha contra una adicción, es posible que el Señor quiera que progrese en ese conflicto durante un tiempo antes de ingresar en el ministerio con el fin de poder desempeñarlo de una manera más eficaz. No significa necesariamente que no pueda asumir jamás ese cargo. Si en la actualidad es un pastor culpable de descuidar a su familia, es probable que necesite apartarse un tiempo del ministerio y cierre filas para poder invertir en ella. No obstante, no quiere decir de ninguna manera que no pueda volver al ministerio.

---

[18] Para quienes están en el ministerio y luchan contra el pecado sexual, disponen de un recurso muy útil: John H. Armstrong, *The Stain That Says: The Church's Response to the Sexual Misconduct of Its Leaders* [La mancha que dice: la respuesta a la mala conducta sexual de sus líderes] (Ross-shire, Scotland: Christian Focus Publications, 2000).

En segundo lugar, ser pastor no es lo más importante de su vida. No ha sido llamado en primer lugar para ser un ministro, sino para ser un cristiano. No debemos idolatrar jamás el ministerio pensando que, sin él, no valemos nada. Debemos recurrir a Cristo y a la obra que hizo en la cruz en beneficio nuestro, para hallar nuestra más profunda identidad y propósito. Si tiene que escoger entre seguir en el ministerio o ser un cristiano fiel, elija lo segundo. Será mucho mejor para usted, para su familia y para la iglesia de Cristo.

En tercer lugar, ser pastor no es la única forma de ser valioso para la iglesia. Si se aparta por un tiempo del pastorado, esto no quiere decir que se le prohíba apoyarla a ella y a sus líderes, que no pueda servir como laico o que deje de usar sus dones espirituales para edificar el cuerpo. Muy pronto, su disposición a dejarlo por un periodo instruirá a los demás sobre la necesidad de la santidad personal, y les hará entender la altura y el peso del oficio pastoral. En última instancia, el Señor puede usar un panorama semejante para su beneficio.

Para todos nosotros, cualquiera que sea el punto de nuestro ministerio en el que nos encontremos, estos requisitos son un desafío para procurar la santidad y ser irreprensibles en nuestra vida personal, en nuestras relaciones y en nuestro oficio público. A fin de cuentas, ninguno de nosotros estamos cualificados delante de Dios para servir a su pueblo. Como pregunta el apóstol Pablo: «¿Y quién es competente para semejante tarea?» (2 Co 2:16). Nuestra esperanza no está puesta en nosotros mismos, sino en Cristo que nos llama, nos purifica, nos prepara y nos capacita[19].

---

[19] Si tiene más preguntas sobre su capacidad para el ministerio, lo mejor es pedir ayuda al liderazgo de su iglesia. Si esta no es una opción, debería considerar asistir a un proceso de evaluación en *Acts 29*. Puede conseguir información en http://www.acts29network.org/plant-a-church/assessment-process.

Los hombres dependen de la bendición y de la providencia favorable de Dios para tener éxito en todos los asuntos, pero, en este en concreto, la supeditación del triunfo a su influencia está más diversificada y es más inmediata. Depende de Dios en todo. Él es quien debe equipar y capacitar al ministro para su obra. Debe darle un corazón que busque los fines de esta con sinceridad y seriedad. Tiene que ayudarlo en privado y en público. Ha de proporcionarle una buena disposición hacia su gente e inclinar sus corazones adecuadamente hacia él y, por tanto, influir en ambos para que pueda mantenerse un buen entendimiento entre ministro y congregación que pueda abrir camino para el éxito de su ministerio. (Jonathan Edwards)[1]

[El pastor] debe morir a todas las pasiones de la carne y, a estas alturas, llevar una vida espiritual. Debe haber dejado a un lado la prosperidad mundana; no debe temer a la adversidad y desear solo lo que es interior [...]. No ha de codiciar los bienes ajenos, sino ser generoso a la hora de dar de lo suyo. Su corazón compasivo lo mueve a perdonar con rapidez [...]. Se solidariza con las fragilidades de los demás y se regocija con lo bueno [...]. Estudia cómo vivir para ser capaz de regar los corazones secos de otros [...]. Ya ha aprendido mediante su práctica y experiencia en la oración que puede obtener del Señor aquello que le pida. (Gregorio Magno)[2].

---

[1] Jonathan Edwards, *The Salvation of Souls* [La salvación de las almas] (Wheaton, IL: Crossway, 2002), 14-23.
[2] Gregorio Magno, *Pastoral Care* [Reglas pastorales], I.10, 38, citado por Andrew Purves en *Pastoral Theology in the Classical Tradition* [Teología pastoral en la tradición clásica] (Louisville: Westminster John Knox Press, 2001), 67.

4

Un hombre dependiente

Hace poco observé algo en el gimnasio. Parecen existir dos clases de tipos que van allí. En la zona de pesos libres, y *press* en banco plano, se encuentran esos hombres fornidos sin cuello que se pasan la mayor parte del tiempo levantando enormes pesas. Son inmensos. Sin embargo, la mayoría no está en buena forma, y casi nunca se ven en las cintas caminadoras o haciendo sentadillas. Por el contrario, en las cintas caminadoras se ven chicos flacuchos, sin grasa corporal, que pueden correr como gacelas, pero difícilmente podrían tocar las pesas. Ambos grupos tienden a permanecer en los espacios donde se sienten más cómodos y evitan sus áreas de debilidad. Un día, tras un duro entrenamiento, sentí que el Espíritu me susurraba: *ocurre lo mismo con los pastores*. Estos tienden a quedarse en sus fortalezas y evitan sus fragilidades. Los «tipos teológicos» pasan mucho tiempo leyendo y debatiendo acerca de teólogos muertos. Los «misionales» tienden a dedicar numerosas horas a analizar la cultura y a tomar cafés *latte*. Los del «pastoreo» están continuamente encontrándose con gente y asesorándola. Sin embargo, resulta raro ver a los pastores que salen de sus fortalezas para entrar en zonas de debilidad. ¿Por qué? Porque es incómodo. Es difícil. No alimenta a la carne[3].

Menciono esto al principio de este capítulo porque uno de los mayores estímulos a la dependencia de Dios consiste en salir del espacio cómodo y de las fortalezas del ministerio para entrar en las debilidades de uno. Aunque se sentirán incompetentes, paradójicamente serán más potentes que nunca para el reino de Dios, porque se verán forzados a depender más de su poder que del propio. Y, en última instancia, solo el poder de Dios puede capacitarnos a cualquiera de nosotros para respirar, pensar, caminar, por no hablar del ministerio[4].

---

[3] En términos bíblicos, la carne es esa parte nuestra que todavía tiene que rendirse a Dios; *cf.* Romanos 8:7.
[4] «Separados de mí no pueden ustedes hacer nada», advirtió Jesús en Juan 15:5.

Lo que quiero decir en este capítulo, esencialmente, es que *nuestra efectividad en el ministerio depende directamente de nuestra supeditación al poder del Espíritu Santo*. Conforme discurre nuestro caminar con Dios, así transcurre nuestro ministerio. Solo cuando estamos conectados con él de forma vital, podemos ser significativamente útiles a los demás. Spurgeon lo expresó mejor hace años: «La labor del ministerio cristiano se lleva bien a cabo en la exacta proporción del vigor de nuestra naturaleza renovada»[5].

¿Por qué es tan importante la dependencia?

La mayoría de los jóvenes con los que me he encontrado, que aspiran a servir a Dios en el ministerio vocacional, gravitan hacia la pragmática del espectáculo ministerial: la mejora de la predicación, el crecimiento de la iglesia, el compromiso cultural, etcétera. Está bien perseguir la excelencia en estos ámbitos. Sin embargo, la paradoja del ministerio cristiano es que nuestra representación cumbre a la hora de dirigir, pastorear y predicar procede, fundamentalmente, de una vida espiritual rica y no de las aptitudes ministeriales *per se*. Convertirse en mejor predicador, líder, pastor y exégeta cultural depende por completo de la salud y la vitalidad de la vida espiritual del pastor. No cabe duda de que, para dirigir una iglesia bien en el siglo XXI, uno debe leer a los autores actuales tanto de la esfera de la iglesia como de la de los negocios[6]. Como suele decir Mark Driscoll a menudo, «los chicos de *Acts* 29 deben creer en *sola* Scriptura pero no *solo* en la Escritura»[7]. A causa de la gracia común, podemos deducir principios del mundo de los negocios: toda la verdad es la verdad de Dios. Sin embargo, si debemos aprender a depender de Dios y experimentar una renovación interna personal, debemos retroceder unos cuantos siglos.

---

[5] Charles Spurgeon, *Lectures to My Students* [Discursos a mis estudiantes] (Grand Rapids: Zondervan, 1972), 17.

[6] Un par de obras de lectura obligada que recomiendo son: Jim Collins, *Good to Great: Why Some Companies Make the Leap… and Others Don't* [De bueno a extraordinario: por qué algunas compañías dan el salto y otras no] (New York: Harper Business, 2001); Michael Gerber, *The E-Myth: Why Most Businesses Don't Work and What to Do About It* [El mito-e: por qué la mayoría de las empresas no funcionan y qué hacer para remediarlo] (New York: Ballinger, 1985).

[7] *Sola Scriptura* era uno de los principios de los Reformadores durante la Reforma protestante, hace cinco siglos. Se refiere a la creencia de que solo la Biblia es nuestra autoridad suprema en asuntos de teología y vida.

Lo que he observado en mucho de lo escrito sobre la espiritualidad contemporánea es superficial y se centra en la modificación de la conducta (aunque, por supuesto, se pueden hallar excepciones). Mucha de la literatura devocional de las eras anteriores a la historia eclesial no estaba tan enamorada del «éxito», tan sumida en el entretenimiento y era, por lo general, más concienzuda en cuanto a tener una vida espiritual interna trascendental. Por desgracia, la mayoría de los pastores de hoy dedican poco tiempo a la lectura de los clásicos. Por tanto, tenemos una idea truncada, sesgada y empobrecida de la espiritualidad. Hemos olvidado que nuestras cabezas y nuestros corazones están vinculados de forma intrínseca, y que lo más importante de nuestro ministerio es nuestro propio caminar con Cristo.

John Wesley, que convirtió en una costumbre regular el pasar dos horas al día en oración, escribió: «Dios no hace nada más que responder a las oraciones que se hacen con fe». La mayoría de la gente exclama. «¡Dos horas enteras! ¡Estoy demasiado ocupado para dedicar tanto tiempo a la oración!». Pero Martín Lutero hizo una famosa afirmación: «Si dejo de pasar dos horas en oración cada mañana, el diablo consigue la victoria a lo largo del día. Tengo tanto que hacer que no puedo dejar de orar tres horas al día». Según Lutero, tener demasiadas ocupaciones es un motivo *aún mayor* para batallar con Dios en oración.

Richard Baxter, el pastor y teólogo puritano, aconsejó lo siguiente a quienes perseguían servir en el ministerio pastoral: «Cuando sus mentes estén en un marco santo y celestial, su gente con toda probabilidad participará de los frutos». Sus oraciones, alabanza y doctrina les parecerán dulces y celestes. Sin duda sentirán que ustedes han pasado mucho tiempo con Dios: lo que más ocupe sus corazones es lo que más llegará a los oídos de ellos»[8]. Baxter nos recuerda algo que solemos olvidar, pero que debería ser bastante obvio para nosotros: nuestra gente nota cuando estamos cerca de Dios… y cuando no lo estamos. Se verá en nuestros sermones, nuestras oraciones, nuestro liderazgo y hasta en nuestras conversaciones. Así como los israelitas vieron resplandecer el rostro de Moisés después de haber estado con

---

[8] Richard Baxter, *The Reformed Pastor* [El pastor reformado] (General Books LLC, 2009), 61.

Dios, nuestras vidas también irradiarán su presencia cuando hayamos pasado tiempo con él[9]. A fin de cuentas, ¡los pastores hablan demasiado como para guardar secretos! Lo que somos delante de Dios se filtra hacia nuestro exterior de manera constante[10].

Baxter prosigue: «Si nosotros dejamos de comer, los mataremos a ellos de hambre; pronto se evidenciará en su delgadez y en el apagado desempeño de sus deberes. Si dejamos que nuestro amor decline, no podremos levantar el de ellos. Si disminuimos nuestro cuidado y temor santos, se manifestará en nuestra predicación: si en el tema no se nota, sí se detectará en la forma. Si nos alimentamos de comida poco saludable, sean errores o controversias estériles, nuestro oyentes se llevarán la peor parte»[11]. En otras palabras, nuestra gente no solo es capaz de decir en qué punto espiritual nos encontramos, sino que *somos su modelo a seguir*. Es probable que no persigan la santidad con mayor celo que nosotros. Tampoco testificarán de su fe con mayor frecuencia o efectividad que nosotros. No trabajarán en oración delante de Dios más que nosotros.

¿Qué es la dependencia?

Intercalado en medio de su sermón más famoso, el Sermón del Monte, Jesús desafía a sus seguidores en cuanto a la vida de dependencia. Sus palabras tienen implicaciones interesantes para aquellos de nosotros que deseemos entrar en el ministerio público o que ya lo estemos desempeñando:

> Cuando oren, no sean como los hipócritas, porque a ellos les encanta orar de pie en las sinagogas y en las esquinas de las plazas para que la gente los vea. Les aseguro que ya han obtenido toda su recompensa. Pero tú, cuando te pongas a orar, entra en tu cuarto, cierra la puerta y ora a tu Padre, que está en lo secreto. Así tu Padre, que ve lo que se hace en secreto, te recompensará[12].

---

[9] Éxodo 34:29-35.
[10] Es sabio atender a las palabras de Mateo 12:34 y prestar atención a nuestras palabras porque revelan nuestro corazón.
[11] Baxter; *The Reformed Pastor* [El pastor reformado], 61-62.
[12] Mateo 6:5-6.

Jesús está denunciando la tendencia de los líderes religiosos de parecer hombres de oración, porque con frecuencia le hablan a Dios en público. Estos versículos nos retan a aquellos de nosotros que estamos en el ministerio público a preguntarnos: *¿Qué prefiero... orar en público o en privado?* En la medida en que valoremos la oración pública por encima de la privada, estaremos buscando la aprobación de los hombres y no la de Dios. A los líderes les resulta mucho más fácil orar en público, porque se nos pide que lo hagamos y, a menudo, nos alaban por lo maravilloso y elocuente de nuestras plegarias. Esto es algo que he notado en mi propia vida, al escucharme orar en público y en privado. Cuando lo hago delante de los demás, la oración suele ser más florida, concienzuda y fluida. Las personales son, casi siempre, incoherentes, exageradamente emocionales y entrecortadas.

¿Por qué resulta tan fácil crecerse en una oración pública y, sin embargo, ser terrible en la plegaria privada? La lógica de Jesús en Mateo 6:5-6 explica esta dicotomía: es una cuestión de *recompensa*. Expresado de un modo más sencillo, tenemos un premio inmediato cuando oramos bien en público, lo que no sucede en privado. Recibimos halagos por nuestras oraciones públicas de parte de quienes están a nuestro alrededor que quedan impresionados por nuestra capacidad oratoria. Este tipo de plegarias suelen verse más potenciadas por el entusiasmo del momento que por la aleccionadora realidad de lo eterno. Con frecuencia, es el espectáculo el que dirige las oraciones públicas y no la pasión, la gente y no Dios.

La oración en privado es, pues, la que revela la verdadera condición espiritual del corazón humano. ¿Oramos en privado por lo que Dios debería hacer por nosotros o para tener mejor entendimiento de él? ¿Pedimos acercarnos más a una vida mejor (es decir, más cómoda) o para aproximarnos más a él?

Además de la oración, muchas otras prácticas cultivan la dependencia de Dios. Una de ellas es el *ayuno*. Jesús nos llama a ayunar y a orar en privado (*cf.* Mt 6:16-18). Resulta interesante que nuestro Señor diga *cuando* ayunes en lugar de *si* ayunan (v. 16). Por extensión: deben ayunar. Esta práctica constituye una forma muy útil de reducir las distracciones, de centrarse en Dios y de cultivar un sentido de dependencia de él. La mayoría de los pastores no ayunan, y la cintura de ellos en constante expansión así lo manifiesta.

Otro ejercicio de gran utilidad es la *meditación*, y con este término me refiero a reflexionar profundamente en la Palabra de Dios, preguntando sobre la aplicación de su verdad, dirigiéndola a nosotros mismos y usándola en oración a él[13]. La meditación permite que el Espíritu Santo exprese la verdad de las Escrituras en nuestras vidas, durante nuestros devocionales y nuestra lectura de la Biblia en privado.

Existen otros hábitos que pueden ayudarnos a cultivar nuestra dependencia de Dios como memorizar las Escrituras, la adoración en privado, observar un descanso en sábado, y servir a los demás. Nuestro enfoque, sin embargo, no debería estar en lo que hacemos, sino en *acercarse* a Dios. «Que no se entere tu mano izquierda de lo que hace la derecha» (Mt 6:3). Cuando nos concentramos en una lista de prácticas podemos convertirnos en legalistas al poner énfasis en lo bien o lo mal que lo hacemos y perder la perspectiva. Aparte de esto, según la persona, unas prácticas les resultarán más útiles que otras. De modo que todos nosotros necesitamos aprender cómo cultiva*mos* mejor la dependencia del Espíritu Santo. No existe fórmula alguna: nuestro objetivo debería ser, sencillamente, hacer lo necesario para cultivar un mayor sentido de dependencia de Dios en nuestras vidas. Aprecio la paráfrasis que Jack Deere hace de Juan 17:26: «Padre, concédeme poder del Espíritu Santo para amar al Hijo de Dios como tú lo amas»[14]. Este debe ser el clamor de nuestro corazón.

En la organización *Acts 29* nos gusta decir que somos «carismáticos con cinturón de seguridad». Creemos que los dones espirituales sobrenaturales no han cesado y, por tanto, todos los cristianos deberían procurarlos (véase, por ejemplo, 1 Co 14:1) y usarlos en las reuniones de adoración (*cf.* 1 Co 14:26). No obstante, para nosotros, estar abiertos a la obra sobrenatural del Espíritu Santo significa más que dejar lugar a ciertos dones espirituales. También significa que *todo* nuestro ministerio como pastores cristianos debe caracterizarse por aquello que se sale de lo normal, es decir, por aquello que no es posible sin la ayuda de Dios, por lo que nosotros somos incapaces de realizar mediante nuestras aptitudes naturales. Nos volvemos más dependientes cuando reconocemos la verdad del lema de Francis

---

[13] El libro de Donald Whitney, *Spiritual Disciplines* [Disciplinas espirituales] es un recurso útil para aprender más sobre la meditación cristiana (Colorado Springs: NavPress, 1997).

[14] Jack Deere, *Suprised by the Power of the Spirit: Discovering How God Speaks and Heals Today* [Sorprendido por el poder del Espíritu: descubrimiento de cómo Dios habla y sana hoy] (Grand Rapids: Zondervan, 1993), 201.

Schaeffer en nuestros propios ministerios: «Lo que estamos haciendo no solo es difícil... es imposible».

Existe, asimismo, un aspecto de guerra espiritual en nuestro ministerio que debemos reconocer. Si usted no cree que los demonios son reales, ¡intente plantar una iglesia! No llegará muy lejos avanzando en el reino de Dios sin sentir la resistencia del enemigo. Como occidentales modernos olvidamos con frecuencia que tenemos un enemigo que se opone a nosotros de forma activa. Convertirse en un hombre dependiente significa ser más consciente de la lucha espiritual que se desarrolla a nuestro alrededor, reconociendo nuestra parte en esa realidad invisible (*cf.* Ef 6:12; 2 Co 10:3). No se nos llama a *derrotar* al diablo; Cristo ya lo hizo en la cruz, y los días que quedan hasta su triunfo definitivo y completo sobre Satanás están contados. Sin embargo, nuestro llamado es a *resistir* al Enemigo (*cf.* Stg 4:7) y a ser firmes en nuestra fe (*cf.* 1 P 5:9). Dios será fiel en protegernos y prestarnos ayuda contra los ataques del diablo.

Detectar la dependencia

Responder a la pregunta: «¿Vivo dependiendo de Dios?» es una tarea difícil para muchos de nosotros. Parte de la razón es que, con frecuencia, no sabemos si lo estamos haciendo porque estamos desconectados de nuestro corazón. A continuación, unas preguntas que podemos formularnos y que nos ayudarán a discernir la orientación de nuestros corazones:

1) *¿Qué prefiero... conocer a Dios o conseguir logros para él?* Versículos para meditar: Filipenses 3:10; Éxodo 33:13; 1 Timoteo 4:6-10.

2) *¿Cuándo fue la última vez que experimenté un impulso del Espíritu Santo?* Versículos para meditar: Juan 4:7-19; Hechos 16:6-10[15].

3) *¿Siento sistemáticamente una convicción de pecado en mi vida?* Versículos para meditar: Hebreos 12:5-11; Juan 16:7-8; 1 Juan 3:9.

---

[15] La palabra «convencidos» en Hechos 16:10 nos ayuda a ver que, aunque los impulsos sean místicos, también están conectados al pensamiento estratégico. Pablo tuvo dos verificaciones en su espíritu y una visión clara; sin embargo, no fue hasta que se convenció —reunió todas estas cosas de forma cognitiva— cuando supo adónde lo dirigía el Espíritu.

4) *¿Acepto sistemáticamente que Dios me aprueba por medio de Cristo?* Versículos para meditar: 2 Corintios 5:17, 21.

5) *¿Adónde van mis pensamientos cuando no estoy obligado a pensar en nada?* Versículos para meditar: Salmo 63:1-4. Si tu mente vuela de inmediato a tu equipo de fútbol de fantasía, ¡algo va mal!

No existe una fórmula clara para desarrollar dependencia de Dios[16]. La mejor forma de progresar es cultivar el deseo de conocer y experimentar a Dios de una manera más profunda. Blaise Pascal (1623-1662) era un matemático y teólogo francés. A la edad de treinta y un años tuvo una intensa experiencia de la presencia de Dios. Jamás lo comentó, pero escribió una breve reseña en su diario sobre el asunto y a continuación lo cosió a su abrigo para recordarlo siempre. Cerraremos este capítulo leyendo el *memoriam* de Pascal a modo de aliento para que busquemos a Dios de este modo.

Memoriam de Pascal:
En el año de gracia de 1654, lunes 23 de noviembre...
Desde las diez y media de la noche, aproximadamente, hasta media hora después de la medianoche.
FUEGO
Dios de Abraham. Dios de Isaac. Dios de Jacob.
No de los filósofos ni de los entendidos.
Certeza. Gozo. Certeza. Emoción. Vista. Gozo.
Olvido del mundo y de todo lo que no sea Dios...
El mundo no te ha conocido, pero yo te he conocido.
¡Gozo! ¡Gozo! ¡Gozo! Lágrimas de gozo...
Dios mío, ¿me abandonarás? No permitas que esté separado de ti jamás[17].

---

[16] Sin embargo, para aquellos de nosotros que estén agotados por completo, el primer paso es probablemente apartarse y descansar. Una vez al mes suelo marcharme durante todo el día, una vez al trimestre me tomo dos días, y una vez al año intento desconectarme durante una semana. El propósito de estas escapadas es descansar, relajarme y estar a solas con Dios. Algunos de nosotros estamos tan ocupados que no estamos dejando que Dios acceda a nuestro corazón. Al bajar el ritmo y pasar algún tiempo sin prisas, a cierta distancia de nuestro ministerio, podemos permitir que Dios hable a nuestras vidas. Para aquellos de ustedes que están leyendo esto y se sienten totalmente secos, consideren tomar un tiempo sabático, un periodo apartado del ministerio. Un consejero me dijo una vez que los pastores deberían tomarse tres meses sabáticos cada siete años, o incluso seis meses si puede ser. Confíe en que Dios mantendrá el ministerio en su ausencia. Su capacidad de servir a su pueblo será mejor una vez que se haya refrescado.
[17] William L. Portier, *Tradition and Incarnation: Foundation of Christian Theology* [Tradición y encarnación: fundamento de la teología cristiana] (Mahwa. NJ: Paulist Press, 1994), 38-39.

Nuestros hombres con menos carácter, más tímidos, carnales y más desequilibrados no son candidatos aptos para el púlpito. Existen algunos trabajos que no deberíamos asignar jamás a un inválido o a un deforme. Puede ocurrir que un hombre no esté capacitado para subir a edificios altos, quizás su cerebro sea demasiado débil y el trabajo en las alturas pueda suponer un gran peligro para él; intenten por todos los medios dejarlo en el suelo y que encuentre una ocupación útil donde importe menos un cerebro estable: hay hermanos que tienen deficiencias espirituales análogas; no pueden ser llamados a un servicio destacado y elevado, porque sus cabezas son demasiado débiles. (Charles Spurgeon)[1]

---

[1] Charles Spurgeon, *Lectures to My Students* [Discursos a mis estudiantes] (Grand Rapids: Zondervan, 1972), 13.

5

Un hombre cualificado

Los cazatalentos de la Liga Nacional de Béisbol están en constante búsqueda del «jugador de cinco herramientas»: un tipo que tenga promedio y potencia de bateo, lance, reciba y corra a nivel de élite. Este tipo de jugadores surgen muy de cuando en cuando. Están ahí, pero son muy escasos. Para los propietarios, directores, compañeros y fanáticos son valiosísimos, porque tienen la capacidad de convertir a un buen equipo en uno extraordinario.

Las habilidades requeridas para plantar una iglesia de éxito también son inestimables. Ser pastor/plantador de iglesia exige tres aptitudes básicas: liderar, enseñar y pastorear. Como el jugador de cinco herramientas, los plantadores de iglesias o pastores de tres herramientas que posean todas las destrezas necesarias, también son escasos. Por lo general, para desempeñar esta actividad, han de poseerse dos de las tres para ser capaz de liderar una iglesia prevaleciente. Asimismo, para plantar una iglesia con eficacia y hacer que crezca, se necesita un líder fuerte. Si su don primordial es como sacerdote, tenderá a sentirse atraído hacia los contextos ministeriales en los que pueda estar relacionalmente conectado con quienes estén a su alrededor, lo que implica trabajar en una iglesia más pequeña, establecida, o como número dos en una iglesia nueva. Para ser el pastor titular de una iglesia recién plantada, sin embargo, es necesario que sea capaz de dirigir: fomentar la visión, crear energía, motivar, inspirar y construir sistemas. Aunque podemos crecer y cambiar en nuestros conjuntos de aptitudes, por lo general no lo hacemos en lo que Dios ha hecho que seamos o en la forma en la que nos ha conectado con la obra del ministerio. Por tanto, es sumamente importante que un pastor, un potencial plantador de iglesias, o quien ya lo sea en la actualidad, piense con todo cuidado y sinceridad en su conjunto de aptitudes para el ministerio y en qué cargo de la iglesia podría funcionar mejor.

En este capítulo analizaremos las tres aptitudes principales ministeriales en lo referente a los tres oficios del liderazgo espiritual en el antiguo Israel (y los tres de Cristo): profeta, sacerdote y rey. En primer lugar, sin embargo, es necesario decir unas palabras sobre el cargo de anciano. Desempeñar un oficio en la iglesia, aprobado en el Nuevo Testamento, no es lo mismo que participar en el ministerio. Por la presencia y el poder del Espíritu Santo que mora en nosotros, todos los creyentes estamos llamados a hacer ministerio. Ministrar es posible, por los dones que él nos proporciona para ayudarnos a servir a Dios para beneficio de la iglesia[2]. Sin embargo, un oficio en la iglesia como dirigir un estudio bíblico, dar la bienvenida a los asistentes, o sencillamente dar testimonio de la fe, no es un ministerio.

El oficio de anciano es el cargo mayor en la iglesia de Cristo. Quien ostenta este puesto es único, no porque haya sido llamado de forma específica al ministerio, sino porque comparte la autoridad y responsabilidad de la supervisión de la iglesia. Los ancianos son quienes tienen la responsabilidad final de cotejar la enseñanza de la iglesia con el depósito recibido de los apóstoles. Son responsables de ver que la congregación reciba una atención que beneficie al precioso pueblo de Dios. Aunque realicen muchas de las funciones ministeriales asociadas con el cuidado y la instrucción de la gente, estas no son exclusivas de los ancianos. Ellos deben equipar a la congregación, pero todos los miembros de la iglesia deben usar sus dones para edificación del cuerpo[3]. Deben cuidar a la iglesia, aunque todos deben velar los unos por los otros[4]. Tienen la responsabilidad de ver que todas las personas usen como es debido sus dones en el ministerio.

La enseñanza es un ejemplo particularmente significativo del ministerio fundamental del cuerpo de ancianos capacitados que no se limita a los ancianos. Estos deben ser capaces de enseñar (*cf.* 1 Ti 3:2), y trabajar con diligencia en la predicación y la enseñanza (*cf.* 1 Ti 5:17). Pablo insta a Timoteo, un anciano, a enseñar con diligencia y dilección[5]. Sin embargo, enseñar es también un don que puede tenerse

---

[2] 1 Corintios 12:7: «A cada uno se le da una manifestación especial del Espíritu para el bien de los demás».
[3] Efesios 4:11-16.
[4] 1 Corintios 12:25.
[5] 1 Timoteo 4:11, 13; 5:7; 6:2; etc.

independientemente del oficio de anciano o del género[6]. Muchos otros, junto con Pablo, enseñaron la Palabra del Señor en Antioquía[7]. Priscila y Aquila instruyeron a Apolos[8]. Las contribuciones a las reuniones de la iglesia, que incluyen salmos, enseñanzas, revelaciones, lenguas e interpretaciones, no pueden limitarse a los ancianos (*cf.* 1 Co 14:26)[9].

El Nuevo Testamento describe el oficio de anciano, obispo[10] o pastor como el más alto de una iglesia local. Este aprecio por el oficio de anciano es obvio cuando se discierne lo que el Nuevo Testamento les encarga que hagan. Funcionalmente, los ancianos realizan tres tareas principales en la iglesia local:

1. Custodian el ministerio de enseñanza de la iglesia.
2. Aseguran el cuidado espiritual de la iglesia.
3. Supervisan la dirección de la iglesia.

Examinaremos cada una de estas responsabilidades por turno.

Profetas: los guardianes de la verdad

«Con fe y amor en Cristo Jesús, sigue el ejemplo de la sana doctrina que de mí aprendiste. Con el poder del Espíritu Santo que vive en nosotros, cuida la preciosa enseñanza que se te ha confiado» (2 Ti 1:13-14). Los ancianos son los maestros principales en la iglesia local.

Los profetas son esos pastores que dirigen, guardan, protegen y proclaman las verdades de las Escrituras. Tienden a formular preguntas como: «¿Qué dice el texto?» y «¿Hacia dónde va la iglesia?». Se les suele poner a cargo del ministerio de enseñanza de la iglesia, para que guarden el púlpito de cualquier doctrina errada. Los profetas pueden

---

[6] Romanos 12:7; 1 Corintios 12:28.

[7] Hechos 15:35.

[8] Hechos 18:26.

[9] La Segunda Confesión de Londres (1677) expresa esta distinción en relación con la predicación: «Aunque sea la responsabilidad de los obispos o pastores de las iglesias, según su oficio, estar constantemente dedicados a la predicación de la Palabra, la obra de predicar la Palabra no está tan particularmente limitada a ellos, sino que otros también dotados y calificados por el Espíritu Santo para ello y aprobados y llamados por la iglesia, pueden y deben desempeñarla» (XXVI, sección 11).

[10] Los protestantes suelen coincidir, por lo general, en que la Biblia utiliza los términos ancianos y obispos como distintas formas de referirse a un mismo cargo. Por el contrario, el pastorado es un ministerio que realizan ancianos y otros. El nombre de *pastor* ha llegado a asociarse con el puesto de anciano. El título que reciba el oficio no es crucial, tal como indica la variada terminología de Pablo. No obstante, no debe permitirse que esto oscurezca la diferencia entre oficio y ministerio ni que se limite el pastorado a los ancianos.

ser unos maestros excelentes porque tienen un alto concepto de las Escrituras, disfrutan estudiando la Palabra de Dios y compartiendo las apreciaciones profundas que encuentran en ella, y proporcionan claridad a las cuestiones teológicas difíciles. Los ancianos que son principalmente profetas no se limitan a leer las Escrituras, sino que la exponen y la enseñan, de un modo muy parecido al que lo hacían Esdras y los levitas cuando «interpretaban» la Palabra[11]. Pablo escribe esto mismo a Timoteo: «En tanto que llego, dedícate a la lectura pública de las Escrituras, y a enseñar y animar a los hermanos» (1 Ti 4:13). Estos ancianos llevan la abrumadora carga de la responsabilidad del análisis correcto de las Escrituras y los juicios que se hagan en la congregación. Asimismo, se les concede la autoridad necesaria para desarrollar dicha responsabilidad, incluida la licencia de nombrar o amonestar, estimular o silenciar.

Dicho esto, no vemos ningún papel ministerial específico que se limite a los ancianos. Es así como los ancianos de todas las iglesias de *The Journey* y de *Acts 29* creen que el ministerio no es específico de un solo género, aunque el oficio de anciano sí lo es. No aceptamos que se cierre ningún don o ministerio específico a una mujer solo por su género. Sin embargo, la sabiduría sugiere que algunos papeles ministeriales de la iglesia deban desempeñarse de manera habitual por los ancianos. Sostenemos, por ejemplo, que el cargo principal de la enseñanza lo deben realizar los ancianos ya que corresponde fundamentalmente a dicho oficio. De este modo, el ministerio del púlpito debería llevarse a cabo y ser dirigido por los ancianos. Asimismo, se entiende que los ancianos predicarán la mayor parte del tiempo en la iglesia local en la que sirven.

La necesidad de que los ancianos custodien el ministerio de enseñanza de la iglesia es evidente en el gráfico y apremiante desafío a los ancianos efesios en Hechos 20:17-31. El último versículo del pasaje no solo nos muestra el corazón pastoral de Pablo, sino también el que todo pastor de iglesia local debe desarrollar: «Así que estén alerta. Recuerden que día y noche, durante tres años, no he dejado de amonestar con lágrimas a cada uno en particular». Pablo afirma haberles recordado a estos ancianos, todos los días, con lágrimas, la importancia de velar por el ministerio de su iglesia local. Proporciona a

---

[11] Nehemías 8:8.

sus colegas en el cargo de anciano varios principios para guardar y proteger a la iglesia local por medio de su ministerio de enseñanza.

Predicar y enseñar todo el propósito (Hch 20:20, 27)

Durante años, la iglesia predicó toda la Biblia porque era lo que se esperaba. La gente asistía con la expectativa de escuchar cómo se leían los versículos y se explicaban. La mayoría de los que acudían no lo hacían con la esperanza de «sacar gran cosa», y se les abandonaba a su suerte, al Espíritu Santo y a la clase de escuela dominical para que vieran cómo aplicar los sermones que oían.

En la década de los setenta, el movimiento de los buscadores introdujo un cambio de rumbo muy necesario en la forma de desempeñar el ministerio de la enseñanza en la iglesia local. Se centraba en la aplicación del mensaje. Jamás olvidaré cuando escuché la pregunta: «¿Qué quiere que hagan?». El problema en casi todas las rectificaciones de encauzamiento es la sobrecorrección. En muchas iglesias de hoy, pues, se da un estrecho menú de enseñanza que se centra principalmente en desarrollar el «potencial que Dios ha dado» mediante el logro de aptitudes en las finanzas personales, la crianza de los hijos, el matrimonio y la resolución de los conflictos.

Aunque de esta, y de otras muchas necesidades percibidas se debería ocupar el ministerio de predicación de la iglesia, deberían tratarse junto con el resto del contenido de las Escrituras. El buen pastor/maestro proporciona a la iglesia un menú sano mediante la enseñanza de toda la Biblia, con una óptima exposición de los pasajes. Esto se realiza versículo a versículo, a lo largo de todos los libros de la Biblia, y también mediante el análisis de temas pertinentes que edifiquen a la congregación.

Dejar en evidencia a las doctrinas y a los maestros falsos (v. 29)

La carga que Pablo sentía por los ancianos de la iglesia de Dios no solo consistía en que enseñaran la totalidad de la Palabra de Dios, sino también que refutaran y corrigieran cualquier falsa doctrina.

Los ancianos no solo debían enseñar la verdad de forma apasionada y sistemática, sino que habían de refutar el error de manera coherente y directa. La tendencia de los seres humanos no se limita únicamente a suprimir y pisar la verdad, sino también a buscar falsos maestros[12]. He observado una interesante paradoja: el pecaminoso corazón humano quiere falsa enseñanza y los maestros inmorales y fraudulentos buscan a gente de corazón impío. Muchos se sienten incómodos con la idea de que los pastores tengan que refutar a los falsos maestros y exponer la enseñanza incorrecta. Quizás sea útil recordar que *la falsa enseñanza daña a las personas*. Un médico que no corrigiera una idea equivocada en cuanto a la forma de luchar contra la enfermedad no sería un buen facultativo, porque hasta sus buenos pacientes saldrían lastimados. Del mismo modo, los pastores han de oponerse a la falsa enseñanza porque causa daño a las preciosas ovejas por cuya salvación murió Cristo. «Porque llegará el tiempo en que no van a tolerar la sana doctrina, sino que, llevados de sus propios deseos, se rodearán de maestros que les digan las novelerías que quieren oír. Dejarán de escuchar la verdad y se volverán a los mitos» (2 Ti 4:3-4).

Sacerdotes: Pastores del rebaño

«Obedezcan a sus dirigentes y sométanse a ellos, pues cuidan de ustedes como quienes tienen que rendir cuentas. Obedézcanlos a fin de que ellos cumplan su tarea con alegría y sin quejarse, pues el quejarse no les trae ningún provecho» (He 13:17).

Ningún otro versículo de la Biblia comienza de forma tan prometedora para un pastor que intente liderar a un grupo dispar de personas pecaminosas. Nada suena más autoritativo y en apoyo de los pastores que «Obedezcan a sus dirigentes y sométanse a ellos». Ojalá acabara aquí. Sin embargo, las Escrituras encierran unos cuantos pasajes que son más horripilantes para un pastor que la segunda mitad de Hebreos 13:17. Los ancianos deben asegurarse de que se vele por las almas de la congregación, porque tendrán que rendir cuentas a Dios por la forma en que las cuiden.

---

[12] Romanos 1:18: «Ciertamente, la ira de Dios viene revelándose desde el cielo contra toda impiedad e injusticia de los seres humanos, que con su maldad obstruyen la verdad».

Los sacerdotes dirigen la iglesia identificando las necesidades del pueblo y supliéndolas. Tienden a formular preguntas que empiezan por «quién». Son pastores. No atienden, guían y alimentan al rebaño[13] enseñoreándose de ellos para dejar patente su autoridad, sino que alientan, afirman, sirven, se enfrentan con amor, escuchan, dicen la verdad, aconsejan con sabiduría y mucho más[14]. Los pastores ayudan a los débiles[15]. Oran por los enfermos[16]. Apoyan, alientan, protegen y guían al rebaño. Forman, nutren y maduran a la manada.

Quienes dirigen la iglesia desde este cargo son lo más parecido a Cristo cuando opera en el oficio sacerdotal. Más que los profetas y los reyes, los sacerdotes enfatizan el cuidado personal e íntimo que fortalece y hace crecer al individuo en lo espiritual.

Hace varios años oí decir a Rick Warren, en la charla de uno de esos sermones grabados escogidos al azar (¿se acuerdan de ellos?), algo que se me quedó grabado. Se quejó de estar harto de los jóvenes pastores que le comentaban cuánto les gustaba predicar, sin hablar de lo mucho que amaban a la gente a la que le estaban predicando. Jamás he olvidado esta amonestación. El desafío de Warren llega al corazón de lo que significa ser anciano en la iglesia local. Quiere decir que usted no utiliza su don de enseñanza para su propio placer, sino para la edificación y protección de la iglesia. No predica para escucharse a sí mismo, sino para sanar a la iglesia.

Un pastor debe tener una gran capacidad de escuchar. Un buen sacerdote ayuda a que la gente sienta que son las personas más importantes del mundo cuando las está asesorando. Deben trabajar para hacer que la gente se sienta comprendida. En un sentido real, estamos asumiendo el papel de director espiritual para los miembros de nuestra iglesia. Como analizaremos en nuestro capítulo sobre el líder que pastorea, esta dirección espiritual no solo debe ser función exclusiva del pastor, sino que él ha de tomar la iniciativa para ser modelo de esta clase de cuidado espiritual. El pastor debe ser quien más aliente la edificación comunitaria del rebaño.

---

[13] Hechos 20:28.
[14] 1 Pedro 5:1-3.
[15] Hechos 20:35.
[16] Santiago 5:14.

Reyes: edificadores de la visión

«Los ancianos que dirigen bien los asuntos de la iglesia son dignos de doble honor, especialmente los que dedican sus esfuerzos a la predicación y a la enseñanza» (1 Ti 5:17). Los reyes desarrollan estrategias para que fructifiquen la visión y la misión de una vida cristocéntrica. Tienden a formular la pregunta: «¿Cómo?». Operan como ejecutivos de la iglesia porque emplean mucho tiempo y energía elaborando y llevando a la práctica planes que sostengan a la iglesia y la hagan crecer sana. Los pastores de mente más parecida a la del rey añaden significado a la palabra *obispo* del Nuevo Testamento, porque «supervisan» los miles de detalles del ministerio de la iglesia local. Y, cuando funcionan como Cristo, lo hacen para «supervisar» la dirección de la iglesia. En las iglesias recién plantadas sobre todo, los ancianos no solo se preocupan de los departamentos ministeriales específicos, sino también del ministerio de toda la iglesia. Deben estar al frente de ella y mantenerla en la misión, en el cumplimiento de su potencial redentor. Trabajan con los diáconos para equipar y servir a los miembros a llevar el evangelio a la ciudad. Los primeros dirigen a la iglesia sirviéndola; los ancianos lo hacen guiándola.

Asimismo, se aseguran de que la iglesia tenga una dirección correcta cuando sean capaces de reproducirse. «Ejercita el don que recibiste mediante profecía, cuando los ancianos te impusieron las manos» (1 Ti 4:14). «Lo que me has oído decir en presencia de muchos testigos, encomiéndalo a creyentes dignos de confianza, que a su vez estén capacitados para enseñar a otros» (2 Ti 2:2). Los líderes asumen la responsabilidad de la dirección de la iglesia. Aunque puedan delegar parte de esta carga, no abdican de ella. Se mantienen despiertos pensando dónde debería estar la iglesia, adónde debería ir y cómo debería funcionar. Luego, suponiendo que se duerman de veras, se despiertan meditando en cómo ejecutar estas mismas cosas.

Dado que la iglesia requiere un liderazgo firme, es más que lógico que los ancianos tengan ese don. Todos los cristianos deben liderar en ciertas aptitudes, en su papel como padres o miembros de una comunidad, o incluso al frente de los estudios bíblicos a pequeños grupos. Ciertamente, todos los cristianos deben tomar la iniciativa en acontecimientos de crisis en medio de incrédulos, así como el apóstol Pablo lo hizo en medio de un naufragio[17]. Dicho esto, las Escrituras parecen indicar que hay personas que tienen un don de liderazgo claramente definido[18]. En 1 Corintios 12:28 Pablo se refiere al don de la administración *(kubérnesis)*, haciendo referencia a un término griego que se puede traducir «gobernaciones» (como la RVA en este mismo versículo). El vocablo puede referirse a alguien que timonee un barco o a quien tenga una responsabilidad de liderazgo.

C. Peter Wagner escribe lo siguiente con respecto a la condición de líder: «El don del liderazgo consiste en la capacidad especial que Dios concede a ciertos miembros del cuerpo de Cristo para establecer metas, según sus propósitos divinos para el futuro y comunicárselos de tal forma a los demás que trabajen juntos, de forma voluntaria y en armonía con el fin de lograr dichos objetivos para su gloria»[19]. En cuanto a este don en particular, Chuck Swindoll escribe: «El don del liderazgo se define como sigue: es la capacidad de organizar y dirigir proyectos, supervisarlos de principio a fin a la vez que se maneja a la gente con tacto y proporcionándole la visión para mantenerlos en la tarea»[20].

Mark Daniels afirma: «El liderazgo es el don espiritual de los cristianos capacitados por Dios para dirigir a la iglesia y sus ministerios en el ejercicio de su minión[21]». El gurú John Maxwell asevera lo siguiente: «Los líderes poseen dos características. En primer lugar, se dirigen a alguna parte; en segundo lugar, son capaces de convencer a otros para que los acompañen[22]».

Es importante notar que el don del liderazgo no se relega a cierto tipo de personalidad. Al parecer, Pablo, Pedro y Santiago lo poseían, aun teniendo personalidades radicalmente distintas. No se basa en que uno sea introvertido o extrovertido, detallista o menos atento a las pequeñas cosas.

---

[17] Hechos 27.
[18] Romanos 12:8.
[19] C. Peter Wagner, *Finding Your Spiritual Gifts: Wagner-Modified Houts Questionnaire* [Descubra sus dones espirituales: cuestionario Houts modificado por Wagner] (Glendale, CA: Regal Books, 1995).
[20] Charles R. Swindoll, «7 Building Blocks for Leaders», *Insights* (February 2007), 1, 2.
[21] Daniels lo escribió como entrada en su weblog, *Better Living: Thoughts from Mark Daniels*. Puede encontrarla bajo el título «Opening Your Spiritual Gifts» en http://markdaniels.blogspot.com/2006/12/opening-you-spiritual-gifts-day-19.html.
[22] John C. Maxwell, *Leadership Gold: Lessons I've Learned from a Lifetime of Leading* [El oro del liderazgo: lecciones que he aprendido a lo largo de una vida de liderazgo] (Nashville: Thomas Nelson, 2009), 77.

El don del liderazgo se descubre y desarrolla igual que las demás gracias espirituales, es decir, por medio de la experiencia, el entrenamiento y el proceso de maduración. Aunque sea producto de la presencia del Espíritu y de la gracia de Dios, requiere diligencia, fidelidad, duro trabajo y compromiso con los propósitos de Dios si se quiere ejercer de forma eficaz.

Peligros para los profetas, sacerdotes y reyes

Como ocurre con cualquier filosofía ministerial que matice y distinga entre los dones de las personas, hay que evitar ciertas tendencias cuando se consideran los aspectos profético, sacerdotal y real del ministerio. Aunque hemos examinado los rasgos positivos de estas funciones, debemos dedicar también algún tiempo a considerar los escollos que los profetas, sacerdotes y reyes maduros deben eludir[23].

En primer lugar, cualquier iglesia que desarrolle una cultura de liderazgo que incorpore la filosofía de profeta, sacerdote y rey, ha de evitar la tentación de considerarlo como una prueba de personalidad. Dado que Jesús fue el profeta, sacerdote y rey perfecto, y en vista de que como creyentes nos vamos haciendo más como Cristo, deberíamos crecer en todos estos ámbitos. Los líderes, y en especial los pastores, no deben encerrar a las personas (incluido él mismo) en ninguna de estas categorías de una forma tan firme que puedan limitar la utilidad de los dones que Dios ha dado para edificación de la iglesia. Como Drew Goodmanson observa, por ejemplo, que una persona sea emocional no significa que sea un sacerdote[24]. Encasillar a una persona emocional, que no es sacerdote, en un escenario de asesoría podría resultar más perjudicial que beneficioso. Los estereotipos son demasiado simplistas y limitados para ayudar a la iglesia. Los equipos de liderazgo en proceso de maduración evitarán esta tentación.

Profetas

Aunque los profetas son unos excelentes guardianes de la verdad, también pueden centrarse de una forma tan excesiva en la doctrina

[23] El pastor Drew Goodmanson de Kaleo, una iglesia de *Acts 29* en San Diego, ha tenido gran influencia sobre mí en cuanto a las tendencias positivas y negativas de la filosofía ministerial triperspectiva. Puede obtener más información de Drew en http://www.goodmanson.com.
[24] Véase http://www.goodmanson.com/20070-7/03/ los-peligros-del-triperspectivalismo.

hasta el punto de descuidar la predicación de la gracia. Quienes desempeñan esta función deben eludir influenciar las *cabezas* excluyendo los *corazones*. Asimismo, deben luchar contra la arrogancia, el legalismo y el desdén hacia aquellos que no compartan sus creencias y pasiones.

Sacerdotes

Los sacerdotes al estilo de Cristo evitarán tener este tipo de influencia que acabamos de mencionar. Los profetas deben luchar contra la arrogancia mientras que los sacerdotes han de pelear contra la cobardía. Dado que estos últimos pueden con frecuencia valorar los sentimientos subjetivos por encima de la verdad objetiva, pueden llegar a permitir que el pecado se deslice con tal de no provocar ningún contratiempo en la vida de nadie. La confrontación tal vez no sea de preferencia para el sacerdote, pero no hay más remedio cuando la verdad se está viendo comprometida.

Reyes

Los reyes son excelentes líderes. Consiguen que las cosas se lleven a cabo. Elaboran sistemas para ayudar a que otros logren que se haga lo que es debido. Como se centran tanto en los resultados, deben evitar excluir el evangelio de la gracia mediante la planificación del mismo para muerte. Tienen, asimismo, tendencia a ver lo que está roto y necesita arreglo, y esto puede ser de enorme ayuda en la vida de la iglesia. No obstante, deben luchar por mantener la moral alta y aminorar el ritmo lo suficiente como para celebrar los logros del ministerio.

Los pastores expertos son obispos, guardianes teológicos y profesores sanos que conocen sus fuerzas y les sacan provecho para edificar la iglesia. Conocen también sus debilidades y limitaciones, y parte de su habilidad consiste en reunir a otros líderes en torno a ellas para compensar su carencia. Como ya hemos visto en nuestro análisis de la perspectiva del liderazgo de profeta, sacerdote y rey, los dirigentes no están sujetos a un tipo de personalidad. Al cerrar este capítulo, propongo algunas preguntas que los ayuden a descubrir sus tendencias naturales de liderazgo en el contexto del modelo de la perspectiva triple. Recuerden que en los pastores más hábiles se dará una mezcla evidente de estos tres oficios, pero que todos los líderes por naturaleza se inclinarán más a uno que a los demás.

1. ¿Es usted un líder de motivaciones teológicas con una alta visión de la predicación y la enseñanza? ¿Tiende a ser un pensador en blanco o negro en lo que respecta a la verdad y al estilo de vida bíblico? ¿Cómo comunica principalmente la visión, por escrito, desde la plataforma de enseñanza o ambas? ¿Formula usted preguntas que comienzan por «qué» o «dónde»? Si es así, puede ser un profeta natural.

2. ¿Es usted alguien que alienta a la gente? ¿Tiene aptitudes para discernir las necesidades de las personas? Cuando se implementa un plan o una estrategia ¿le preocupa más la forma en que impactará a los demás? ¿Hace usted preguntas que empiezan por «quién»? Si la respuesta es afirmativa, usted puede ser un sacerdote natural.

3. ¿Es usted un pensador organizativo? ¿Un solucionador de problemas? ¿Un pensador práctico que también disfruta reflexionar sobre nuevas formas de resolver viejos problemas? ¿Es usted práctico a la hora de colocar a las personas adecuadas en los lugares apropiados dentro del contexto del ministerio? ¿Formula usted preguntas que se inician con «cómo»? Si es así, es posible que sea un rey natural.

Los pastores están dispuestos a llevar el dolor y soportar el embate de las ovejas por amor a ellas. Los ancianos verdaderos no dan órdenes a las conciencias de sus hermanos, sino que apelan a ellos para que sigan fielmente la Palabra de Dios. El amor hace que sufran y aguanten el ataque de la gente y los problemas difíciles para que los corderos no salgan lastimados. Cargan con los malentendidos y los pecados de otros para que la congregación pueda vivir en paz. Pierden tiempo de su sueño para que otros puedan descansar. Realizan grandes sacrificios personales de tiempo y energía por el bienestar de otros. Se consideran hombres bajo autoridad. Dependen de Dios para sabiduría y ayuda, y no en su propio poder e inteligencia. Afrontan los fieros ataques de los falsos maestros. Velan por la libertad de la comunidad en Cristo para que los santos se sientan estimulados a desarrollar sus dones, a madurar y a servirse unos a otros. (Alexander Strauch)[1]

Si Cristo amó tanto a las almas de los hombres como para entregarse a sí mismo y negarse hasta ese punto para la salvación [y la felicidad de estas], es pues indudable que los ministros de Cristo deberían estar preparados para hacer un extraordinario esfuerzo, negarse a sí mismos y sufrir por amor a [la salvación y felicidad de] las almas. Como Cristo solía decir, «el discípulo no es superior a su maestro, ni el siervo superior a su amo» [Mt 10:24]. (Jonathan Edwards)[2]

Ve a ellos tan pronto como sepas que están enfermos, te hagan llamar o no. (Richard Baxter)[3].

---

[1] Alexander Strauch, *Biblical Eldership: An Urgent Call to Restore Biblical Church Leadership* [El cargo bíblico de anciano: un llamado urgente a la restauración del liderazgo de la iglesia bíblica] (Littleton, CO: Lewis y Roth, 1995), 98.

[2] Jonathan Edwards, *The Salvation of Souls* [La salvación de las almas] (Wheaton, IL: Crossway, 2002), 170.

[3] Richard Baxter, *The Reformed Pastor* [El pastor reformado] (General Books LLC, 2009), 103.

6

Un hombre capaz de pastorear

Las Escrituras nos dicen que durante el principio de su ministerio, Jesús se compadeció de las multitudes que lo seguían, porque «eran como ovejas sin pastor» (Mr 6:34). Las ovejas sin pastor son extremadamente vulnerables: pueden alejarse de la comida y de un lugar seguro, arriesgándose a que los animales feroces las ataquen por su propio instinto depredador natural. Pueden apartarse del rebaño y, en su confusión, correr un gran peligro por la exposición a los elementos, la inanición y graves lesiones. Esta conmovedora imagen que nuestro Señor utiliza para describir a la gente del mundo no solo debería recordarnos nuestra propia vulnerabilidad cuando nos apartamos de nuestro Pastor, sino que también debería despertar nuestra compasión y traer a nuestra memoria cuánto necesitan la supervisión y la ayuda urgentes en sus vidas espirituales.

El corazón de un Pastor

Cristo sigue sintiendo hoy la misma compasión por la gente, y ha designado líderes en su iglesia para que sirvan de pastores a sus ovejas escogidas. Como tales, debemos cuidar con empeño y diligente esmero a aquellos sobre los que Dios nos ha establecido. Debemos ser como el hombre que busca a su oveja perdida y no descansa hasta encontrarla y traerla de regreso al hogar[4]. Debemos imitar al Pastor supremo que entregó su vida por las ovejas que amaba[5]. Richard Baxter describe el ministerio de pastoreo:

> La totalidad de nuestro ministerio debe llevarse a cabo con tierno amor por nuestra gente. Debemos dejarles ver que nada nos agrada tanto como aquello que les aprovecha; que lo que es bueno para ellos, también lo es para nosotros; y

---

[4] Lucas 15:4.
[5] Juan 10:11.

que nada nos afecta más que su dolor. Debemos tener sentimientos por nuestra gente, como un padre por sus hijos: sí,
el más tierno de los amores de una madre no debe estar por
encima del nuestro. Incluso debemos sufrir dolores de parto
hasta que Cristo esté formado en ellos. Tienen que ver que no
nos interesa ninguna cosa externa, ni riqueza, ni libertad, ni
honra, ni vida, tanto como su salvación y que, como Moisés,
preferiríamos ver nuestros nombres tachados del registro
de la vida, es decir, eliminado de entre los vivos, a que los
nombres de ellos no se encontraran en el libro de la vida del
Cordero[6].

¿Para qué sirve el cuidado pastoral?

Existen numerosas razones por las cuales el cuidado pastoral —el
pastoreo— es necesario en nuestras iglesias.

*Porque las ovejas son preciosas para Jesús, que las compró con su
propia sangre[7].*

No estamos tratando con objetos reemplazables que pueden quedar obsoletos, como un celular, sino con criaturas de Dios de gran
precio. Aunque estén sucias, huelan mal y hagan tontas elecciones,
siguen siendo muy valiosas. Dado que Cristo ofreció su vida infinitamente preciosa por estas ovejas, pecaríamos gravemente contra él
si las cuidáramos con un ojo perezoso, si no lucháramos contra los
voraces lobos, o si nos descuidáramos y no fuéramos a buscar a las
ovejas extraviadas. Aquello que tiene valor para Cristo ha de tenerlo
para nosotros. Así como él entregó su vida por las ovejas, nosotros
debemos hacer lo mismo por las suyas[8].

Porque los lobos acechan y están listos para destruir a las ovejas[9].

Pueden estar seguros de que, donde hay ovejas, hay lobos y cuando no defendemos a nuestra gente, esta sale herida. No tiene por qué
haber un ataque físico por parte de un depredador para que se sienta
su presencia. El temor a la agresión conduce a la desconfianza y a una

---

[6] Baxter, *The Reformed Pastor* [El pastor reformado],117.
[7] Hechos 20:28: «Tengan cuidado de sí mismos y de todo el rebaño sobre el cual el Espíritu Santo los ha puesto como obispos para pastorear la iglesia de Dios, que él adquirió con su propia sangre».
[8] 1 Juan 3:16.
[9] Hechos 20:29: «Sé que después de mi partida entrarán en medio de ustedes lobos feroces que procurarán acabar con el rebaño».

conducta arriesgada que, por supuesto, lleva a una mayor vulnerabilidad. Entregar a nuestra gente a los lobos es de una absoluta crueldad. Estos son un peligro muy real y presente para nuestros rebaños. Somos los principales preservadores y supervisores de nuestra gente. Si no los defendemos de los lobos, ¿quién lo hará?[10]

Porque los pastores rendirán cuenta a Dios por la forma en la que cuidaron de su pueblo[11].

Literalmente, tendrán que comparecer un día delante de Cristo e informar de cómo trataron a las ovejas por las que él murió. Si saliera usted una noche y contratara a una niñera para sus hijos, ¿no pediría cuentas, a su regreso, de cómo ha ido todo? ¿No se sentiría molesto si sus hijos hubiesen sufrido daño por la negligencia de quien los cuidaba? ¡Cuánto más no incurriremos en la disciplina de Cristo si descuidamos a las almas eternas por las que dio su vida! Como pastores, solemos sentir la tentación de evitar conflictos o críticas con el fin de agradar a las masas y dejamos que peligrosas situaciones se «resuelvan solas». Pero sabiendo que compareceremos en juicio ante el Dios Todopoderoso, nos vendrá bien recordar que un pastor no ha de temer a sus críticos y sí a Dios. Temblemos ante el solo pensamiento de descuidar a las ovejas. Recordemos que, cuando Cristo nos juzgue, lo hará con un grado especial de rigor[12]. Jonathan Edwards, también predicador, nos advierte: «Las preciosas almas que fueron encomendadas a nuestro cuidado y que se pierdan por nuestro descuido se levantarán en juicio contra nosotros y declararán lo negligentes que fuimos con ellas»[13].

Porque en la iglesia abundan los asalariados[14].

No todos los empleados por la iglesia con el título de «pastor» son en verdad aptos para serlo. La gente que acude a nuestras iglesias tendrán cada vez más heridas, por no hablar de todo un montón de

---

[10] Es muy importante que distingamos entre lobos que intentan dañar a las ovejas de forma consciente y deliberada, y los cristianos espiritualmente inmaduros que a veces lastiman a los corderos sin mala intención. Es preciso enfrentarse a ambos tipos de personas, pero los pastores valientes y hábiles serán mucho más severos con los lobos.

[11] Hebreos 13:17: «Obedezcan a sus dirigentes y sométanse a ellos, pues cuidan de ustedes como quienes tienen que rendir cuentas. Obedézcanlos a fin de que ellos cumplan su tarea con alegría y sin quejarse, pues el quejarse no les trae ningún provecho».

[12] Santiago 3:1 aconseja: «Hermanos míos, no pretendan muchos de ustedes ser maestros, pues, como saben, seremos juzgados con más severidad».

[13] Edwards, *The Salvation of Souls* [La salvación de las almas], 21.

[14] Juan 10:12-13: «El asalariado no es el pastor, y a él no le pertenecen las ovejas. Cuando ve que el lobo se acerca, abandona las ovejas y huye; entonces el lobo ataca al rebaño y lo dispersa. Y ese hombre huye porque, siendo asalariado, no le importan las ovejas».

equipaje, a causa del pastoreo tan pobre de los asalariados disfrazados de pastores de otras iglesias. He notado una cosa en *The Journey*, la iglesia de la que soy pastor. Mientras estuvo bajo el cuidado de la iglesia a la que asistían anteriormente, mucha de nuestra gente fue lastimada por un liderazgo entre pobre y terrible. Uno de los miembros vio cómo el equipo de ancianos de la otra iglesia se dedicaba a criticar y a comentar las habladurías de hombres y mujeres amargados y poco piadosos. El resultado fue que la mitad del personal pastoral abandonó la iglesia, acabando prácticamente con el impacto de la iglesia y su reputación en el seno de la comunidad. De muchas maneras, la mayor casualidad fue que esta joven mujer se sintió tan descorazonada por la experiencia, que tuvieron que pasar varios años antes de que se encontrara lo bastante bien como para asistir con regularidad a otra iglesia y unirse a ella. Lamentablemente, son miles las historias que podría contar aquí. Los demás pastores de iglesias Journey y yo hemos observado que este tipo de heridos ambulantes requieren *al menos* seis meses de asistencia a la iglesia y otros seis de relación antes de sentirse preparados para volver a confiar en ella. Sobra decir que es de especial importancia proporcionar un buen pastoreo a la gente que ha sido lastimada.

A lo largo de la historia muchos pastores se han desentendido del pueblo de Dios. Y la Biblia es muy clara al afirmar que Dios no está nada contento con estos líderes despreocupados. Jeremías 23:2 nos advierte que si los pastores no atienden al rebaño, Dios mismo lo hará. En Zacarías 11:15-17, declara que el pastor inútil que abandona a su manada tendrá que vérselas con las espadas y que al hacerlo, perderá el brazo y la vista.

No cabe duda de que la prioridad de Dios es proporcionar un pastoreo excelente para las preciosas almas de su iglesia. «Pondré sobre ellas pastores que las pastorearán, y ya no temerán ni se espantarán, ni faltará ninguna de ellas, afirma el Señor» (Jer 23.4). Es la iglesia de Dios, y no la nuestra. Por tanto, sirvamos fielmente en ella y pastoreemos de una forma que refleje el cuidado compasivo de Cristo.

Los resultados del cuidado pastoral

El fiel pastoreo no solo produce beneficios tangibles para la iglesia, sino también para el pastor.

El pastoreo prepara al pastor para vivir

Cuando uno trata con el pecado de otros, toma mayor conciencia del suyo propio. Cuando se pastorea al testarudo, se comprueba la propia obcecación; en el caso del egoísta, uno ve su propio egoísmo; cuando se trata de alguien que está destruido, se percibe la propia destrucción. En la parte positiva, cuando uno constata que otros obedecen, también quiere hacer lo propio. Cuando somos testigos de que otros utilizan sus dones de manera eficaz, también queremos usar los nuestros con eficacia. No debería sorprendernos ya que es el Espíritu Santo quien revela el pecado, capacita la obediencia e imparte los dones. Tanto el término griego como el hebreo para *espíritu* significan «aire» o «respiración». En las lenguas latinas, esta palabra procede del latín *spiritus* que tiene el mismo sentido. De esto derivan palabras como *respiratorio* (que respira) y *expirar* (que ha dejado de respirar). Asimismo, obtenemos la palabra *inspirar*. Es como si, cuando el Espíritu está obrando en aquellos a quienes asesoramos, también nos *inspira* a nosotros, los pastores, a arrepentirnos, creer y obedecer con los mejores dones de los que disponemos[15].

El pastoreo prepara al pastor para la predicación

Cuanto más contacto tengan con su gente y con sus luchas, mejor sabrán cómo predicarles de una forma eficaz. ¡Qué triste cuando un pastor predica a su iglesia sin tener la menor idea de qué decirles, porque no tiene la menor conexión con el estado de sus almas! Cuanto más tiempo dedique a profundizar en el cuidado pastoral de la gente a lo largo de la semana, mejor sabrá cómo contextualizar su mensaje, tratar los pecados específicos, afrontar la resistencia a la verdad, exponer a los ídolos culturales y hacer aplicaciones concretas el domingo. Muchos de nosotros seríamos mejores predicadores si fuéramos mejores consejeros.

---

[15] Estoy en deuda con Frederick Buechner por la conexión entre espíritu e inspiración mencionada en su libro *Wishful Thinking* [Meras ilusiones] (San Francisco: HarperCollins, 1973), 110.

El pastoreo ayuda a que influya en la predicación

El pastoreo lo humilla y mata la arrogancia y el orgullo que impiden que la gente pueda recibir la presentación del evangelio. Cuando uno ha pasado tiempo real con personas de verdad, logra una conexión emocional con sus oyentes que incluye tanto sus mentes como sus corazones. La verdad es que muchos pastores son como el hombre de hojalata: una coraza dura sin corazón. Aunque predican la verdad, no se conectan con sus oyentes. Pero cuando su gente sabe que usted no solo se preocupa por el «futuro mejor», sino por el «desagradable aquí y ahora» de sus vidas, entonces tenderá a creer lo que les dice. Hasta podrían, milagro de milagros, aplicar lo que usted predica. El pastoreo proporciona credibilidad al predicador quien, a su vez, aporta verosimilitud al mensaje pronunciado. Cuanto más tiempo dedique como pastor auténtico, más le *escucharán* a usted y más *obedecerán* las Escrituras.

El pastoreo lo ayuda a permanecer cerca de Jesús

En el trato con la enormidad del pecado de la gente, algo requiere que nos quedemos muy, muy cerca de Dios. En la predicación resulta fácil ocultar una falta de conexión espiritual con Dios mediante una buena preparación y una habilidad natural. Sin embargo, lo impredecible y el contenido puramente emocional de la obra pastoral lo confrontan a uno con su propia necesidad de un Salvador. Cuando predica, usted puede preparar con tiempo lo que va a decir. Pero en la labor de pastor hay mucha cabida para la inseguridad y la ansiedad a medida que se lucha contra las preguntas, las objeciones y los argumentos de la gente en tiempo real. ¡Es aterrador! Lo lleva a uno a depender de Dios.

El pastoreo pone a prueba la autenticidad de su fe

El horno ardiente de la obra pastoral puede quemar los muchos bordes de su personalidad y provocar un sano y refinado crecimiento. Creo que la obra pastoral, una parte verdaderamente esencial del trato con las luchas cotidianas de su gente, es más eficaz para humillar y probar la espiritualidad de un ministro de lo que el estudio podría conseguir por sí solo. He oído decir a Tim Keller que predicar es como disparar la artillería. Es un trabajo relativamente seguro y limpio, porque los artilleros están retirados de la verdadera línea de batalla. Pero la tarea pastoral es como estar en la infantería. Es un mano a mano, un combate cuerpo a cuerpo. Ser un buen predicador puede convertirlo o no en un mejor cuidador del rebaño; sin embargo, ser esto último lo convierte ciertamente en un mejor predicador.

El deber de un cuidador del rebaño

Hasta aquí he hablado de la importancia del pastoreo espiritual, pero no he definido aún lo que es con exactitud. En su clásico *The Reformed Pastor* [El pastor reformado], Richard Baxter ofrece una imagen muy útil de lo que significa ser un cuidador del rebaño. Escribe: «Un ministro no es un mero predicador público, sino que deben conocerlo como consejero para sus almas, como médico para sus cuerpos y como abogado de sus bienes, para que cualquiera que se halle en medio de dudas o estrecheces pueda exponerle su caso para su resolución [...]. No solo debemos estar dispuestos a tomarnos la molestia, sino que deberíamos echarnos el problema encima invitándolo a venir»[16].

El cuidador del rebaño es, expresado de un modo sencillo, un *médico espiritual*. Se ocupa de la salud de las almas, así como los doctores lo hacen del bienestar del cuerpo. Por tanto, su cometido consiste en luchar contra la enfermedad del espíritu y alentar la salud espiritual entre su pueblo. Supervisa el crecimiento espiritual holístico de la manada mediante la predicación y la enseñanza, el discipulado, la administración de los sacramentos, la disciplina de la iglesia, la amonestación, el estímulo, la comunión y el ejemplo. Toma la iniciativa en el cumplimiento de 1 Tesalonicenses 5:14: «Amonesten a los holgazanes, estimulen a los desanimados, ayuden a los débiles y sean pacientes con todos».

Sin embargo, la realidad es que hay demasiadas ovejas que pastorear. Un pastor promedio puede ocuparse de unas setenta y cinco personas que es aproximadamente (y no es una coincidencia)

---

[16] Baxter, *The Reformed Pastor* [El pastor reformado], 96.

el tamaño medio de una iglesia en América del Norte. Por tanto, a menos que quiera tener una iglesia así o más pequeña, debe aprender a establecer sistemas que fomenten el cuidado pastoral en su congregación local. Ni siquiera Moisés fue capaz de juzgar a todo el pueblo de Israel; tuvo que elaborar métodos y estructuras para ocuparse del pueblo[17]. Quienes aspiramos al pastorado debemos considerar las palabras que Jetro dirigió a Moisés con respecto a su llamado: «Te cansas tú y se cansa la gente que te acompaña. La tarea es demasiado pesada para ti; no la puedes desempeñar tú solo» (Ex 18:18).

Muchas de nuestras iglesias esperan que el pastor sea la *única* fuente de cuidado y asesoramiento pastoral. Estas expectativas no solo son altamente irrealistas (imaginen un hospital carente de personal de enfermería competente), sino que sus efectos también son devastadores para los pastores y sus familias. Amenazan, asimismo, la longevidad de la vitalidad de la iglesia porque atrofian el desarrollo del liderazgo. Siguiendo con el paralelismo médico, supongan que un hospital no forma a internos y residentes para asegurarse de que se siga prestando atención médica incluso cuando se jubilen los doctores más veteranos. Los pastores no fueron nunca designados para ser los únicos cuidadores/consejeros en la iglesia local. El verdadero cambio congregacional no ocurre como mero resultado de los dones y servicios del pastor, sino de los de toda la iglesia. El cuidado y el desarrollo espiritual no se limitan a contactar con el «ungido de Dios»; en realidad, la mayor parte del crecimiento sucede en las relaciones con la «gente común y corriente de Dios».

Todo esto significa que si aspiramos a ser pastores eficientes del pueblo de Dios, será necesario que nos dediquemos a algo más que al *pastoreo personal e individual*. Asimismo, hará falta establecer sistemas de pastoreo como estudios bíblicos en pequeños grupos, grupos comunitarios o comunidades misionales. La triste verdad es que muchas iglesias utilizan estos sistemas: escuela dominical, grupos comunitarios y cosas por el estilo, sencillamente como herramientas para el estudio de la Biblia y no como medio para el desafío y el cuidado pastoral (siendo el estudio bíblico, sin duda alguna, uno de sus componentes). La gente ha reducido la comunidad al aprendizaje de la Biblia, a entonar cánticos e intercambiar comentarios superficiales.

---

[17] Éxodo 18:13-27.

La iglesia se ha decantado por programas que proporcionan información cognitiva, pero carecen de formación espiritual holística. Mi iglesia, *The Journey*, es una iglesia multisitio; esto significa que es una sola iglesia con muchas ubicaciones. Esta podría o no ser su situación si es usted pastor. Independientemente, los ancianos de *The Journey* se han dado cuenta de que los grupos comunitarios son un ministerio fundamental para cualquier sitio o campus (que es como definimos cada emplazamiento que inauguramos). Esto quiere decir que si Dios nos da la oportunidad de iniciar un nuevo campus, debemos tener dos cosas en su sitio para que pueda recibir el nombre de campus *Journey*.

1) Debemos contar con un hombre capacitado para servir como pastor de campus.

2) Hemos de tener al menos un grupo comunitario formado y en marcha *antes* de la inauguración.

Sí, es verdad que queremos servicios de adoración, ministerio infantil, servir al pobre, alimentar al hambriento, comprometernos con los artistas y creativos en cualquier escenario que persigamos. Pero creemos que si la gente no comparte entre sí un ministerio de vida a vida, exponiendo sus dudas, sus luchas, sus logros y sus avances a la luz del evangelio, ese campus será ineficaz en el desarrollo de todos los importantes ministerios que he mencionado más arriba. Esta filosofía se refleja en la declaración de impacto de *The Journey*: *Amar a Dios. Conectar con la gente. Transformar el mundo.* Creemos que estas cosas solo pueden ocurrir en este orden.

Uno de los debates más divertidos de la carrera presidencial de los Estados Unidos en 2008 fue sobre la anterior carrera del presidente Obama como organizador comunitario. Fue bien vapuleado por los conservadores y cuestionado por legítimos votantes indecisos por lo difícil que les resultaba entender a qué se dedicaba exactamente Obama en este puesto. ¿Se presenta una solicitud para el empleo de organizador comunitario? ¿Existen listas en las páginas web de búsqueda de empleo para dicho puesto? Como lo explica un experto de profundo entendimiento, uno sabe en qué consiste este cargo cuando se observa a la comunidad. Del mismo modo, se reconoce que un pastor es un buen cuidador del rebaño cuando se contempla a la congregación a la que estimula y hace crecer.

Los buenos pastores equipan a los miembros de la iglesia para que puedan pastorearse los unos a los otros dentro del contexto de pequeños grupos. La iglesia primitiva se componía de pequeñas casas-iglesias misionales que debemos imitar en el siglo XXI. La iglesia debe hacerse más pequeña conforme va creciendo[18]. A continuación, unas cuantas preguntas fundamentales para la consideración de un buen cuidador del rebaño: ¿Ama la gente de la que usted cuida a Dios de forma privada y también corporativa? ¿Asumen la responsabilidad de conectar a otra gente con la comunidad de la iglesia? ¿Se están movilizando juntos para llevar a cabo la misión de Dios de transformar el mundo? Un cuidador eficiente del rebaño hará todo lo posible por responder de forma afirmativa a todas estas preguntas.

¿Qué debería ocurrir en este tipo de grupos?

Al examinar los «unos a otros» encontrados a lo largo del Nuevo Testamento, propongo los siguientes principios como forma de medir el cociente comunitario de su iglesia:

En la comunidad bíblica, las personas se enseñan y se alientan unas a otras[19]. En el grupo comunitario la gente puede aplicar los distintos puntos del sermón y vivirlos de un modo que la reunión de adoración colectiva no favorece. En un sermón resulta imposible ser tan directo y matizar como en un pequeño grupo. Los pastores que elaboran sistemas de cuidado y desafío ayudan a que las personas vivan lo que profesan y contextualicen verdades bíblicas generales a situaciones específicas de la vida.

En la comunidad bíblica, las personas se sirven y honran unas a otras[20]. Una forma en la que esto ocurre es mediante el ejercicio de los

---

[18] Algunos señalarían que la práctica de Richard Baxter de hacer la visita regular y la catequización de cada miembro de su iglesia es un argumento contra la mera *supervisión* de los ministerios del cuidado pastoral. Es cierto que los pastores deberían comprometerse y pastorear de una forma personal, así como inspeccionar los sistemas de dicho ámbito ministerial; sin embargo, debemos recordar que fue Baxter mismo quien también afirmó: «Si un capitán consigue que los oficiales bajo su mando cumplan con su deber, podrá gobernar a los soldados de un modo mucho menos problemático que si todo reposa sobre sus propios hombros» (*The Reformed Pastor*, 102). Además, este planteamiento halla su justificación bíblica en los acontecimientos de Éxodo 18 y es una necesidad práctica para las iglesias grandes.

[19] Colosenses 3:16 («instrúyanse y aconséjense unos a otros con toda sabiduría»); Romanos 14:19; Gálatas 6:1; Efesios 4:15; Hebreos 10:24.

[20] Juan 13:14; Romanos 12:10; Gálatas 5:13; Filipenses 2:1-4.

dones espirituales[21], algunos de los cuales (palabras de conocimiento, hospitalidad, compasión, etcétera) serán inevitablemente más eficaces en el seno de un pequeño grupo que en el culto de adoración colectiva.

En la comunidad bíblica, las personas comparten unas con otras. Comparten bienes materiales (*cf.* Hch 2:44-46; 4:32-33), cargas (*cf.* Gá 6:2), luchas (*cf.* Ef 4:25; He 3:13; Stg 5:16), y un afecto visible (*cf.* Ro 16:16). Se esfuerzan por escucharse unos a otros en lugar de hablar demasiado (*cf.* Stg 1.19), consideran que los demás son más importantes que ellos mismos (Fil 2:3-4), y abundan en amor los unos por los otros (*cf.* 1 Ts 3:12).

Un cuidador del rebaño es alguien que en cierto modo «pega» a las personas «con velcro» entre sí, de manera que puedan pastorearse mutuamente. El papel del pastor consiste en conectar a los indisciplinados con los disciplinados para que puedan aprender de ellos; relacionar a los que sufren con aquellos que puedan ayudarlos a recuperar la sanidad; rectificar un asesoramiento errado de las ganancias mediante amigos entendidos en la materia. En realidad, el trabajo de un pastor-cuidador del rebaño es promover un entorno familiar donde la iglesia pueda ayudar a los creyentes a ser una especie de padres los unos para los otros con amor y verdad.

Las tentaciones de un cuidador del rebaño

Existen muchas tentaciones y peligros de los que guardarse cuando procuramos crecer en nuestras aptitudes para el pastoreo.

Pastorear para ocultarnos de nuestros propios pecados

Muchos pastores utilizan su ministerio pastoral para esconderse de sus propios pecados, deficiencias, y defectos. Entré a formar parte del personal de la iglesia por primera vez, cuando solo contaba con diecinueve años. Fui pastor juvenil bajo la supervisión de otro pastor que se interesó en mí. La posibilidad de ser instruido y que mi carácter se viera desafiado por alguien en el ministerio, me atraía enormemente. Por desgracia, ocurrió justo lo contrario. Corría la década de los ochenta

---

[21] 1 Corintios 12:7; 1 Pedro 4:10-11.

cuando muchas iglesias solo disponían de una sola línea telefónica, de modo que si uno levantaba el auricular podía escuchar la conversación de otra persona. Un día agarré el teléfono y sorprendí un diálogo muy inadecuado entre este pastor y una mujer de la iglesia. Empecé a investigar un poco y sospeché que estaba implicado sexualmente con varias de las féminas de la congregación. Recuerdo la polémica reunión que mantuve con él y con los diáconos de la iglesia. Sin titubeo, todos ellos replicaron que ese pastor siempre estaba presente cuando alguien estaba hospitalizado, en necesidad o tenía a un niño enfermo. Básicamente vinieron a decir que ese pastor era un cuidador tan bueno del rebaño, que pasarían por alto su inmoralidad sexual. En aquel momento empecé a tomar conciencia de que algunos pastores usan ese ámbito pastoral para expiar sus pecados y deficiencias en otros campos.

Cuidar del rebaño para poder manipular a la iglesia

Algunos pastores utilizan este ministerio del pastoreo para poder forzar sus proyectos favoritos y sus opiniones dentro de la iglesia. Supongamos que usted tiene un programa de edificación que desea impulsar con todas sus fuerzas. Sabe que habrá gran oposición, por lo que echa mano de sus aptitudes pastorales para ablandar a la gente y poder conseguir de ellos lo que ansía. Lo mismo puede ocurrir en un asunto presupuestario, o en la contratación o despido de un miembro del personal. Los pastores que tienen un don para el cuidado del rebaño han de guardarse de caer en la tentación de utilizar su talento para forzar sus planteamientos.

Cuidar del rebaño para cubrir la debilidad

Otro peligro para los pastores es cuidar del rebaño con el fin de cubrir sus propias debilidades. Conozco a uno que se niega a desarrollar su don para la predicación y, por el contrario, utiliza su talento pastoral para cubrir su debilidad a la hora de exponer el mensaje. No solo es que carezca del don de la predicación, sino que ni siquiera *se molesta en* intentar mejorar sus aptitudes en dicho campo porque sabe que puede contar con su forma de cuidar del rebaño para tener a su gente contenta. Otros pueden sentir la tentación de evitar un fuerte liderazgo de todo el rebaño manteniéndose en la zona cómoda del pastoreo individual de las ovejas. Mucha gente eludirá una vida de misión con Dios si no existe un desafío y, sobre todo, si sienten que un pastor está supliendo sus necesidades. El buen cuidador del rebaño está preparado para dirigir mediante la firme predicación y el liderazgo y, a la vez, por medio del tierno cuidado y el asesoramiento.

Cuidar del rebaño para vencer los problemas

Algunas veces nos sentimos tentados a utilizar el ministerio del pastoreo con el fin de conseguir una sensación de logro personal. Me refiero a tomarnos la consejería como un reto que vencer en lugar de verlo como alguien a quien ayudar. Muchos pastores se obcecan y siguen ministrando a personas que, desde hace mucho tiempo, deberían haber sido enviadas a un consejero profesional; y esto solo porque quieren lograr el triunfo. William Willimon lo explica muy bien: «Sin saber cuándo recurrir (a la consejería profesional), nosotros, los pastores, nos arriesgamos a perjudicar en nuestros intentos equivocados por ayudar. Procuramos ir más allá de nuestra capacitación, malgastamos un tiempo precioso y le robamos enfoque y energía tan necesarios a otra actividad pastoral»[22].

Cuidar del rebaño para conseguir aprobación

Algunos pastores que conozco pasan una cantidad exorbitante de tiempo alrededor de la gente, porque su identidad personal está envuelta en su papel de cuidador del rebaño. Cualquier don ministerial puede convertirse en un ídolo, pero en el caso del pastoreo, resulta engañosamente fácil idolatrarlo por lo santo y tierno que parece. De nuevo, Willimon nos informa: «La manipulación de los demás puede darse en muchas formas. Algunas veces, el líder que sirve humildemente, que se dedica sencillamente al servicio de los demás, puede estar tapando su manipulación del laicado para suplir su necesidad de adoración, apreciación y afecto»[23]. Hemos de formularnos la pregunta: ¿*Por qué* paso tanto tiempo alrededor de la gente? ¿Los

---

[22]William H. Willimon, *Pastor: The Theology and Practice of Ordained Ministry* [La teología y la práctica del ministerio ordenado] (Nashville: Abingdon Press, 2002), 179.
[23] *Ibíd.*, 68.

estoy pastoreando para la gloria de Dios y para beneficio de ellos, o para mi propia afirmación?

Convertirse en piadosos cuidadores del rebaño

¿Cómo podemos crecer en nuestras aptitudes pastorales y cultivar los tipos de compasión a los que Cristo nos llama? A continuación, algunos útiles consejos prácticos que he ido aprendiendo a lo largo del camino:

1) *Identifique los ámbitos que lo hacen sentir más incómodo cuando anda por ahí hiriendo a las personas.* Podría ser que algunas luchas le recuerden sus propios fracasos o daños del pasado. Sería adecuado que buscara asesoramiento bíblico para tratar algunas de esas heridas. Suele ocurrir que si no nos hemos ocupado de nuestras propias heridas y no hemos recibido sanidad del Señor, nuestra capacidad de sentir una profunda compasión se ve atrofiada. Al recibir la clemencia del Señor, nos liberamos para extender esa misma misericordia a quienes nos rodean.

2) *Practique el oír a los demás.* En lugar de buscar continuamente una respuesta, limítese a escuchar a esas personas a quienes está dañando. Confíe en que el Espíritu llevará a cabo la sanidad. Es sorprendente cuánto bien se puede hacer escuchando (tanto en usted como en los demás).

3) *Considere su personalidad.* Si es sumamente introvertido, por ejemplo, el problema puede estribar en el volumen de personas a las que está intentando pastorear. En tal caso, debe conocer sus limitaciones y recurrir a otros para que lo ayuden.

4) *Discernir sus ídolos.* Mucha gente no siente compasión por los demás porque están centrados en ganar la aprobación de otros o en utilizarlos para proseguir en sus propias metas ministeriales. El problema aquí es que el ministro se está concentrando principalmente en sí mismo y no en aquellos que tiene bajo su cuidado. Esta idolatría es sumamente ofensiva para Dios y destructiva para las personas.

5) *Recurra a la cruz.* Considere lo que Cristo hizo en la cruz movido por su amor sin fin hacia usted. Recuerde las espinas en su frente, los latigazos en su espalda, los clavos en sus muñecas y sus pies, las astillas de la áspera madera por todo su cuerpo, la burla de

las multitudes, la deserción de sus más allegados, la vergüenza de la cruz, la lenta muerte asfixiante y —lo peor de todo— la ira del Padre. Evalúe los resultados de su amor: salvarlo a usted de una eternidad en el infierno y darle toda una vida sempiterna en su presencia. En última instancia, para poder pastorear bien, usted debe aplicar a su propio corazón el evangelio que les predica a los demás.

Cuanto mejor entienda lo que Cristo, su Pastor, ha hecho por usted, mayor formación recibirá para ser un piadoso y compasivo pastor para los demás.

Procuramos defender el mundo, salvarlo de la maldición de Dios, perfeccionar la creación, lograr los fines de la muerte de Cristo, salvarnos a nosotros mismos y salvar a los demás de la condenación, vencer al diablo y derrumbar su reino, establecer el reino de Cristo y alcanzar y ayudar a otros para que entren en el reino de gloria. ¿Pero son estas tareas que puedan hacerse con una mente descuidada o una mano perezosa? ¡Les ruego, pues, que procuren realizar esta obra con todo su empeño! (Richard Baxter)[1]

Quienes estén a punto de emprender esta tarea deberían hacerlo con la mayor seriedad y consideración de su enorme importancia, de lo extraordinario de cuidar a las preciosas almas que le han sido encomendadas y con una preocupación adecuada en sus mentes, teniendo en cuenta las grandes dificultades, peligros y tentaciones que la acompañan. Se puede comparar con ir a la guerra (*cf.* 1 Co 9:7: 1 Ti 1:18). (Jonathan Edwards)[2]

---

[1] Richard Baxter, *The Reformed Pastor* [El pastor reformado] (General Books LLC, 2009), 12.
[2] Jonathan Edwards, *The Salvation of Souls* [La salvación de las almas] (Wheaton, IL: Crossway, 2002), 51-52.

7

Un hombre resuelto

El apóstol Pablo escribió a los corintios: «Manténganse alerta; permanezcan firmes en la fe; sean valientes y fuertes» (1 Co 16:13). Pablo sabía que la vida cristiana requiere una determinación perseverante y obstinada. Si este es un requisito para los creyentes, cuánto más lo será para quienes dirigen iglesias locales y se les imponen estándares más elevados[3]. Si el soldado ha de ser fuerte, ¡cuánto más el capitán o el general!

El mandamiento de ser un hombre resuelto

Por desgracia, los plantadores de iglesias y los pastores suelen con frecuencia carecer de fortaleza y determinación. Resulta asombroso ver el número de pastores que acaba divorciándose y la cantidad de graduados del seminario que abandona el ministerio en los cinco primeros años (¡y en menos de dos en el caso de los pastores juveniles!)[4]. Aunque existen, claro está, maravillosas excepciones, la triste verdad es que la mayoría no funciona a largo plazo.

La iglesia sufre gran daño cuando un pastor no es resuelto y abandona de forma prematura. Eugene Peterson lo compara a *violar* la iglesia: «La impaciencia, la negativa a soportar, son para el carácter pastoral lo que la explotación minera a la tierra: la codiciosa violación de lo que se puede conseguir a bajo coste para después abandonarlo y buscar otro lugar que expoliar»[5]. El pastor suele tener, por lo general, el mayor impacto sobre la iglesia cuando ha pasado en ella un cierto número de años. Cuando no aguanta en el ministerio, corta drásticamente su impacto. En muchos sentidos, su influencia en este

---

[3] Santiago 3:1.
[4] Michael Kowalson «We're Not Called to Quit» [No hemos sido llamados a claudicar], originally published February 15, 2007 [publicado inicialmente el 15 de febrero de 2007]; http://mondaymorninginsight. com/index.php/site/comments/were_no_called_to_quit.
[5] Eugene H. Peterson, *The contemplative Pastor: Returning to the Art of Spiritual Direction* [El pastor contemplativo: regreso al arte de la dirección espiritual] (Grand Rapids: Eerdmans, 1989), 49; las cursivas son del autor.

campo solo será tan profunda como la determinación de perseverar que, fortalecida por la gracia, usted tenga delante de Dios.

Si es usted pastor o plantador de iglesias se enfrentará a muchos momentos en los que se sienta dispuesto a rendirse y abandonar la buena batalla. Las preguntas son: *¿Cómo lo hará? ¿Dónde hallará la fuerza para seguir adelante?* Si permanece fiel en el ministerio a largo plazo, no será por sus ambiciones, su fuerza de voluntad o su deseo de no dejar tirados a los demás. En medio de las bofetadas del ministerio, estas motivaciones acabarán por disminuir. La única forma de aguantar es su resolución a perseverar por medio del poder prevaleciente del Espíritu Santo. La realidad poco atractiva del pastorado es que implica trabajo duro: es la dedicación de la totalidad de la persona a la tarea inconmovible, abrumadora, atormentada por la maldición, por el bien y amor a la iglesia. El ministerio pastoral requiere de una obstinada y rigurosa resolución que solo puede proceder de una fuente: Dios mismo. En este capítulo consideraremos cómo vive un pastor resuelto.

Las motivaciones de un hombre resuelto

¿Cómo cultivamos, pues, la determinación y la resolución de perseverar en el ministerio por largo tiempo? Empezaremos con algunas motivaciones sacadas del versículo final de 1 Corintios 15: «Por lo tanto, mis queridos hermanos, manténganse firmes e inconmovibles, progresando siempre en la obra del Señor, conscientes de que su trabajo en el Señor no es en vano» (v. 58).

Recuerden el amor de Dios y sus promesas

Resulta interesante ver cuántos de los mandamientos de Pablo a la iglesia llegan a través de sus recordatorios con respecto a la situación de esta. En otras palabras, los imperativos (qué hacer para Cristo) fluyen de los indicativos (lo que es verdad para nosotros en Cristo). Por ejemplo, en Colosenses 3:1-3 Pablo ordena a los creyentes colosenses que busquen las cosas de arriba, que fijen su mente en lo celestial. Pero los motiva a hacerlo porque han sido resucitados con Cristo. Esto significa que su posición delante de Dios, en Cristo, es segura por estar literalmente escondidos en él ante los ojos del Padre. El apóstol emplea el mismo método en su carta a los efesios. En los tres primeros capítulos, Pablo le recuerda a la iglesia quiénes son en Cristo y, en los tres últimos, los desafía a practicar (aplicar) el evangelio en sus vidas. Los imperativos fluyen, pues, de los indicativos.

Vemos este mismo patrón con toda claridad en 1 Corintios 15:58. Volvamos a leerlo: «Por lo tanto, mis queridos hermanos, manténganse firmes e inconmovibles, progresando siempre en la obra del Señor, conscientes de que su trabajo en el Señor no es en vano». Pablo parece un entrenador de fútbol universitario cuyo equipo va perdiendo al descanso. Manda a la iglesia que sea «firme, inconmovible, progresando siempre». La palabra «firme» se puede sustituir también por «constante». La imagen que surge en mi mente es la de un soldado que se niega a permanecer en la trinchera sin importarle las muchas balas que silben fuera de ella. Tomada por sí sola, esta exhortación podría motivar una mera explosión emocional de energía ministerial o alguna modificación conductual que no durara más que un breve tiempo. Sin embargo, Pablo no pretende ser un gurú de autoayuda de pacotilla ni un entrenador de fútbol enardecido. Basa su desafío en dos indicativos o declaraciones de realidad.

En primer lugar, se dirige a ellos como «mis queridos hermanos». Aquí, como en 2 Tesalonicenses 2:13, le recuerda a la iglesia su posición en Cristo delante de Dios Padre. Contamos con el amor divino independientemente de nuestro rendimiento y de nuestros antecedentes morales. Más aun, nos ama y se deleita en nosotros a causa de la obra de Cristo y su historial. Debemos recordar esta realidad una y otra vez si queremos prosperar como cristianos, y mucho más si se trata de perseverar en el ministerio.

En segundo lugar, escribe: «conscientes de que su trabajo en el Señor no es en vano». El impacto de nuestra labor permanecerá literalmente para siempre (*cf.* 2 Co 4:17), no por nuestros dones o capacidades, sino porque nuestra labor es «en el Señor». Si Dios nos ha llamado al ministerio y procuramos ser fieles a su llamado, entonces él nos usará para avanzar su reino. Este pensamiento es alentador y es la única forma en que permaneceremos *firmes e inconmovibles*.

Recuerden la resurrección

Este desafío de Pablo pone fin a su extraordinario tratado sobre la realidad y las implicaciones de la resurrección corporal de Jesucristo. A lo largo de todo el capítulo, el apóstol ha estado exponiendo que la resurrección es la base de nuestra fe y nuestra esperanza como cristianos. Por ella tenemos la capacidad de recorrer la distancia y es por eso que el versículo 58 comienza con la locución adverbial *por lo tanto*. Uno de mis mentores en exégesis afirmaba que cada vez que vemos esta expresión deberíamos buscar y ver *para qué* está ahí. En el Nuevo Testamento, el *por lo tanto* nos recuerda que miremos atrás y consideremos el contexto para poder comprender el versículo o pasaje. En este caso, el contexto es la realidad de que Cristo fue resucitado de los muertos. Cristo ha sido levantado de la tumba, *por lo tanto*, perseveren hasta el final.

¿De qué forma proporciona la resurrección la resistencia y energía para poder perseverar? Romanos 8:11 es de gran utilidad: «Y si el Espíritu de aquel que levantó a Jesús de entre los muertos vive en ustedes, el mismo que levantó a Cristo de entre los muertos también dará vida a sus cuerpos mortales por medio de su Espíritu, que vive en ustedes». Este versículo tiene, sin duda, aplicación para vencer los pecados personales como la lujuria, la codicia y la mentira; pero también proporciona aliento y poder para permanecer a quienes están hartos del ministerio. Ese mismo poder que levantó a Cristo de los muertos obra en su vida y en su ministerio. Usted tiene una fuente de poder milagrosa a la que puede acceder y que es infinitamente superior a usted mismo. El mismo Espíritu que le dio vida a Cristo mora en su interior: «Por tanto, no nos desanimamos. Al contrario, aunque por fuera nos vamos desgastando, por dentro nos vamos renovando día tras día» (2 Co 4:16). Vivir a la luz de la resurrección de Cristo significa que podemos confiar en que Dios realice milagros en nuestro ministerio; que podemos esperar aun cuando todo parezca sombrío; y que podemos recurrir a un poder superior al nuestro. Nos impulsa a renunciar a la confianza en nosotros mismos y a poner nuestra fe en aquel «que puede hacer muchísimo más que todo lo que podamos imaginarnos o pedir, por el poder que obra eficazmente en nosotros» (Ef 3:20).

Trabajen por su recompensa celestial

Anteriormente, en 1 Corintios 15, el apóstol Pablo escribe: «Si en definitiva los muertos no resucitan [...], ¿por qué nos exponemos al peligro a todas horas? Que cada día muero, hermanos, es tan cierto como el orgullo que siento por ustedes en Cristo Jesús nuestro Señor. ¿Qué he ganado si, sólo por motivos humanos, en Éfeso luché contra las fieras? Si los muertos no resucitan, "comamos y bebamos, que mañana moriremos"» (vv. 29-32). Pablo era realista. Si no hay recompensa futura en el cielo —razona—, olvidémonos de todo y abandonemos el ministerio como cualquier otro. Aquí, la sorprendente premisa parece ser que el *ministerio pastoral no merece sencillamente la pena a menos que se tenga en cuenta en el cielo.* Si el cielo no es real, olvidémonos de la iglesia y dediquémonos a entretenernos con videojuegos.

Este hincapié en el cielo no se encuentra en ningún otro lugar de las cartas de Pablo. Hacia el final de su vida, escribe: «He peleado la buena batalla, he terminado la carrera, me he mantenido en la fe. Por lo demás me espera la corona de justicia que el Señor, el juez justo, me otorgará en aquel día; y no sólo a mí, sino también a todos los que con amor hayan esperado su venida» (2 Ti 4:7-8). Los cristianos consideran a veces que es incorrecto o egoísta trabajar para tener una recompensa celestial personal. Sin embargo, John Piper ha demostrado que trabajar por nuestra propia felicidad personal en Dios y en el cielo no solo es aceptable, sino esencial[6]. Hallar nuestro placer y delicia más profundos en Cristo y en el pensamiento de ver su rostro un día en el cielo no minimizarán nuestro impacto ni nos hará más egoístas; más bien será lo contrario.

Como explica C. S. Lewis: «Apunte al cielo y le "acertará" también a la tierra; apunte a la tierra y no le acertará a ninguno»[7].

Existen unas palabras brutalmente sinceras y muy útiles de Martín Lutero sobre la forma en que él aplicó esta verdad a su propia vida:

Con frecuencia me enojo e impaciento tanto con nuestros campesinos, ciudadanos y nobles que pienso que no quiero volver a predicar otro sermón; y es que se comportan de una forma tan vergonzosa que uno se inclina a asquearse de la

[6] John Piper, *Desiring God: Meditations of a Christian Hedonist* [Desear a Dios: meditaciones de un hedonista cristiano] (Sisters, OR: Multnomah, 2003).
[7] C. S. Lewis, *The Complete C. S. Lewis Signature Classics* [Los clásicos emblemáticos completos de C. S. Lewis] (San Francisco: HarperSanFrancisco, 2002), 75.

vida. Aparte de esto, el diablo no cesa de acosarme desde afuera y desde adentro. Por tanto, casi me gustaría exclamar: ¡Que predique otro en mi lugar! Dejará que estos asuntos lleven su curso, porque solo consigo el odio y la envidia del mundo y todo tipo de problemas por parte del diablo. Así, carne y sangre se sublevan y la naturaleza humana se siente abatida y desanimada. En tales condiciones debo hallar consejo en la Palabra de Dios [...]. «Dichosos serán ustedes cuando por mi causa la gente los insulte, los persiga y levante contra ustedes toda clase de calumnias. Alégrense y llénense de júbilo, porque les espera una gran recompensa en el cielo. Así también persiguieron a los profetas que los precedieron a ustedes» (Mt 5:11-12). A estas palabras me aferro[8].

Cuando ustedes se sienten motivados por el evangelio en el poder de la resurrección con vistas al futuro, reciben la capacidad de hacer algunas de esas cosas propias del ministerio que tienden a provocar que algunos lo abandonen si se quedan por hacer.

Las prácticas de un hombre resuelto

Hablando de un modo más práctico, he descubierto varios ejercicios fundamentales para cultivar un ministerio de larga duración y sostenible.

Hacer frente a la realidad

La mayoría de los pastores viven en un mundo de cuento de hadas. Se niegan a comprometerse con la cruda realidad del ministerio y optan por un mundo seguro, de plástico, que nunca implica conversaciones polémicas ni decisiones radicales. Dan Allender señala:

> Los líderes hacen elecciones a diario, pero el peso real que llevan sobre sus hombros consiste en la necesidad de decidir. Y no hay decisiones fáciles. Tomar una determinación requiere una muerte, morir a mil opciones, dejar a un lado una legión

---

[8] Martín Lutero, citado por Thomas C. Oden, *Classical Pastoral Care: Ministry Through Word and Sacrament* [El cuidado pastoral clásico: ministerio a través de la Palabra y el sacramento], vol. 2 (Grand Rapids: Baker, 1987), 13-14.

de posibilidades para decantarse solo por una. De-cidir. Homi-cidio. Sui-cidio. La raíz de la palabra decidir significa «cortar». Todas las decisiones nos cortan; al escoger un solo camino, quedamos apartados de la infinidad de opciones primeras. Y cada resolución que tomamos nos consigue el favor de unos y la desaprobación de otros[9].

Muchos pastores se mantienen tan lejos como pueden de las pri-meras líneas y de este modo viven una irrealidad, mientras se pasan horas cada semana viendo la *realidad* de la televisión. Se requiere gran valor para mirar de frente los crudos hechos y tratar con la realidad de una forma que honre a Dios. Esto significa que los miembros pasivos del personal deben motivarse. Hay que hacer frente a los ancianos y diáconos equivocados. Los miembros de la iglesia conflictivos han de ser reprendidos. Nadie disfruta haciendo estas cosas (si usted lo hace, ¡no debería ser pastor!), pero son necesarias para tener una iglesia salu-dable que perdure en el tiempo. Si permiten que la pasividad, la pereza y el peligro se infecten, pronto aborrecerá la iglesia que pastorea.

Utilice su tiempo sabiamente

«Aprovechando al máximo cada momento oportuno, porque los días son malos» (Ef 5:16). «Aprovechar al máximo» viene del término grie-go que significa «redimir». Pablo dice literalmente: «recuperen el tiem-po». ¿Cómo se hace esto? La única forma de hacerlo es escogiendo con sabiduría. En el contexto del ministerio implica el compromiso de no perder el tiempo. Jonathan Edwards, el gran pastor-teólogo del siglo XVIII tomó numerosas resoluciones delante de Dios como expresión de determinación en el ministerio. Su quinta determinación se refería a un uso sabio del tiempo: «Resuelto a no perder jamás un solo momento de tiempo, sino mejorándolo de la forma más provechosa que puedo»[10].

---

[9] Dan allender, *Leading with a Limp: Turning Your Struggles into Strengths* [Liderar siendo cojo: cómo convertir las luchas en fuerzas] (Colorado Springs: Waterbrook Press, 2006), 14.

[10] *A Jonathan Edwards Reader*,ed. John E. Smith, Harry S. Stout, y Kenneth P. Minkema (New Haven, CT: Yale University Press, 1995), 275. A veces, la verdadera determinación requiere hacer compromisos, pactos, promesas, juramentos y resoluciones delante de Dios. Aunque algunos cristianos consideran que hacer votos es cosa muy legalista, en realidad es algo profundamente bíblico. En las Escrituras, el salmista hace votos delante de Dios (por ejemplo, Salmo 22:25; 56:12; 61:8; 76:11; 116:14); el apóstol Pablo también (*cf.* Hch 18:18); así como el pueblo de Dios (por ejemplo, Gn 28:20; 50:25; 1 S 1:11), y Dios mismo hizo todo tipo de juramentos, promesas y pactos varios (p. ej., Gn 17:7; Sal 132:11; Jer 31:31). Otros pueden sentir que este énfasis coloca demasiado peso en la decisión y el esfuerzo humanos. Resulta interesante, sin embargo, notar que Edwards era un profundo calvinista, con una honda comprensión de la soberanía de Dios. Pero esto no hacía que fuese menos resuelto en sus esfuerzos para Dios.

Los hombres decididos se toman el tiempo en serio y lo utilizan de una forma muy calculada. Esto no significa que no descansemos nunca; ¡nada más lejos de la realidad! Quiere decir que deberíamos decidir cuándo y cómo descansar, de una forma calculada. Para la mayoría de nosotros, por ejemplo, redimir el tiempo *no* significa probablemente pasar horas y horas cada noche viendo la televisión o navegando por You Tube. Actividades como estas pueden parecer relajantes durante un momento, pero con frecuencia se convierten en un inmenso desgaste de sus energías y de su capacidad de servir bien a Dios y a su pueblo. Muchos de nosotros consideramos que aprovechar el tiempo quiere decir trabajar duro para eliminar aquellas cosas innecesarias que nos absorben el tiempo durante la semana; diseñar un sistema para responder al correo electrónico de una forma eficaz; reflexionar en nuestros programas semanales y prioridades con antelación, etcétera. Les sorprendería ver cuánta energía y renovación le aportarían, a la larga, este tipo de disciplina e intencionalidad eduardiana a su ministerio.

Asuma la responsabilidad de su bienestar físico

La vigésima resolución de Edwards era: «Resuelto a mantener el más estricto dominio propio en la comida y la bebida»[11]. Los hombres decididos están en buena forma física. No abogo porque todos nosotros aspiremos a salir en la portada de *Men's Fitness*, sino que deberíamos estar en forma. ¿Por qué? Porque cuanto mejor nos sintamos físicamente, más energía tendremos para realizar aquello a lo que Dios nos ha llamado. Él nos ha hecho criaturas físicas y si descuidamos nuestros cuerpos, esto repercutirá en nuestras vidas espirituales y emocionales. Los hombres resueltos son cuidadosos con lo que comen y beben y con el ejercicio que hacen, porque saben que esto supondrá una diferencia en su ministerio y, posiblemente, en la duración de este.

Escuche a sabios consejeros

Proverbios 11:14 afirma: «Sin dirección, la nación fracasa; el éxito depende de los muchos consejeros». Proverbios 24:6 añade: «La

---

[11] *Ibíd.*

guerra se hace con buena estrategia; la victoria se alcanza con muchos consejeros». Proverbios 12:15 declara: «Al necio le parece bien lo que emprende, pero el sabio atiende al consejo». Proverbios 15:22 nos dice: «Cuando falta el consejo, fracasan los planes; cuando abunda el consejo, prosperan». Para poder sobrevivir mucho tiempo, debe tener gente a su alrededor que no trabaje para ustedes ni necesite su aprobación, ni lo idolatre y que esté dispuesta a amarlo diciéndole la verdad. La mayoría de los pastores no disponen de esto, pero es algo obligado si queremos permanecer en el juego. No sea tan arrogante como para pensar que no necesita las opiniones y el consejo de otras personas.

Tome el descanso del Sabbat

Tomar el descanso del Sabbat es otro principio bíblico que muchos pastores ignoran. Aunque es cierto que los cristianos no están sujetos al cuarto mandamiento del mismo modo que los israelitas del Antiguo Testamento, no es menos verdad que, como mínimo, se trata de una regla de la que tenemos mucho que aprender. Dado que los pastores trabajan el domingo, muchos no se toman ningún día libre. Esta es la receta del desastre y el agotamiento. Todos necesitamos descansar y recuperarnos de vez en cuando[12]. Una pregunta muy útil que podemos hacernos es: «¿Me sentiría cómodo encomendando mi estilo de vida a alguien más joven que ingresara ahora en el ministerio?». Martín Lutero escribió: «Quienes están al cuidado de las almas son merecedores de toda atención»[13]. ¿Se está cuidando usted?

Pase tiempo con su familia

Su esposa y sus hijos (si los tiene) son las distracciones santificadas de Dios que evitan la idolatría del ministerio.

Me gusta mucho la historia del pastor Chan Kilgore sobre cómo Dios reorientó dramáticamente aquella atención y afecto por su familia tan por debajo de los que un cuidador del rebaño debía mostrar[14]:

---

[12] Para un estudio más en profundidad del descanso del Sabbat, véase mi sermón «Rest», que forma parte de una serie más amplia llamada «Rythms»; http://www.journeyon.net/sites/default/files/audio/rest-tg-1-11-09.mp3.
[13] Martín Lutero, citado por Oden en *Classical Pastoral Care: Ministry through Word and Sacrament* [El cuidado pastoral clásico: ministerio a través de la Palabra y el sacramento], 7.
[14] Chan Kilgore es el pastor fundador de la iglesia *Crosspointe Church* de Orlando, Florida. Asimismo, es miembro del consejo de *Acts 29*. Visite la página web de Crosspointe en http://www.xpoint.com.

Durante la fase inicial de la plantación de Crosspointe, Dios me concedió un momento clave de arrepentimiento por mis hábitos de trabajo poco saludables y las largas horas que pasaba lejos de mi familia.

Pocas semanas después de trasladar a Stacy, mi esposa —en aquel momento encinta de nuestro tercer hijo— y dos hijas a Orlando para plantar la iglesia que solo existía en mi mente, me encontraba en una reunión crucial con el recién formado grupo básico. Aquel domingo por la tarde yo explicaba entusiasmado los valores fundamentales del evangelio que definirían a Crosspointe. Cuando llevaba unos treinta minutos de charla, observé a mi esposa que estaba sentada entre el grupo. Inmediatamente me di cuenta de que no se sentía bien. Presentaba los síntomas evidentes del inicio de alguna enfermedad, y no podía apartar mi vista de ella. Estoy seguro de que mi pequeña conferencia sobre el evangelio empezó a tener cada vez menos sentido, ya que mi atención se apartaba de mi enseñanza y se concentraba en mi esposa.

Algo que deben saber acerca de Stacy es que es una mujer muy piadosa y que no es quejicosa. A lo largo de los años me ha dicho infinidad de veces que una de las formas en que me ayuda es «no estorbando» a lo que Dios está haciendo en mí y a través de mí. Al mirarla en aquella reunión, oí con suma claridad cómo el Espíritu me hablaba en su nombre. «Llévala a casa… ¡AHORA!», me ordenó. Era como si él hablara por ella en vista de que ella jamás interrumpiría mi proclamación del evangelio para pedirme algo para sí.

Vacilé. Internamente le repliqué al Espíritu: «Pero esto es importante». Estoy bastante seguro de que no se le puede responder a Dios Todopoderoso de una forma más tonta que la mía en aquel momento. La contestación de Dios fue inmediata: «¿Más importante que qué?».

Me resistí durante unos segundos. Allí, en mitad de mi conferencia, me detuve sin más. Dios había irrumpido. Confesé al grupo que mi esposa no se sentía bien y que necesitaba llevarla a casa; añadí que, en ese preciso momento, Dios me estaba acusando de haber descuidado a Stacy en aras de los ídolos del ministerio. Me tomé un momento para advertirle al grupo que si había de pastorearlos, debía empezar por mi familia.

Dejé la reunión en manos de Jay, mi coplantador y llevé a Stacy a casa. Por el camino, ella lloró de gratitud a Dios por haberme hablado de una forma directa en su defensa.

La imagen panorámica aquí es que los pastores tienen que estar muy atentos a sus necesidades espirituales, físicas, relacionales y emocionales. No tienen la tendencia a verse de forma holística. Algunos se centran bien en su vida espiritual, pero no en la familiar. Otros orientan bien su vida en familia, pero no su buena forma física, etcétera. Necesitamos una actitud integral, orientada a la práctica, teológicamente motivada y que no haga prisioneros, dirigida a la salud de todo nuestro ser[15].

Algunas preguntas

Concluiremos con algunas preguntas prácticas que todos haríamos bien en considerar:

1) ¿Estoy tratando los problemas que surgen en la iglesia de una forma directa y atrevida, o estoy permitiendo que las dificultades y las disfunciones se infecten?

2) ¿Estoy usando con sabiduría el tiempo que Dios me ha dado? ¿Existen aficiones o costumbres que deba eliminar de mi programa para una mayor efectividad en el ministerio?

3) ¿Estoy siendo sensato en la forma de cuidar mi cuerpo? ¿Practico buenos hábitos de sueño y alimentación? ¿Me estoy tomando el descanso del Sabbat?

4) ¿Existen ámbitos en mi vida que me pidan hacer un voto delante del Señor?

5) ¿Me estoy rodeando de influencias piadosas que hagan mi ministerio sostenible a largo plazo? ¿Tengo sabios consejeros y amigos cercanos varones a quien recurrir? ¿Estoy construyendo una vida matrimonial y familiar piadosa?

---

[15] La historia de Tommy Nelson, pastor de la iglesia *Denton Bible Church* de Texas es poderosa y narra su lucha contra la depresión y cómo experimentó la ayuda y la intervención divinas. Puede escuchar a Tommy compartiendo su testimonio en http://www.dts.edu/media/play/?MediaItemID=6db486780-bfc-4b68-bb025-78cb5f41c70.

6) ¿Me estoy aplicando a mí mismo el evangelio que predico a los demás? ¿Creo que, a través de Cristo, Dios está por mí y no contra mí?

7) ¿Adónde puedo acudir cuando me siento desalentado? ¿Es Cristo mi esperanza funcional y mi fuente de refresco a lo largo del día?

8) ¿Me estoy apoyando en el poder del Espíritu Santo? ¿Confío en Dios para hacer lo que es imposible por mi propia fuerza?

Todas estas prácticas de determinación solo pueden llevarse a cabo en consciente dependencia del Espíritu Santo (*cf.* Ef 5:18). Un hombre resuelto no es un hombre que se limita a seguir su voluntad, sino que está capacitado por el Espíritu. Cuando acaben de leer este capítulo, dediquen un momento para orar y pedirle al Espíritu Santo que los aliente y fortalezca en el ministerio al que Dios los ha llamado.

Hemos pasado la primera parte de este libro considerando, desde muchos ángulos, lo que significa ser un hombre que honre a Dios con una vida dedicada a su reino y a su pueblo. Hemos reconocido que el requisito principal de un pastor y dirigente de la iglesia es admitir su necesidad de rescate y que depende de que la obra de Cristo se lo proporcione. Debe ser, asimismo, el recipiente de una carga y un desafío especiales para servir a la iglesia de Dios como vocación. Hemos considerado los niveles bíblicos para aquellos que aspiren al más alto de los oficios en la iglesia local, así como a algunas de las aptitudes que servirán mejor a la iglesia y al hombre. Finalmente, hemos visto lo que significa ser un buen cuidador de las personas colocadas bajo la custodia de un pastor y la resolución imprescindible para vivir una vida que agrade a Dios y refleje su amor por su pueblo. Cuando estos elementos se combinan, el resultado es un hombre adecuado para llevar el mensaje de Jesús al mundo. Ahora, centraremos nuestra atención en ese mensaje.

El mensaje

La gran dificultad es conseguir que los públicos modernos se den cuenta de que usted les predica el cristianismo única y exclusivamente porque da la casualidad de que cree que es *verdad*; ellos siempre suponen que usted lo hace porque le gusta o porque le parece bueno para la sociedad, o algo por el estilo. (C. S. Lewis)[1]

Por aquel tiempo existió un hombre sabio, llamado Jesús, si es lícito llamarlo hombre, porque realizó grandes milagros y fue maestro de aquellos hombres que aceptan con placer la verdad. Atrajo a muchos judíos y muchos gentiles. Era el Cristo. Delatado por los principales de los judíos, Pilatos lo condenó a la crucifixión. Aquellos que antes lo habían amado no dejaron de hacerlo, porque se les apareció al tercer día resucitado; los profetas habían anunciado este y mil otros hechos maravillosos acerca de él. Desde entonces y hasta la actualidad, el grupo de cristianos sigue existiendo. (Josefo, historiador judío del siglo I)[2]

---

[1] Citado por Michael Horton en *Christless christianity: The Alternative Gospel of the American Church* [Cristianismo sin Cristo: el evangelio alternativo para la iglesia estadounidense] (Grand Rapids: Baker, 2008), 97.
[2] Josefo, *Antiquities of the Jews* [Antigüedades de los judíos], 63-64.

8

Un mensaje histórico

El evangelio es una historia verídica basada en acontecimientos históricos. Habla de un Creador-Redentor que entró en un mundo roto y pecaminoso con el fin de rescatar a sus criaturas convirtiéndose, literalmente, en una de ellas. Su llegada fue en forma de niño viscoso que gritaba en un sucio y maloliente pesebre, abrumado por el olor del heno y el estiércol de animales. En la mayor paradoja de toda la historia Dios, que es un ser espiritual, se convirtió en uno de carne. Aunque siguió teniendo un poder ilimitado, se hizo débil y experimentó el hambre y el dolor. Salió de *allí*, de la presencia divina en los cielos, para ser el Señor de la tierra *exactamente aquí*. Dios tomó la teoría de su amor por su pueblo y la envolvió en piel y sangre, cartílagos y huesos.

Los hechos

Jesús, el Dios-Hombre, creció y se sometió de forma perfecta a sus padres terrenales. Trabajó con su padre como carpintero, sin duda realizando sus tareas físicas al sol, con fuertes bíceps y una ética laboral aun más firme[3]. Finalmente, a la edad de treinta años aproximadamente, tras su bautismo público durante el cual Dios Padre confirmó su condición de hijo y el Espíritu Santo lo capacitó para la extraordinaria misión de Dios, Jesús comenzó su ministerio. Sanó a los enfermos, exorcizó demonios, predicó las buenas nuevas, reprendió a los hipócritas e inició una revolución. Las Escrituras nos dicen que Jesús era plenamente humano y, por tanto, estaba sujeto a todas las pruebas y tentaciones que experimentamos como seres de dicha especie (*cf.* He 2:17-18). Esto significa que sufrió la tentación, la soledad, la frustración, la angustia y el dolor, como cualquier hombre en la Palestina del siglo I. Sin embargo, a lo largo de su vida, en medio

---

[3] Me encanta la escena de *La pasión de Cristo,* interpretada por Mel Gibson, que muestra el gozo de Jesús mientras hacía mesas y sillas.

del dolor y la tentación, *jamás* pecó. Llevó su ministerio del mismo modo que vivió su vida: *en toda perfección.*

No obstante, a pesar de su perfección moral y sus hechos milagrosos, no fue bien acogido por los líderes religiosos y políticos de su tiempo, expresado de un modo suave. Fue falsamente acusado por los líderes judíos, arrestado por los soldados romanos, traicionado por uno de sus mejores amigos, abandonado por todos sus discípulos; fue objeto de burla por parte de Herodes y condenado por Poncio Pilatos a morir en una cruz romana (*cf.* Mt 26:47—27:56; Mr 15:1-41; Lc 23:1-56). John Stott ofrece una descripción de lo que fue la crucifixión de Jesús:

> Si hubiéramos tenido que depender de los Evangelios únicamente, no habríamos sabido lo que ocurrió. Sin embargo, otros documentos contemporáneos nos cuentan cómo era una crucifixión. En primer lugar, se humillaba al reo en público arrancándole la ropa hasta dejarlo desnudo. A continuación se lo obligaba a echarse de espaldas sobre la tierra mientras se clavaban sus manos o se ataban al travesaño de madera (el *patibulum*) y sus pies al poste vertical. Entonces se izaba la cruz hasta ponerla de pie y se la dejaba caer en una fosa cavada a tal efecto en el terreno. Por lo general se hacía un apoyadero rudimentario para aguantar un poco el peso del cuerpo y evitar que se desgarrara. Y allí se dejaba a la víctima, colgada, impotente y expuesta al intenso dolor físico, al ridículo público, al calor del día y al frío de la noche. La tortura solía durar varios días[4].

Este terrible suceso fue el resultado del plan predeterminado de Dios y, a la vez, de los perversos actos de los hombres. Ocurrió en la historia, pero también fue la revelación del consejo eterno de Dios. Pedro unió estos dos énfasis en su sermón del día de Pentecostés, cuando declaró a sus oyentes judíos: «Pueblo de Israel, escuchen esto: Jesús de Nazaret fue un hombre acreditado por Dios ante ustedes con milagros, señales y prodigios, los cuales realizó Dios entre ustedes por medio de él, como bien lo saben. Éste fue entregado según

---

[4] John Stott, *The Cross of Christ* [La cruz de Cristo] (Downers Grove, IL: InterVarsity Press, 1986), 48.

el determinado propósito y el previo conocimiento de Dios; y por medio de gente malvada, ustedes lo mataron, clavándolo en la cruz» (Hch 2:22-23)[5]. El cristianismo es una religión *histórica*. Frente a todo el esoterismo y el escapismo de las herejías antiguas y contemporáneas, el Nuevo Testamento insiste en que Jesús vivió, murió y resucitó en un entorno histórico específico[6].

Recuerdo haber estado en un almuerzo con Spencer Burke, uno de los líderes de la iglesia emergente. Habiendo sido pastor de una megaiglesia en California, Spencer no solo comenzó a cuestionar la estructura de la iglesia, sino también su teología. Fundó *TheOoze*, una revista electrónica que ayudaba a conectar y capacitar a los primeros adoptantes de la iglesia emergente. Me encantó conocer al hombre que me había ayudado a procesar muchas de mis preguntas con respecto a la iglesia y la cultura mientras me preparaba a plantar la iglesia *The Journey*. Que conste que Spencer Burke es una de las personas más agradables que he conocido jamás y que lo considero un amigo.

Acababa de escribir su libro *A Heretic's Guide to Eternity* [Una guía herética a la eternidad] y, como no lo había leído, le pedí que me resumiera la versión «almuerzo» del libro[7]. Empezó a hablar y yo perdí el apetito de repente. Sin entrar en el detalle de todo lo que se dijo, estas palabras salieron de la boca de Spencer delante de otros dos pastores: «En realidad no importa si Jesús vino en carne o no; lo relevante es la *idea* de Jesús». Infinidad de emociones, pensamientos, versículos e incluso unas cuantas descargas eléctricas MMA me vinieron a la mente. Le insistí a Spencer sobre esto, con la esperanza de que se hubiera expresado mal o que yo hubiera malentendido su lengua vernácula surfera del sur de California. Sin embargo, cuanto más lo presionaba para que aclarara la necesidad de un Jesús histórico, más claro me quedaba que Spencer iba camino de personificar el título de su reciente libro, tal como lo define

---

[5] Stott comenta la paradoja de las palabras de Pedro: Jesús «no murió: fue ejecutado. No obstante, debo equilibrar esta respuesta con lo contrario. No lo mataron, murió, entregándose voluntariamente para cumplir la voluntad de su Padre». Ibíd., 62.

[6] Véase, por ejemplo, Lucas 2:1-2, que sitúa acontecimientos de la vida de Jesús en relación con otros más amplios del Imperio romano, como el decreto de César Augusto y el censo dirigido por Cirenio, gobernador de Siria.

[7] Para una buena crítica de la teología de Spencer, consúltese la revisión que Scott McKnight hace de *A Heretic's Guide to Eternity* [Una guía herética a la eternidad] en http://blog.beliefnet.com/jesus-creed/2006/07/heretics-guide-to-eternity-1.html.

el «Nuevo Testamento[8]. Espero que él y otros como él se den cuenta del peligro de esta postura y que vuelvan a la fe cristiana histórica y ortodoxa de que «Jesucristo ha venido en cuerpo humano» (1 Jn 4:2). El Nuevo Testamento insiste en que el Dios eterno entró en la historia y actuó. Dios ha obrado en la historia: la eternidad ha ingresado en el tiempo; lo Infinito se ha convertido en finito. Aquel por medio de quien se creó el universo y en quien todo está sujeto, se encarnó y nació en la tierra[9]. Estos acontecimientos históricos sirven de fundamento para la historia del evangelio. Graeme Goldsworthy no habla en hipérbole cuando declara: «El evangelio de Jesucristo es la revelación crucial de la mente de Dios a la humanidad y el hecho decisivo de la historia humana. La persona y la obra de Jesús nos proporcionan un único punto focal para entender la realidad»[10].

En 1 Corintios 15:3-6, Pablo arraiga los acontecimientos de la cruz en la historia, afirmando que Jesús murió según las Escrituras, y que fue sepultado[11]. Sigue declarando que «resucitó al tercer día», y esto nos muestra que el apóstol no se estaba refiriendo a una mera resurrección espiritual, sino física. Pablo prosigue mencionando que quinientas personas vieron al Cristo resucitado. La primera carta a los corintios era un documento público en un mundo en el que la *Pax Romana*[12] permitía que la gente conociera de verdad a aquellos testigos oculares. Por tanto, Pablo estaba desafiando a los escépticos del siglo I a que corroboraran la resurrección ya que ocurrió en la historia y los testigos seguían vivos. En otras palabras, si alguien quería negar su validez tendría que pasar por encima de quinientas personas que habían puesto sus ojos, literalmente, sobre un hombre que había resucitado de la muerte.

---

[8] «Queridos hermanos, no crean a cualquiera que pretenda estar inspirado por el Espíritu, sino sométanlo a prueba para ver si es de Dios, porque han salido por el mundo muchos falsos profetas. En esto pueden discernir quién tiene el Espíritu de Dios: todo profeta que reconoce que Jesucristo ha venido en cuerpo humano, es de Dios; todo profeta que no reconoce a Jesús, no es de Dios sino del anticristo. Ustedes han oído que éste viene; en efecto, ya está en el mundo» (1 Jn 4:1-3).

[9] Juan 1:1, 14; Colosenses 1:15-20.

[10] Graeme Goldsworthy, *Gospel-Centered Hermeneutics* [Hermenéutica cristocéntrica] (Downers Grove, IL: InterVarsity Press, 2006), 21.

[11] Véase, por ejemplo, Isaías 53:4-6.

[12] La *Pax Romana* fue un largo periodo de relativa paz y estabilidad por todo el Imperio romano durante los dos primeros siglos AD aproximadamente.

La anunciación

El mensaje del evangelio se basaba en la historia, pero ¿cuál es la naturaleza del mismo? La palabra *euanguélion* («el evangelio») o *euanguelizdomai* («declarar el evangelio») aparece tan a menudo en el Nuevo Testamento que «es evidente que el término evangelio es un tipo de palabra clave para muchos de sus escritores que resume algo muy básico de la idea que los cristianos tenían sobre su fe»[13]. El término griego *euanguélion* distinguía el mensaje cristiano de los miles de criterios religiosos presentes en el siglo I. Un «ángel» era un *«euangel»* celestial, un heraldo o mensajero que traía nuevas de un evento real ocurrido en la historia, un acontecimiento con implicaciones específicas, directas y dramáticas para los oyentes de dicho mensaje.

Los ejemplos más comunes en la literatura griega son los *«euangels»* que informaban de la entronización de un nuevo rey o una victoria extraordinaria en una batalla crucial. Cuando los cristianos escogieron el término *euanguélion* para expresar la esencia de su fe, pasaron por alto las palabras utilizadas en las religiones helenísticas como «iluminación» (*fotismós*) y «conocimiento» (*gnosis*) y palabras del judaísmo como «instrucción» o «enseñanza» (*orót*) o «sabiduría» (*okmá*)[14]. Todas estas palabras se usan también, claro está, para comunicar aspectos del mensaje cristiano, pero *euanguélion* es el término dominante empleado en el Nuevo Testamento. Tal parece que el Espíritu Santo inspiró a sus escritores para que utilizaran una palabra cuyo significado era mucho mayor al de una experiencia extática privada que habría aislado el evangelio de la persona que hubiera tenido dicho éxtasis. *Euanguélion* es el anuncio de lo que Dios ha hecho de forma objetiva en la historia, y no la experiencia subjetiva de una persona. El evangelio es, pues, fundamentalmente *una anunciación*: no solo consiste en lo que Dios es o lo que *puede* hacer, sino en lo que *ha* hecho *en la historia*. El evangelio no es un buen consejo de cómo alcanzar a Dios, sino una declaración de lo que él *ya* ha llevado a cabo para descender hasta

---

[13] James V. Brownson, *Speaking the Truth in Love: New Testament Resources for a Missional Hermeneutic* [Decir la verdad en amor: recursos del Nuevo Testamento para una hermenéutica misional], Christian Mission and Modern Culture Series (Harrisburg, PA: Trinity Press, 1998), 31.
[14] *Ibíd.*, 46.

nosotros. Son las buenas nuevas de un acontecimiento histórico
¡que lo cambia todo!

Esta declaración pide una respuesta. En vista de que Jesús entró
en la historia, el evangelio tiene una aplicación universal: Cristo es el
camino, la verdad y la vida; el único medio por el cual los seres humanos pueden ser perdonados y redimidos[15]. Son, literalmente, buenas
noticias para todas las personas, en todos los lugares y de todas las
épocas. «Identifica la fe cristiana como noticias que tienen relevancia
para todas las personas, de hecho para todo el mundo, y no como un
mero entendimiento o una apreciación esotéricos»[16]. Como escribe
Tim Keller: «Por tanto, evangelio significa noticias sobre lo que Dios
ha hecho en la historia para salvarnos y no en un consejo sobre lo que
debemos hacer para llegar hasta él. Nos trae nuevas de que la vida, la
muerte y la resurrección de Jesús en la historia han logrado nuestra
salvación. Nosotros no la logramos; tan solo la aceptamos. Jesús no se
limita a traer las buenas noticias: él es la buena nueva»[17].

¿Cuál es la respuesta adecuada a un mensaje como este? Desde
luego no es la especulación, ni el debate ni mantener una conversación. Dado que el evangelio es la revelación de lo que Dios ha hecho
en la historia, hemos de responder con fe, sin incertidumbre ni con-
jeturas. Solo cuando tomemos conciencia de que no se trata de una
declaración privada, sino más bien pública de lo que Dios ha realizado en la historia para acercarse a nosotros, estaremos capacitados
para responder con fe, creyendo que Jesús es Salvador y Señor[18]. El
evangelio es un tipo de mensaje distinto y, por tanto, pide una respuesta diferente. Es más un discurso que una simple comunicación.
Dios se dirige a nosotros por medio del evangelio y nos exige que
respondamos.

---

[15] Juan 14:6; Hechos 4:12.
[16] Brownson, *Speaking the Truth in Love* [Decir la verdad en amor], 46.
[17] Tim Keller, «Keller on Preaching to a Post-modern City II: Preaching to Create Spiritually Inclusive Worship» [Keller sobre cómo predicar a una ciudad posmoderna II: Predicar para crear un culto espiritualmente inclusive], http://www.redeemer2.com/themovement/issues/2004/august/postmoderncity_2_p3.html.
[18] Romanos 10:8-10: «¿Qué afirma entonces? "La palabra está cerca de ti; la tienes en la boca y en el corazón". Ésta es la palabra de fe que predicamos: que si confiesas con tu boca que Jesús es el Señor, y crees en tu corazón que Dios lo levantó de entre los muertos, serás salvo. Porque con el corazón se cree para ser justificado, pero con la boca se confiesa para ser salvo».

Arde la historia

El evangelio es el relato más hermoso de la historia del mundo. En realidad, la razón por la que otras narraciones son bellas —el motivo de que nos gusten las películas, las novelas y las biografías saturadas con temas de rescates— es porque suponen un eco de *la* historia. Toda buena narrativa sigue el mismo guión básico del evangelio: la lucha entre el bien y el mal antes del triunfo final de la bondad sobre la maldad. Tensión, y después armonía. Redención. Sacrificio. Traición. Amor. Sufrimiento. Victoria. Los guionistas han manipulado la historia del evangelio para hacer miles de millones de dólares literalmente. Deténgase por un momento y piense en cuántos guiones de cuántas películas copian la historia del evangelio. Existe una razón para ello. La historia de la redención cautiva el corazón humano, invitándonos y desafiándonos a convertirnos en parte de algo mayor que nosotros. Esta historia está lista para la película y es como un mito. C. S. Lewis se convirtió del ateísmo al quedar embelesado por la hermosa historia del evangelio y lo denominó un «mito verdadero»[19].

Resulta interesante observar que, en inglés, evangelio se dice *góspel*, una palabra derivada del término antiguo *godspell*, una combinación entre *good* [bueno o bien] y *spell* [hechizo]. Al parecer, antiguamente se sabía que una historia era buena porque lo ponía a uno bajo un encantamiento lanzado por el narrador. El relato del evangelio actúa así, sin duda, con los oyentes, porque el cronista y hechicero supremo es Dios. En ese sentido, el evangelio no consiste en fríos y secos datos históricos: es el discurso perenne de Dios hacia el hombre[20]. El evangelio es la historia que arde. Aunque sólidamente basado en sucesos históricos, el relato del evangelio, como todas las Escrituras, está vivo y activo, y penetra hasta lo profundo de nuestros huesos[21].

Son muchos los que no han sido capaces de navegar en la paradoja del evangelio como si ardiera la historia. El evangelio es objetivo y subjetivo a la vez, histórico y experiencial. Aunque ocurrió en la historia pasada, sigue impactando al mundo a diario, porque la

---

[19] Puede encontrar un relato muy útil de la conversión de Lewis en Alan Jacobs, *The Narnian: The Life and Imagination of C. S. Lewis* [Las crónicas de Narnia: La vida e imaginación de C.S. Lewis] (New York: Harpercollins, 2005).
[20] Véase Louis Berkhof, *Systematic Theology* [Teología sistemática] (Grand Rapids: Eerdmans, 1996), 142.
[21] *Cf.* Hebreos 4:12; Jeremías 20:9.

resurrección ocurrió y, por tanto, Jesús sigue vivo. Siendo, pues, objetivo el cristianismo se niega a ser englobado en las religiones extáticas, subjetivas y exclusivamente personales. Las creencias esotéricas confinan la experiencia religiosa a lo subjetivo, y esto a su vez socaba la aplicación universal de cualquier mensaje religioso, convirtiéndolo todo en algo puramente personal y por lo tanto relativo. Pero el evangelio también se niega a ser una serie de sucesos meramente objetivos, desconectados e históricos sin impacto actual alguno. Aunque este mensaje es objetivo y está fuera de nuestra experiencia, también es subjetivo porque Dios se ha revelado a sí mismo de tal manera que podemos conocerlo personalmente al experimentar la realidad del evangelio[22].

Muchos pensadores han sido ambivalentes acerca del aspecto histórico del cristianismo. Los de la Ilustración, por ejemplo, introdujeron una cuña entre la historia mundial y el mundo de la fe. El filósofo alemán Emmanuel Kant distinguió entre el mundo tal como lo observamos (*fenomena*) y tal como es en sí (el *numena*), estableciendo un abismo que muchos pensadores posteriores fueron incapaces de cruzar. El filósofo y escritor Gotthold Lessing habló de una gran y desagradable zanja entre la historia y la ciencia, declarando que las verdades accidentales de la historia nunca pueden convertirse en la prueba de las exactitudes necesarias de la razón[23].

Aun antes de la Ilustración, antiguos herejes cristianos negaron la condición física y la plena humanidad de Jesús. El docetismo se basó en una cosmovisión que afirmaba que la materia era mala: Dios, por tanto, que era completamente santo, no podría haber tomado jamás un cuerpo real, sujeto a cambios y a la influencia del mundo. Como resultado, los docetistas afirmaban que Cristo solo *pareció* tener un cuerpo humano, pero que en realidad era un espíritu. El apolinarianismo aseveraba que Cristo no poseía una naturaleza completamente humana. Aunque su cuerpo era humano, no tenía alma ni voluntad humanas. Así, su experiencia no era total y completamente la de un

---

[22] Resulta útil hacer aquí una distinción entre verdad *exhaustiva* y verdad *suficiente*. *Cf.* D. A. Carson, *The Gagging of God: Christianity confronts Pluralism* [Los arcos de Dios: el cristianismo le hace frente al pluralismo] (Grand Rapids: Zondervan, 1996), 103ss. Aunque nuestro conocimiento terrenal será siempre limitado y parcial, podemos saber verdaderamente acerca de Dios y del mundo, porque él ha sido clemente y condescendiente con nosotros, revelándonos la verdad de tal manera que podemos comprenderla.
[23] *Cf.* Leslie Newbigin, *Proper Confidence: Faith, Doubt, and Certainty in Christian Discipleship* [Confianza adecuada: fe, duda y certidumbre en el discipulado cristiano] (Grand Rapids: Eerdmans, 1995), 71.

hombre, ya que su naturaleza divina dominaba en muchos aspectos de su ser. Estas herejías (que fueron condenadas por los primeros concilios de la iglesia)[24], y otras formas de gnosticismo, adolecían del punto de vista no bíblico de que la materia es mala y, por tanto, castraban al evangelio de su historicidad.

Sin embargo, hay que defender tanto la cualidad histórica del cristianismo como la condición física de Jesús, porque el cristianismo que no se base en la historia no es cristianismo. Si Dios ha actuado verdaderamente en la historia, esto lo cambia todo. Si el Dios eterno —que es razón, verdad, y todo lo bueno— ha irrumpido realmente en nuestro mundo, entonces tenemos que reconsiderarlo todo a la luz de este acontecimiento. Como Lesslie Newbigin lo explica: «Si, por así decirlo, la Idea del Bien ha entrado de verdad en la habitación y ha hablado, debemos detener nuestro anterior debate y escuchar»[25].

Para poder avanzar, necesitamos «oír» cómo expone el evangelio la realización de nuestra salvación por medio de la vida perfecta y la muerte sacrificial de Jesús.

---

[24] Los primeros concilios de la iglesia eran reuniones de obispos de toda la iglesia en las que se debatía y definía la doctrina cristiana. El error del apolinarianismo, por ejemplo, fue condenado por la iglesia en el Primer Concilio de Constantinopla que se celebró en 381.

[25] Newbigin, *Proper Confidence*, 11.

El evangelio es que Jesús vivió la vida que usted debería haber vivido y murió, en su lugar, la muerte que usted debería haber tenido, para que Dios no lo recibiera por sus antecedentes ni por usted mismo, sino por lo que él hizo y por amor a él. (Tim Keller)[1]

La esencia del pecado hace que el hombre sustituya a Dios, mientras que la naturaleza de la salvación consiste en que Dios se pone en el lugar del hombre. El ser humano se reafirma en contra de Dios y se sitúa donde solo él merece estar; Dios se sacrifica a sí mismo por el hombre y se coloca donde solo este merece estar. (John Stott)[2]

Superficialmente nada parece más sencillo que el perdón, ni más misterioso y difícil cuando lo analizamos en profundidad. (B. F. Westcott)[3]

---

[1] Tim Keller, «Keller on Preaching to a Post-modern City II: Preaching to Create Spiritually Inclusive Worship» [Keller sobre cómo predicar a una ciudad posmoderna II: Predicar para crear un culto espiritualmente inclusive]; http://www.redeemer2.com/themovement/issues/2004/august/postmoderncity_2 _p3.html.
[2] John Stott, *The Cross of Christ* [La cruz de Cristo] (Downers Grove, IL: InterVarsity Press, 1986), 160.
[3] Citado en *ibíd.*, 110.

9

Que logra la salvación

El evangelio no es meramente inspirador, o lleno de conocimiento interior, o interesante (aunque, en verdad, sea todas estas cosas). Su mensaje es activo y anuncia que es Dios quien lleva a cabo la salvación. De hecho, el evangelio *salva* porque, en estas «buenas nuevas», el Dios del universo *actúa*. Esta obra salvífica fue una promesa de Dios que su pueblo esperó durante largo tiempo. Comenzó con el *prolegómenon* (primera predicación del evangelio) en el que Dios, hablando a la Serpiente tras la caída de la humanidad, declaró: «Pondré enemistad entre tú y la mujer, y entre tu simiente y la de ella; su simiente te aplastará la cabeza, pero tú le morderás el talón»[4]. La historia humana debería haber acabado cuando Adán y Eva pecaron contra Dios. Podemos presuponer que de haber escogido acabar con la humanidad en aquel jardín, no habría hecho más que poner de manifiesto su perfecta justicia.

Sin embargo, en vez de ello, Dios permitió en su clemencia que nuestra raza continuara y poblase el planeta. Hasta obró de forma providencial para preservarla de la destrucción[5] y para apartar a un pueblo a través del cual prometió impartir bendición un día a todo el mundo[6]. Después, justo en el momento preciso de la historia humana[7], Cristo vino para realizar, en nombre de su pueblo[8], el plan que el Padre había predeterminado. Dios mismo invadió nuestro espacio para salvarnos. El remedio de nuestra enfermedad se materializó en otro. A lo largo del Antiguo Testamento, Dios había prometido hacer

---

[4] Génesis 3:15. Según el Nuevo Testamento, el plan de salvación de Dios se remonta incluso más atrás de Génesis 3; es el consejo eterno de Dios. Pablo, por ejemplo, afirma que Dios nos salvó «por su propia determinación y gracia. Nos concedió este favor en Cristo Jesús *antes del comienzo del tiempo*» (2 Ti 1:9).

[5] Romanos 6—9.

[6] Génesis 12:1-3.

[7] Gálatas 4:4: «Pero cuando se cumplió el plazo, Dios envió a su Hijo, nacido de una mujer, nacido bajo la ley».

[8] Hechos 2:22-24: «Pueblo de Israel, escuchen esto: Jesús de Nazaret fue un hombre acreditado por Dios ante ustedes con milagros, señales y prodigios, los cuales realizó Dios entre ustedes por medio de él, como bien lo saben. Éste fue entregado según el determinado propósito y el previo conocimiento de Dios; y por medio de gente malvada, ustedes lo mataron, clavándolo en la cruz. Sin embargo, Dios lo resucitó, librándolo de las angustias de la muerte, porque era imposible que la muerte lo mantuviera bajo su dominio».

algo con respecto a los dos enemigos no personales de la humanidad: el pecado y la muerte[9]. En su muerte y su resurrección, Cristo derrotó a nuestros enemigos y *salvó* a su pueblo del pecado y de la muerte. Como afirma Graeme Goldsworthy: «El evangelio es el acontecimiento (o la proclamación del mismo) de Jesucristo que comienza con su encarnación y vida terrenal, y concluye con su muerte, resurrección y ascensión a la diestra del Padre. Dios interpreta este suceso histórico como su programa preordenado para la salvación del mundo»[10].

¿Qué tipo de salvación efectuó Cristo? Esta es la pregunta que estoy tratando en este capítulo. La esencia de la obra salvífica de Cristo es que murió en una cruz por nuestros pecados para conseguir nuestra reconciliación con Dios. ¿Pero de qué manera impacta su crucifixión nuestra relación con Dios? La respuesta se halla en el concepto bíblico de la *expiación*. «La expiación es la obra de Dios en Cristo sobre la cruz, por medio de la cual canceló la deuda de nuestro pecado, apaciguó su santa ira en contra nuestra y ganó para todos nosotros los beneficios de la salvación»[11]. La expiación es necesaria para preservar la justicia de Dios, así como para extender la salvación a los pecadores.

¿Por quién murió Jesús?

Efesios 5:2 recalca que la muerte de Jesús presenta los dos aspectos, el vertical y el horizontal. Pablo escribe: «Cristo nos amó y se entregó *por nosotros* como ofrenda y sacrificio fragante *para Dios*». De forma vertical, Jesús murió para satisfacer la justicia y la ira de Dios, pero también lo hizo por aquellos con quienes compartía su naturaleza humana. Era un sacrificio por nosotros y para Dios. Murió para Dios y también por los pecadores. Esto concuerda con la encarnación de Jesús como Dios-Hombre. En realidad, solo así pudo servir de «cordero [sacrificial] sin mancha y sin defecto»[12] y ser aquel que «entregó su vida por nosotros»[13].

---

[9] También tenemos un enemigo *personal*: Satán mismo; por medio de él entraron el pecado y la muerte en el mundo (*cf.* Jn 10:10; 1 P 5:8; Ap 12:10).
[10] Graeme Goldsworthy, *Gospel-Centered Hermeneutics* [Hermenéutica cristocéntrica] (Downers Grove, IL: InterVarsity Press, 2006), 58.
[11] John Piper, «For Whom Did Christ Die? & What Did Christ Actually Achieve on the Cross for Those for Whom He Died?»[¿Por quién murió Cristo? y ¿Qué consiguió Cristo realmente en la cruz para aquellos por quienes murió?]; http://www.monergism.com/(thethreshold/articles/piper/piper_atonement.html.
[12] Éxodo 12:5; 1 Pedro 1:19.
[13] 1 Juan 3:16.

Es, asimismo, importante aclarar que como Dios encarnado, el Padre, el Hijo y el Espíritu Santo estaban completamente unidos en el esfuerzo de defender la perfección de la justicia y la misericordia de Dios. Declarar que Jesús murió como sacrificio a Dios no significa que el Padre y el Hijo tuvieran un conflicto entre sí, y que debiera dar su vida sencillamente para aplacar a un Padre airado. Vemos en el Evangelio de Juan que ambos son una misma cosa. Jesús mismo afirma: «El Padre ama al hijo y le muestra todo lo que hace» (5:20). Unos cuantos capítulos después, vuelve a negar cualquier indicio de desunión en el seno de la Trinidad: «Por eso me ama el Padre: porque entrego mi vida para volver a recibirla» (Jn 10:17). Aunque la justicia de la Divinidad debe quedar satisfecha, esto se realiza sin que implique la existencia de una brecha entre el Padre y el Hijo.

Para responder a la pregunta de por quién murió Cristo, volvamos a Jesús como sacrificio a Dios y rescatador de los pecadores.

Jesús murió para Dios

Por desconcertante que pueda sonar al leerlo, la segunda persona de la Trinidad se convirtió en un ser humano y murió para satisfacer a la primera persona de la misma. Esta satisfacción estaba relacionada con los justos requisitos de Dios revelados en la ley del Antiguo Testamento. El punto crucial de la ley es que, como criaturas, debemos amar a nuestro clemente Creador con todo nuestro corazón, alma y fuerza, es decir, con todo nuestro ser y en todo momento[14]. El problema radica en que los seres humanos no solo no lo aman como él exige, sino que nos encanta fabricar otros dioses sustitutos a los que adorar en su lugar[15]. Esta es la esencia de aquello de lo que debemos ser salvados: el pecado. Por tanto, la naturaleza de la transgresión es la idolatría, por medio de la cual quitamos a Dios del altar de nuestros corazones y lo reemplazamos por dioses funcionales de nuestra

---

[14] *Cf.* la *shema*, que Jesús definió como el mayor de los mandamientos, y que se encuentra en Deuteronomio 6:5: «Ama al Señor tu Dios con todo tu corazón y con toda tu alma y con todas tus fuerzas».

[15] *Cf.* Jeremías 2:12-13: «¡Espántense, cielos, ante esto! ¡Tiemblen y queden horrorizados! —afirma el Señor—. Dos son los pecados que ha cometido mi pueblo: Me han abandonado a mí, fuente de agua viva, y han cavado sus propias cisternas, cisternas rotas que no retienen agua». Me gusta esta metáfora porque habla tanto de la naturaleza como del resultado de la idolatría: creamos a un dios y le entregamos nuestro corazón, nuestra alma y nuestras fuerzas, y esto no solo hace que desobedezcamos la ley y deshonremos a Dios, sino que también nos sentimos decepcionados por el ídolo y vacíos, ya que Dios es la única cisterna verdadera.

propia elección. ¿Qué significa ser salvo? Quiere decir que Jesús vino a cumplir los justos requisitos de la ley para que los pecadores y los idólatras pudieran ser reconciliados en su comunión con Dios.

En nuestra cultura, muchos se sienten incómodos con la idea de que Jesús muriera para satisfacer la justicia de Dios. La raíz de este problema suele consistir en no comprender la gravedad del pecado. No se trata de una ofensa menor que pueda pasarse por alto con facilidad, como si fuera un mosquito impertinente en un caluroso día de verano. El pecado es la más grave de las ofensas porque se comete contra el más serio y más glorioso de todos los seres.

La palabra hebrea para «gloria» es *kavod*, derivada del término *kaved* que significa «pesado». En un principio se utilizaba para describir, de forma literal, cosas que tenían peso en un sentido físico. Así, la Biblia define a Elí, por ejemplo, como alguien que «pesaba mucho»[16], una forma cortés de decir que era lo que mi abuela solía llamar corpulento. *Kaved* se utilizaba también, en un sentido más figurado, para describir cosas de gran importancia. Igualmente, la Biblia afirma que Abram era «pesado», no porque necesitara elevar su cardio, sino porque era rico. «Abram se había hecho muy "pesado" en ganado, plata y oro»[17].

No resulta, pues, difícil entender por qué el término hebreo para «pesado» llegara a utilizarse para describir a cualquiera que mereciera honor o reconocimiento: generales, reyes, jueces, y otra gente de influencia y poder. En las películas de mafias y gánster, a los que amenazan y pegan palizas se les suele llamar «heavies» en inglés [que significa pesados y que en español se denominan «matones»], porque el peso psicológico y físico que recae sobre ellos exige respeto. En hebreo se les llamaba *kavod*; es decir, que se les debía el máximo respeto.

El término neotestamentario para «gloria» tiene un significado parecido. Se trata de la palabra griega *doxa*, que en origen se refería a «tener una opinión». Finalmente llegó a significar tener una alta opinión de una gran persona, como un rey. Dar gloria a alguien era rendirle el honor que su reputación requería.

Por tanto, vemos el motivo de que la Biblia tomara esas palabras —el término hebreo para «pesado» y el griego para «honor»— y las

---

[16] 1 Samuel 4:18.
[17] Comentarios sobre Génesis 13:14 en *Matthew Henry's Concise Commentary* [Comentario conciso de Matthew Henry] (Nashville: Thomas Nelson, 2000).

aplicara a Dios. Él ostenta la posición más elevada, el máximo poder, y la reputación de mayor peso en todo el universo. Dios es el pesado. Es un peso pesado. Es EL peso pesado.

Ofender a Dios es, por consiguiente, como enfrentarse a Muhammad Ali, al joven Mike Tyson y a Fedor Emelianenko, todos en una sola persona y multiplicado al infinito. En otras palabras, afrentar a Dios es el mayor crimen del universo y merece un castigo eterno.

Como expone John Piper de una forma brillante: «El pecado no es pequeño, porque no se afrenta a un Soberano menor. La gravedad de un insulto surge con la dignidad de la persona insultada. El Creador del Universo es infinitamente digno de respeto, admiración y lealtad. Por tanto, no amarlo no es algo trivial»[18]. Si no entendemos las profundidades de nuestro aprieto como pecadores, la muerte de Cristo nos parecerá innecesaria y superflua. Pero si aceptamos nuestra difícil situación como pecadores ante un Dios santo, la muerte de Cristo se convierte en algo hermoso y precioso para nosotros.

Romanos 3:25-26 es el texto más claro de la Biblia en cuanto a la expiación y su relación con la justicia y la rectitud de Dios. En él Pablo declara que Dios ofreció a Cristo «como un sacrificio de expiación que se recibe por la fe en su sangre, para así demostrar su justicia. Anteriormente, en su paciencia, Dios había pasado por alto los pecados; pero en el tiempo presente ha ofrecido a Jesucristo para manifestar su justicia. De este modo Dios es justo y, a la vez, el que justifica a los que tienen fe en Jesús». Pablo está describiendo la reivindicación del carácter de Dios por medio de la muerte de Cristo. Según el apóstol, sería muy injusto que Dios hubiera aprobado nuestra redención limitándose a pasar por alto el pecado. Sin la cruel muerte de su Hijo, dejaría de ser el justo gobernador moral del universo. Habría que llevar la maldición del pecado y saldar la deuda de la transgresión.

Una pregunta típica con respecto a la expiación es la siguiente: ¿Por qué tuvo que *morir* Jesús para salvarnos? ¿Por qué no podía Dios perdonarnos sencillamente? Después de todo, ¿no nos manda que nos perdonemos los unos a los otros sin exigir pago alguno? Pero... un momento. Piense en alguna ocasión en la que a usted o a un ser amado lo agraviaron gravemente . ¿Pudo usted, o esa persona amada,

[18] John Piper, *The Passion of Jesus Christ: Fifty Reasons Why He Came to Die* [La pasión de Jesucristo: cincuenta razones por las que vino a morir] (Wheaton: Crossway, 2004), 21.

restarle importancia a la ofensa y desestimar el daño sin sufrir? ¡Por supuesto que no! Cuando se nos agravia de verdad tenemos dos opciones. Podemos vengarnos del mismo modo y hacer pagar a quien nos ha perjudicado, o perdonarlo absorbiendo uno mismo el dolor de la afrenta. Por una parte, causamos daño para liberarnos y, por la otra, recibimos el sufrimiento del perdón y dejamos libre a la otra persona. Si usted cree que el perdón no es doloroso es que no ha perdonado jamás a alguien que lo ha herido profundamente. Ya sea por medio de la venganza o del perdón, *alguien* paga siempre por la injusticia.

Recuerdo haber «prestado» dinero a un consumidor de droga de nuestra iglesia. Llamémoslo Bob. No podía proporcionarles comida a su esposa e hijos si yo no le dejaba mis trescientos dólares, o algo parecido. De modo que la bondad de mi corazón pastoral me hizo darle el dinero que nunca me devolvió. Ahora bien, yo pude haberme vengado y retribuido (destrozarle el automóvil o poner mis manos sobre él de una forma nada bíblica, dos cosas que, por cierto, pensé hacer impulsado por la maldad de mi corazón pastoral), o pude luchar durante todo el proceso de perdonar a Bob y asumir aquel déficit de trescientos dólares. Sin embargo, no podía limitarme a perdonarlo y borrar aquella deuda económica. Tuve que *absorber* la pérdida. Para poder absolverlo, tenía que anular la deuda que había en su contra. En un sentido real, yo mismo tenía que estar dispuesto a pagar la deuda.

Si esto ocurre en nuestras interacciones con nuestros imperfectos congéneres y pecadores, cuánto más Dios, nuestro Creador y Juez, no debe encogerse de hombros ¡y mirar para otro lado! A fin de cuentas, la objeción de que Dios debería limitarse a guiñarnos un ojo y sonreír ante nuestro pecado omite la diferencia fundamental que hay entre nosotros, como seres creados, y Dios como Creador y gobernador moral. John Stott propone algunas palabras muy útiles:

> Para nosotros, argumentar «nos perdonamos los unos a los otros de forma incondicional; que Dios haga lo mismo con nosotros» no demuestra sofisticación sino superficialidad, ya que pasa por alto un hecho elemental: que no somos Dios. Somos individuos privados y las ofensas contra nosotros solo son agravios personales. Pero Dios no es un individuo

privado, como tampoco el pecado es una afrenta personal. Por el contrario, Dios es el hacedor de las leyes que nosotros quebrantamos, y el pecado es la rebeldía contra él[19].

Si sigue teniendo problema con esta idea, piense en ello de este modo: La Biblia nos enseña que Dios es absolutamente santo y justo y, por tanto, no puede tolerar *ningún* mal. Dado que es nuestro Creador y que las leyes morales se basan en su buena naturaleza, nuestros pecados han incurrido en el recto juicio de Dios. Así como Bob me debía trescientos dólares y una disculpa, nosotros también estamos en deuda con Dios, solo que nuestro adeudo es infinitamente mayor que el de Bob y una sencilla disculpa no bastaría. Somos literalmente *incapaces* de reparar todo lo que se le debe a Dios. Pero él, en su gran misericordia, envió a Cristo para que asumiera nuestra deuda y pagara la multa de nuestro pecado. Esto es lo que Dios ha hecho por nosotros en Cristo. No podía perdonarnos sin más: tenía que absorber nuestro adeudo tomando nuestro lugar. El acreedor convertido en el deudor. «Ustedes estaban muertos en sus pecados [...] Dios nos dio vida en unión con Cristo, al perdonarnos todos los pecados y anular la deuda que teníamos pendiente por los requisitos de la ley. Él anuló esa deuda que nos era adversa, clavándola en la cruz» (Col 2:12-14).

Esta forma de entender la expiación se suele conocer como la doctrina de la sustitución penal; *penal*, porque Jesús fue castigado legalmente por nuestros pecados y *sustitución*, porque tomó nuestro lugar. A lo largo de la historia de la iglesia se ha abogado por otras muchas perspectivas sobre la expiación. Muchos cristianos antiguos sostenían que la muerte de Cristo era un pago a Satanás. Otros la han tomado como un ejemplo que los creyentes deben seguir. Algunos la ven como la forma en que Dios influye en el mundo para bien, demostrando su amor y su bondad para empujar a la gente al arrepentimiento. Hay quien la considera como la forma en que Dios restaura la armonía de un universo desestabilizado por el pecado, mientras que para otros es su modo de desarmar y derrotar a Satanás[20].

---

[19] Stott, *The Cross of Christ* [La cruz de Cristo], 88.
[20] Si le interesa saber más sobre las distintas teorías de la expiación, le recomiendo una fuente breve, pero útil de Leon Morris, titulada «Theories of the Atonement» [Teorías de la expiación]; http://www.monergism.com/thethreshold/articles/onsite/atonementmorris2.html.

Existen destellos de verdad en algunas de estas opiniones, aunque otras son claramente contrarias a la Biblia. Por ejemplo, las Escrituras enseñan que Cristo venció a Satanás y sus adláteres por medio de su muerte y su resurrección[21]. Ciertamente, su muerte es un ejemplo para los creyentes[22]. Sin embargo, la idea central de la enseñanza bíblica en cuanto a la obra de Cristo es la sustitución penal[23]. En Colosenses 2:15, por ejemplo, la victoria de Cristo sobre Satanás parece derivarse de su muerte penal de Colosenses 2:13-14[24]. Lovelace lo resume muy bien: «La expiación sustitutoria es el corazón del evangelio y esto es así, porque proporciona la respuesta al problema de la culpa, la esclavitud y la separación de Dios»[25].

Jesús murió por los pecadores

La relación entre un marido y su esposa es una de las metáforas que la Biblia utiliza para describir el amor de Cristo por aquellos por quienes murió. En su muerte demostró cuánto amaba a su esposa, la iglesia[26]. Esta relación marital no solo destaca que Jesús dio su vida por su iglesia, sino también una vehemente protección de su amada. Él, como Esposo, es un amante apasionado y el defensor de su esposa. Los hombres que lean esto pueden sentirse incómodos por esta descripción abiertamente femenina de la iglesia como esposa. No dejen que su incomodidad los distraiga hasta el punto de perderse el poder del mensaje: ¡Jesús murió por ustedes! No lo hizo a regañadientes ni tampoco sin apasionamiento[27]. No; sufrió una muerte tremendamente dolorosa con el fin de protegerlos con uñas y dientes, y mostrarles su extraordinario amor por medio de su perdón.

---

[21]Colosenses 2:15.

[22] 1 Pedro 2:21.

[23] Isaías 53:5, 12; Romanos 4:25; 5:8; Gálatas 3:13; 1 Pedro 3:18.

[24] Para una defensa extensa y útil de la doctrina de la sustitución penal, véase Steve Jeffery, Mike Ovey, y Andrew Sach, *Pierced for Our Transgressions: Rediscovering the Glory of Penal Substitution* [Traspasado por nuestras transgresiones: redescubrir la gloria de la sustitución penal] (Wheaton: Crossway, 2007). En la página 153, por ejemplo, encontramos una declaración de gran utilidad sobre la importancia práctica de la sustitución penal: «Entender la cruz como un sustituto penal nos ayuda a comprender el amor de Dios y a apreciar su intensidad y su belleza. Las Escrituras lo magnifican mediante su negativa a disminuir nuestra difícil situación como pecadores que merecen la ira de Dios y su descripción intransigente de la cruz como el sitio donde Cristo llevó sobre sí el castigo en lugar de su pueblo. Si desgastamos los afilados bordes de la cruz, restamos brillo al diamante del amor de Dios».

[25]Richard F. Lovelace, *Dynamics of Spiritual Life: An Evangelical Theology of Renewal* [Dinámica de la vida espiritual: teología evangélica de la renovación] (Downers Grove, IL: InterVarsity Press, 1979), 97.

[26] Efesios 5:25.

[27] Hebreos 12:2.

Otra metáfora que se suele elegir para simbolizar la relación entre Jesús y su pueblo es la del pastor. Se llamaba a sí mismo «el buen pastor» y a su pueblo «ovejas», afirmando: «El ladrón no viene más que a robar, matar y destruir; yo he venido para que tengan vida, y la tengan en abundancia. Yo soy el buen pastor. El buen pastor da su vida por las ovejas» (Jn 10:10-11). En su muerte, Cristo obró y consiguió la salvación para su iglesia, su esposa, su rebaño, y los rescató de la destrucción y de la muerte, proporcionándoles vida abundante.

Las bendiciones que Cristo ha procurado para nosotros mediante su muerte y resurrección son inconmensurables. A través de su obra en la cruz nos suministró la reconciliaciópn con Dios[28], el perdón de los pecados[29], la propiciación[30], la capacidad de vivir para Dios[31], la vida eterna[32], la justificación[33], la herencia en el cielo[34], la justicia[35], la sanidad[36], la resurrección del cuerpo[37], la intercesión por los débiles[38], la paz[39], la libertad[40], la unidad entre los creyentes[41], un ejemplo[42], la redención[43], la defensa[44], la liberación del temor de la muerte[45], la esperanza[46], la sabiduría[47], la regeneración[48], el acceso a la presencia de Dios[49], y todas las cosas[50]. En resumen, la muerte de Cristo nos ha dado a Dios. Es la diferencia literal entre la angustia y la destrucción eternas por estar separados de Dios, y la vida y la felicidad sempiternas junto a él. La obra de Cristo es, por tanto, algo que debemos apreciar, valorar, honrar, estudiar y proclamar. Sobre todo hoy día cuando hay gran confusión al respecto, este aspecto del mensaje del

---

[28] 2 Corintios 5:19.
[29] Colosenses 2:13.
[30] Romanos 3:25.
[31] 2 Corintios 5:15.
[32] Juan 3:16.
[33] Romanos 4:25.
[34] Efesios 1:11.
[35] Filipenses 3:9-10.
[36] 1 Pedro 2:24.
[37] 1 Corintios 15:22.
[38] Hebreos 7:25.
[39] Isaías 53:5.
[40] Gálatas 5:1.
[41] Efesios 2:11-12.
[42] 1 Pedro 2:21.
[43] Romanos 3:24.
[44] 1 Juan 2:1.
[45] Hebreos 2:14-15.
[46] Romanos 5:1-11.
[47] 1 Corintios 1:30.
[48] 1 Pedro 1:3.
[49] Hebreos 10:19.
[50] Romanos 8:32.

evangelio no debe acobardarnos. Hacerlo sería privar a los pecadores de las bendiciones que, de otro modo, podrían recibir por medio de este mensaje y oscurecer la belleza del evangelio para ellos.

¿Qué significa la muerte de Cristo?

Hemos visto las motivaciones duales de la muerte de Jesús. Murió para Dios —y esto significa que de ese modo apaciguó su ira— y por los pecadores, lo que implica que somos los beneficiarios del perfecto sacrificio de Cristo. Ahora necesitamos comprender las inferencias de este sacrificio.

Llevó nuestro pecado

En la cruz existe una doble imputación: recibimos la justicia de Cristo y él recibe nuestro pecado. «Al que no cometió pecado alguno, por nosotros Dios lo trató como pecador, para que en él recibiéramos la justicia de Dios» (2 Co 5:21). Martín Lutero lo definía como «el gran intercambio». Oraba: «Señor Jesús, tú eres mi justicia, y yo soy tu pecado. Tú tomaste lo que era mío, colocaste en mí lo tuyo. Te convertiste en lo que no eras, para que yo pudiera convertirme en aquello que nunca fui»[51].

Debe haber sido terrible para Cristo absorber nuestro pecado. La agonía física de la cruz era horrenda e inimaginable (como comentamos en el capítulo anterior), pero no fue nada en comparación con la angustia espiritual de convertirse en pecado y soportar la ira de Dios. En los relatos de los Evangelios, leemos que mientras colgaba de la cruz, la tierra quedó en oscuridad (cf. Mt 27:45). Durante ese tiempo, Jesús exclamó: «Dios mío, Dios mío, ¿por qué me has desamparado? (Mt 27:46). Esta cita del Salmo 22:1 expresaba parte del tormento que aguantó; en un sentido muy real, Dios abandonó literalmente a Jesús en la cruz. Aunque se habían amado el uno al otro durante toda la eternidad, Dios Padre le volvió la espalda a Dios Hijo. Estando en la cruz, Jesús miró al cielo y solo vio oscuridad. Gritó y solo recibió el silencio del Padre en respuesta. Aún peor, este derramó toda su ira por el pecado sobre él. Lo castigó con la venganza de un Dios santo

---

[51] Citado por Stott en *The Cross of Christ* [La cruz de Cristo], 200.

y justo contra toda la maldad cometida por todos los creyentes. La ira de Dios no se mitigó ni se suavizó en lo más mínimo. Cayó sobre Jesús que se *convirtió* en nuestro pecado y fue castigado en nuestro lugar. «Dios envió a su propio Hijo en condición semejante a nuestra condición de pecadores, para que se ofreciera en sacrificio por el pecado. Así condenó Dios al pecado en la naturaleza humana» (Ro 8:3).

Todo esto ocurrió, aunque Jesús no había pecado jamás. En su vida había obedecido a Dios de un modo perfecto, y desde la eternidad pasada había disfrutado de una relación de amor con el Padre. Pero ocurrió, a pesar de que Jesús era el *Dios eterno*. Era digno de alabanza infinita, pero recibió una ira ilimitada. Debería haber llevado una corona de joyas resplandecientes, pero en vez de ello lo coronaron de afiladas espinas. Merecía haber sido aclamado como rey, pero fue ejecutado como un infame criminal. Aquel al que adoraban huestes de ángeles se convirtió en el ser más despreciado que jamás existió en el universo.

Aunque no podemos imaginar con exactitud lo que Jesús experimentó en la cruz, al considerar el comentario de Lutero da mucho que pensar: «Dado que [Jesús] se convirtió en el sustituto de todos nosotros, y llevó sobre sí mismo nuestros pecados, para poder llevar la terrible ira de Dios contra el pecado y expiar nuestra culpa, tuvo que sentir necesariamente el pecado de todo el mundo junto con la totalidad de la ira de Dios y, después, la agonía de la muerte a causa de este pecado»[52]. Mark Driscoll resume muy bien el significado práctico de todo esto: «Desde el principio de las Sagradas Escrituras (*cf.* 2:17) hasta el final (*cf.* 21:8), el castigo del pecado es la muerte. Por consiguiente, si pecamos, deberíamos morir. Sin embargo, es Jesús, el que nunca pecó, quien muere en nuestro lugar "por nuestros pecados". Las buenas nuevas del evangelio son que Jesús murió para cargar con el castigo de nuestra transgresión»[53].

Nos dio su justicia

«El gran intercambio» que se produce entre Cristo y los creyentes en la cruz es tan bueno para nosotros como malo para él. Recibió nuestro

---

[52] Citado por Mark Driscoll, *Death by Love: Letters from the Cross* [Muerte por amor: Cartas desde la cruz] (Wheaton: Crossway, 2008), 119.
[53] *Ibíd.*, 20.

pecado y nos entregó su justicia. Su pérdida fue nuestra ganancia; su sufrimiento, nuestro gozo. «Aunque era rico, por causa de ustedes se hizo pobre, para que mediante su pobreza ustedes llegaran a ser ricos» (2 Co 8:9). Así como nuestro pecado le fue imputado a Cristo en la cruz, su justicia se nos atribuyó a nosotros[54]. Esto significa que Dios considera que los creyentes tienen literalmente toda la justicia de Cristo y, por tanto, toda su posición y sus derechos en la vida que poseen delante de él. En una ocasión, Mark Devine me comentó citando a Timothy George: «La realidad de la justicia imputada señala que, delante de Dios, nuestra posición es equivalente a la de Cristo y esto permite que el Padre diga de nosotros lo mismo que afirmó con respecto a él: "Este es mi hijo amado; estoy muy complacido con él"»[55].

En la muerte de Cristo hemos recibido propiciación (el pago de la pena por nuestro pecado) y la expiación (la limpieza de la mancha de ese pecado)[56]. Pero el mensaje del evangelio proclama incluso más. No solo se han anulado por completo nuestros antecedentes negativos, sino que se ha establecido delante de él un estatus positivo. Su muerte nos ha revestido con la justicia misma de Cristo y esto implica que a la vista de Dios nuestra posición es tan segura y amada como su propio Hijo. Cristo se convierte en la «sabiduría de Dios, la justificación, la santificación y la redención» para nosotros (*cf.* 1 Co 1:30). Jesucristo es el hombre del que habló Jeremías: «El Señor, justicia nuestra» (Jer 23:6; RVR60).

Esta justicia que recibimos de Cristo es *perfecta* porque procede de Dios. «Como Dios, satisfizo a la vez que obedeció y sufrió como hombre; siendo Dios y hombre en una persona, llevó a cabo una justicia plena, perfecta y suficiente para todo aquel a quien se le imputara»[57].

¿Qué hay de la resurrección?

Quizás habrá notado que a lo largo de este capítulo he intentado referirme a la *resurrección* y a la *muerte* de Cristo a la vez. Esto se debe a que no pueden separarse. Aunque su muerte es fundamental para

---

[54] 2 Corintios 5:21.
[55] Mi ex profesor, y ahora amigo, Mark Devine hizo esta observación durante una conversación que mantuvimos con respecto al impacto de la imputación.
[56] Driscoll, *Death by Love* [Muerte por amor], 137: «La propiciación trata nuestra pena por el pecado, mientras que la expiación se ocupa de la limpieza de nuestro pecado».
[57] George Whitefield, citado por Jeffery, Ovey y Sach en *Pierced for Our Transgressions*, [Traspasado por nuestras transgresiones: redescubrir la gloria de la sustitución penal], 193.

que Dios llevara a cabo nuestra salvación en él, sin la resurrección habría quedado incompleta. «¡Alabado sea Dios, Padre de nuestro Señor Jesucristo! Por su gran misericordia, nos ha hecho nacer de nuevo mediante la resurrección de Jesucristo, para que tengamos una esperanza viva!»[58].

La resurrección es la prueba de haber pagado la deuda del pecado asegurando así nuestra salvación. Jesús no solo es el Salvador que murió por el pecado, sino el Rey que triunfó sobre él. No es meramente un hombre que experimentó la muerte, sino el Dios encarnado que derrotó a la muerte. No es un simple siervo de Dios magullado por Satanás, sino el Señor que destruyó el poder de este sobre la raza humana. La resurrección es la justificación de todas las afirmaciones de Jesús y de la salvación ofrecida por medio de él. Completa la obra de nuestro Señor y demuestra, por encima de cualquier duda y argumento, la realidad de la salvación que él ofrece.

The Journey presentó recientemente una serie apologética llamada «Doubting Your Doubts» [Dudar de tus dudas]. Prediqué un sermón sobre la resurrección de Cristo en el que expuse las implicaciones de Romanos 8:11 para aquellos de nuestra iglesia que estuvieran luchando con las dudas. En este versículo, Pablo afirma que el mismo Espíritu que levantó a Cristo de los muertos está obrando en las vidas y las luchas de los creyentes para fortalecernos en nuestra fragilidad y darnos un propósito en medio de la confusión. Hasta los críticos más hostiles del cristianismo confiesan que, si la resurrección de Jesús es real, es un acontecimiento de poder y relevancia sin iguales, con implicaciones que alcanzan profundamente todos los ámbitos de nuestras vidas. Existe un poder en la resurrección que cambia la vida, y Pablo dice que esta misma potencia que levantó a Jesús de los muertos está disponible para quienes lo sigan. Forma parte de la salvación que Dios ofrece. Todo lo que proporcionó la muerte de Cristo se *aplicó* a nuestras vidas con eficacia por medio del poder de su resurrección.

Que Cristo resucitara de los muertos tiene, sin duda, implicaciones para la renovación de este mundo material como veremos en la siguiente sección, pero el que volviera de la muerte es la prueba final de que su muerte realizó nuestra salvación. Pone fin a las dudas,

---

[58] 1 Pedro 1:3. *Cf.* también Hechos 13:30; Romanos 4:25; 2 Timoteo 2:8.

las evasivas y los argumentos. Nadie puede discutir con alguien que regresó de los muertos. Si Jesús está vivo, ha ganado la discusión.

Resumen

El evangelio significa literalmente «buenas nuevas», y son *buenas noticias* porque Cristo salva en verdad a los pecadores. La ira de Dios contra el pecado ya no está dirigida a los que confían en Jesús como Señor. En vez de ello, Jesucristo ha cumplido con todos los requisitos indispensables para nuestra salvación.

Los escritores del Nuevo Testamento se refieren a la vida obediente, a la muerte sacrificial y expiatoria y a la poderosa resurrección de Jesús como *nuevas,* porque están informando sobre acontecimientos reales que ocurrieron en la historia y que nos liberan, objetiva y subjetivamente, de la garra de muerte de nuestro pecado. Jesús nos liberta de forma objetiva, porque murió en nuestro lugar. En palabras de Pablo, en 2 Corintios 5:21, Dios «lo trató como pecador, para que en él recibiéramos la justicia de Dios». Gracias a la obra salvífica de Jesús contamos con un expediente limpio, una posición correcta delante de un Dios santo.

Jesús nos liberta del pecado de forma subjetiva al revelarnos la incompleta e inadecuada naturaleza de las cosas sobre las que formamos nuestra identidad aparte de nuestra condición de hijos en Cristo. Ya no debemos perseguir una identidad, una justicia; él nos las ha proporcionado. Nos ha liberado de culpa, vergüenza, amargura y decepción, porque creemos que nuestra identidad y nuestro destino descansan seguros en la obra acabada de Jesús en la cruz.

En un sentido real, pues, cuando hablamos del evangelio nos estamos refiriendo a Jesús, ya que surge y recae en la persona y la obra de Cristo. Sin él no hay noticia alguna con respecto a un cambio en nuestro estatus delante de Dios; tampoco hay nada «bueno» de lo que hablar, porque no hay rescate de la esclavitud de nuestro pecado. Sin Cristo no hay evangelio, porque este no solo trata *sobre* él, sino que Jesús *es* el evangelio.

Predica a Cristo siempre, y en todo lugar. Él es el evangelio completo. Su persona, sus oficios y su obra deben ser nuestro gran tema que todo lo abarca. (Charles Spurgeon)[1]

Aparte de Cristo, la Biblia es un libro cerrado. Léala poniéndolo a él en el centro; es la historia más extraordinaria jamás contada. (Michael Horton)[2].

Cada pasaje posee, dentro de su contexto, al menos uno de cuatro enfoques distintos. El texto puede predecir la obra de Cristo, prepararnos para ella, ser un reflejo de ella o el resultado de la misma, o ambas cosas. (Bryan Chapell)[3.]

---

[1] Charles Spurgeon, citado por Sydney Greidanus en *Preaching Christ from the Old Testament: A Contemporary Hermeneutical Method* [Predicar a Cristo desde el Antiguo Testamento: método hermenéutico contemporáneo] (Grand Rapids: Eerdmans, 1999), 2.
[2] Michael Horton, *Christless Christianity: The Alternative Gospel of the American Church* [Un cristianismo sin Cristo: el evangelio alternativo para la iglesia estadounidense] (Grand Rapids: Baker; 2008), 142.
[3] Bryan Chapell, *Christ-Centered Preaching: Redeeming the Expository Sermon* [La predicación cristocéntrica: Redención del sermón expositivo] (Grand Rapids: Baker, 2005), 282.

10

Cristocéntrico

El mensaje del evangelio se centra en la persona y la obra de Jesucristo[4]. En el primer capítulo de esta sección vimos cómo este concierne a lo que Dios ha realizado en la historia a través de Cristo. En el último capítulo analizamos cómo Dios lleva a cabo la salvación de una forma real, en él, por medio de Cristo. En este, consideraremos brevemente cómo, desde Génesis hasta Apocalipsis, está arraigado en la promesa, la persona y la obra de Jesucristo. Él es el centro de la Biblia, de la historia, de la iglesia y de la vida cristiana, por lo tanto debería proclamarse como tal.

Cristo es el centro de la Biblia

Una historia centrada en Cristo

¡La historia humana comenzó tan bien! El Dios trino, en perfecta comunión consigo mismo desde la eternidad pasada, decidió en un consejo eterno crear seres humanos que compartieran su imagen y semejanza. Los hizo para que lo conocieran y disfrutaran de él. Adán y Eva gozaban de una relación perfecta con Dios y entre ellos. Lo sabemos porque ninguno de ellos llevaba ropa. Esta es la forma en que la Biblia expresa que no tenían nada que esconder. No existían barreras entre ambos ni entre ellos y su Dios. La falta de ropa era el resultado de la carencia de pecado. En otras palabras, las cosas estaban muy bien.

Lamentablemente, a partir de ese momento todo fue cuesta abajo. La historia humana se volvió loca cuando Adán y Eva decidieron ser sus propios dioses al dejar de confiar en su Padre; establecieron sus propias reglas y ejercieron su propia autoridad al comer del fruto

---

[4] Tengo una deuda tremenda con Graeme Goldsworthy por documentar este capítulo; recomiendo enérgicamente su excelente libro *Preaching the Whole Bible as Christian Scripture: The Application of Biblical Theology to Expository Preaching* [Predicar toda la Biblia como las Escrituras cristianas: Aplicación de la teología bíblica a la predicación expositiva] (Grand Rapids: Eerdmans, 2000).

prohibido por Dios. En lugar de disfrutar de Dios y deleitarse en su invitación a comer libremente, nuestros primeros padres se centraron en la prohibición y se rebelaron; y esta ha venido siendo la práctica de la raza humana desde entonces[5]. Dios confrontó a Adán –que era lo que este como cabeza de familia debió haber hecho con la Serpiente– y fundamentalmente le preguntó por qué había separación en su relación con él y con Eva[6]. Adán, el típico marido, se apresuró a echarle la culpa a Eva por el pecado, a pesar de que había estado presente en la conversación entre su esposa y Satanás sin mover ni un dedo y comió de la fruta prohibida[7]. Siguiendo el cobarde ejemplo de su esposo, Eva culpó a la Serpiente de haberla tentado[8]. Dios, que siempre ve a través de la racionalización humana, rechazó las excusas por su pecado y emitió juicios sobre ellos. Le anunció a Adán que su trabajo sería difícil, que la tierra se le rebelaría como él había hecho con Dios. A Eva le hizo saber que sus hijos le causarían dolor, así como ella lo había hecho sufrir al apartarse de él. También pronunció una maldición sobre la Serpiente, y aquí es donde tenemos el *proto-evangelium,* la primera predicación del evangelio en la que Dios prometió que uno de los descendientes de la mujer le aplastaría la cabeza.

Se refería a Cristo. Nació en el momento justo y adecuado de la historia[9]. Se *encarnó* en medio nuestro, y esto quiere decir que se convirtió en uno de nosotros[10]. Que fuera humano no significa que dejara de ser Dios[11] ni que fuera necesario que dejara a un lado su divinidad. «Jesús siguió siendo quien era, y así se convirtió en lo que no era»[12]. En su vida, él, el segundo Adán, cumplió lo que estaba previsto que este hiciera. Vivió su vida en perfecta sumisión a su Padre disfrutando de su presencia, que fue para lo que todos fuimos creados. Aunque no ejerció todos sus atributos divinos como ser humano ligado a la tierra, fue el modelo de lo que un ser humano debía hacer,

---

[5] Como observaron los padres de la iglesia, Adán y Eva tenían la capacidad de no pecar. Desde entonces, nadie ha tenido ese privilegio excepto Jesús, al que el Nuevo Testamento llama el segundo Adán.

[6] Génesis 3:9: «Pero Dios el Señor llamó al hombre y le dijo: ¿Dónde estás?»

[7] Génesis 3:12: «Él respondió: "La mujer que me diste por compañera me dio de ese fruto, y yo lo comí"».

[8] Génesis 3:13: «Entonces Dios el Señor le preguntó a la mujer: "¿Qué es lo que has hecho?". "La serpiente me engañó, y comí", contestó ella».

[9] Gálatas 4:4 observa que Dios envió a su Hijo «cuando se cumplió el plazo».

[10] Juan 1:14: «Y el Verbo se hizo hombre y habitó entre nosotros. Y hemos contemplado su gloria, la gloria que corresponde al Hijo unigénito del Padre, lleno de gracia y de verdad».

[11] Filipenses 2:7 nos enseña que Cristo renunció a sus derechos como Dios, y de manera libre y voluntaria no ejerció ninguno de sus atributos divinos. Sin embargo, no por ello dejó de ser Dios.

[12] Los padres de la iglesia denominan esta paradoja la *unión hipostática*: una persona, dos naturalezas.

es decir, someterse de manera integral a Dios y que el Espíritu Santo lo controlara por completo.

Al encarnarse, Jesús pudo entender la condición humana sin pecar[13]. Como Dios-Hombre, está capacitado para ser el mediador entre nosotros y el Padre, el único que podía quitar nuestro pecado, y así lo haría[14]. Como intermediario, se dejó colgar de una cruz y se enfrentó a la ira del Padre para que nosotros pudiésemos ser recibidos por él. Soportó la oscuridad del Viernes Santo para que pudiésemos caminar en la luz de la Pascua. Murió de una muerte cruel que cargaba con nuestro pecado y absorbía la ira. Tres días después, Jesús se levantó de la tumba y venció al pecado, a la muerte y a Satanás. Este acontecimiento es el centro de la historia humana.

Escrituras cristocéntricas

Cuando Cristo se apareció a sus discípulos en el camino de Emaús, abrió sus mentes a la verdadera naturaleza y propósito de las Escrituras y les mostró cómo toda la Biblia guardaba relación con él[15]. De este modo, según la interpretación de Cristo, la totalidad del Antiguo Testamento se centra en la promesa de su vida, muerte y resurrección. A fin de cuentas, no podemos encontrarle sentido a las Escrituras a menos que las leamos a través de la lente del Cristo encarnado, crucificado y resucitado[16]. Como afirma Anthony Thiselton: «Los escritores del Nuevo Testamento ven a Cristo como la clave interpretativa para la explicación y la comprensión del Antiguo Testamento [y] a este como el marco de referencia para entender a Cristo»[17]. Sidney Greidanus escribe: «Cristo es la suma y la verdad de las Escrituras»[18].

Otro texto que nos enseña la naturaleza cristocéntrica de las Escrituras es 1 Corintios 2:2, donde Pablo recordaba a los corintios que, estando con ellos, decidió no saber de nada excepto de Cristo, y de este

---

[13] Hebreos 2:17; 4:15.
[14] 1 Timoteo 2:5-6; 1 Juan 3:5.
[15] Lucas 24:13-35.
[16] «Afirmamos que la persona y la obra de Jesucristo son el enfoque central de toda la Biblia», Artículo III, Chicago Statement on Biblical Hermeneutics [Declaración de Chicago sobre la hermenéutica bíblica]; http:// www.churchcouncil.org/ICCP_org/DocumentsICCP/English(02_Biblical_Hermeneutics_A&D.pdf.
[17] Anthony C. Thiselton, *New Horizons in Hermeneutics: The Theory and Practice of Transforming Biblical Reading* [Nuevos horizontes en la hermenéutica: la teoría y la práctica de una lectura bíblica transformadora] (Grand Rapids: Zondervan, 1992), 150.
[18] Sidney Greidanus, *Preaching Christ from the Old Testament* [Predicar a Cristo desde el Antiguo Testamento] (Grand Rapids: Eerdmans, 1999), 120.

crucificado. El apóstol no afirmaba aquí que se había limitado a presentar el «plan de Salvación» a los corintios, haciendo tan solo hincapié en la forma de ser salvo. Se refería a que este mensaje —la muerte de Cristo por nuestros pecados— era el centro de todo lo que predicaba. Pablo entendió la obra de Cristo en la Cruz como el fundamento para todo, tanto para salvación y santificación, como para entrar en la vida cristiana y para crecer en ella[19].

A lo largo de sus cartas, el apóstol relaciona constantemente sus preocupaciones con Cristo y su obra salvífica. Por ejemplo, cuando trata con el asunto de dar y la generosidad económica en 2 Corintios 8, apela a la obra de salvación de Cristo como ejemplo[20]. Cuando desafía a los maridos a que amen a sus esposas en Efesios 5:25-33, inmediatamente debate la relación de Cristo con la iglesia. Del mismo modo, cuando tiene que hacer frente a los corintios por convertir el conocimiento y el poder en ídolos, les señala a Cristo como poder y sabiduría de Dios[21]. Por tanto, para él, el dinero, el amor y el poder —tres de los principales motivadores físicos, espirituales y emocionales del corazón humano— tienen su más fiel expresión en Cristo. Solo en él se encuentra la verdadera riqueza, intimidad y poder. Pablo responde a las inquietudes prácticas de las iglesias llenas de sufrientes pecadores colmados de defectos conectándolos de nuevo con Cristo.

Cristocéntrico = centrado en el evangelio

La Biblia no es cristocéntrica porque se refiera *en general* a Jesús, sino porque su propósito *principal*, de principio a fin, es señalarnos la vida, la muerte y la resurrección de Jesús para la salvación y la santificación de los pecadores. Él leyó toda la Biblia en función de su vida, su muerte y su resurrección. Es la verdad fundamental, el hilo principal, la «E» grande en el gráfico de evaluación de la agudeza visual cuando se trata de entender las Escrituras.

Algunas veces, centrarse en ser cristocéntrico puede convertirse en mirar a Cristo principalmente como ejemplo a seguir para una

---

[19] Wayne Grudem define el término santificación de este modo: «La santificación es una obra progresiva de Dios y el hombre que nos libera cada vez más del pecado y nos hace más como Cristo en nuestra vida real». Wayne Grudem, *Systematic Theology* [Teología sistemática] (Grand Rapids: Zondervan, 1994), 746.
[20] 2 Corintios 8:9: «Ya conocen la gracia de nuestro Señor Jesucristo, que aunque era rico, por causa de ustedes se hizo pobre, para que mediante su pobreza ustedes llegaran a ser ricos».
[21] 1 Corintios 1:30: «Gracias a él ustedes están unidos a Cristo Jesús, a quien Dios ha hecho nuestra sabiduría —es decir, nuestra justificación, santificación y redención—».

mejora moral. Esto no solo es una práctica hermenéutica miope y defectuosa y un sabotaje del impacto pleno de Cristo en el mundo, sino que es en verdad muy peligroso. Aquellos que ven a Cristo principalmente como un ejemplo moral están descuidando el considerarlo como quien los quiere salvar de su pecado. Merece la pena notar que Jesús rastreó su sufrimiento por toda la Biblia para los discípulos en el camino de Emaús. Al parecer, intentaba ayudarlos (y a nosotros) a entender que él es ante todo el Salvador. No buscaba hacer que sufrieran como él había padecido; quería que asimilaran que no *podían* hacerlo y que su incapacidad fundamental de expiar sus propios pecados era por lo que él había tenido que pasar por aquello. Los recriminó: «¡Qué torpes son ustedes! [...]. ¿Acaso no tenía que sufrir el Cristo estas cosas antes de entrar en su gloria?»[22]. Su padecimiento era necesario —les estaba explicando—, porque ni usted ni yo podemos proveer nuestra propia salvación del pecado. No estaba diciendo: «Voy a enseñarles cómo deben vivir», sino más bien: «Les explicaré por qué tenía que morir». Greidanus escribe:

> Antes de tomar a Cristo como ejemplo, reconózcalo y acéptelo como regalo de Dios; de este modo, cuando lo vea o lo oiga en cualquiera de sus obras o en su sufrimiento, creerá y no dudará que él, Cristo mismo, con su obra o su sufrimiento, le pertenece auténticamente a usted y que puede descansar con la misma confianza que si usted hubiera realizado dicha obra[23].

Jesús es, antes que nada, el Salvador, y, después, su ejemplo. Prácticamente quiere decir que debemos reconocer nuestra necesidad de ser salvos de nuestro pecado antes de poder seguir su ejemplo. Del mismo modo, la clave para imitarlo como modelo a diario consiste en recordarnos cada día que solo él es nuestro Salvador, que él cargó con nuestro pecado y nos dio su justicia[24]. Esto supone un contraste directo con lo que se predica en la iglesia contemporánea. Muchos son los que nos dicen en la iglesia de hoy que debemos centrarnos en seguir a Jesús de forma práctica. No es de sorprender, pues, que

---

[22] Lucas 24:25-26.
[23] Greidanus, *Preaching Christ from the Old Testament* [Predicar a Cristo desde el Antiguo Testamento], 119.
[24] 2 Corintios 5:21.

mucha predicación de nuestros días sea, básicamente, un intento para que los oyentes pregunten: «¿Qué está haciendo Dios en mí?».

En mi opinión, el poder de responder a lo que Dios está haciendo en mí en el presente radica en entender lo que hizo por mí en el pasado. Esto es lo que enseña la Biblia. Graeme Goldsworthy lo define de forma sucinta: «El Nuevo Testamento deja sumamente claro que el ejemplo ético de Cristo es secundario a la obra principal y única de Cristo en nosotros y dependiente de ella»[25]. El corazón de este acto salvífico no radica en las enseñanzas éticas de Jesús, sino en su vida y muerte obedientes, y sus gloriosas resurrección y ascensión a la diestra de Dios en lo alto[26].

En la década de los noventa, un Jesús de pacotilla diseñado para la subcultura cristiana se convirtió en una tendencia dominante. Las pulseras WWJD* irrumpieron en el escenario de la moda con gente como Justin Timberlake (el de la infamia del fallo de vestuario) y Allen Iverson (del programa «We talking about practice, man?»[27]) regalando dichos complementos de muñeca. Por lo general, suelo despreciar casi todo lo que emerge de la máquina comercial de la subcultura cristiana[28], pero me pareció que WWJD era... ¿cómo diría?... genial.

Como pastor juvenil resultaba de gran utilidad aquella cosa del WWJD para que los chicos se comprometieran en su relación con Cristo. Hacer que consideraran lo que Jesús haría realmente si estuviera en el lugar de ellos hizo que mis estudiantes, y un sinfín más de personas, pensaran más sobre Cristo. Si hasta yo llevaba una (¡no tres como Iverson!) y me parecía un buen recordatorio para vivir como él[29] Sin embargo, WWJD hace que uno se centre en Jesús como ejemplo, pero no nos indica por qué hizo lo que hizo. Quizás debería haber sido una pulsera WWJM. Comprender WWJM (What Was Jesus' Motivation [cuál fue la motivación de Jesús]) nos lleva a una conciencia del evangelio sobre aquello que nos capacita para hacer lo que él haría si estuviera en nuestro sitio. ¿Cuál fue la motivación de Cristo? En su bautismo, oyó la voz del Padre. «Este es mi Hijo amado; estoy muy

---

[25] Goldsworthy, *Preaching the Whole Bible as Christian Scripture* [Predicar toda la Biblia como las Escrituras cristianas], 4.
[26] *Ibíd.*, 6.
* WWJD son las siglas para «What Would Jesus Do» que, en español significa, «¿Qué haría Jesús?» [N.T.].
[27] Si no entiende esta referencia, le ruego que vea el siguiente enlace: www.youtube.com/watch?v= FUYj-D8A75HQ.
[28] Por ejemplo, Nuevo TestaMentas y pegatinas o calcomanías de parachoques con «Dios es mi copiloto».
[29] 1 Juan 2:6 nos recuerda que amar a Dios es vivir como Jesús lo hizo.

complacido con él». Antes de levantar un dedo para tocar un cuerpo herido o decir una palabra para transformar un espíritu dañado, antes de llevar a cabo cualquier tipo de ministerio, Jesús supo en lo más profundo de su ser que contaba con la aprobación del Padre. Lo que lo motivó en su vida y su ministerio fue la gratitud que sentía por la aprobación del Padre al margen de su rendimiento.

La mayoría de las personas piensan que el cristianismo consiste en HACER: miran la Biblia o consideran la vida de Cristo y se esfuerzan por vivir como Jesús. El cristianismo equivale a HECHO: lo que Cristo ha hecho es lo que nos capacita para vivir una vida de obediencia[30].

Nuestro problema radica en que confundimos el orden del indicativo (lo que es verdad) y el imperativo (lo que hay que hacer). Como suele decir Bryan Chapell con frecuencia: «Ponemos nuestros "actos" por delante del "quién"»[31]. El indicativo es lo que es cierto sobre nosotros en Cristo. Somos amados y aceptados por lo que Cristo hizo en nuestro nombre. El imperativo consiste en lo que hacemos en obediencia y por amor a Cristo. La clave para la vida cristiana es vivir fuera de la realidad de quiénes somos para que podamos hacer aquello que Dios ha revelado en las Escrituras[32].

Predicación cristocéntrica

Recordarnos sistemáticamente nuestra identidad en el evangelio es la clave para predicar el verdadero evangelio de gracia y evitar las imitaciones. Greidanus escribe: «Podemos definir "predicar a Cristo" como el equivalente a predicar sermones que integran de forma automática el mensaje del texto con el punto culminante de la revelación de Dios en la persona, obra o enseñanza de Jesucristo o todas ellas tal como se manifiesta en el Nuevo Testamento»[33]. Sin este planteamiento y esta cuadrícula, el predicador se queda con una Biblia

---

[30] Oí esta distinción HACER/HECHO en una charla que Bill Hybels dio hace años.
[31] He oído al doctor Chapell utilizar esta frase en numerosas conferencias y conversaciones. No la he hallado en sus escritos.
[32] Como Richard Lovelace escribe: «Pocos saben lo bastante para comenzar cada día adoptando la exhaustiva postura de la plataforma de Lutero: usted es aceptado, mirando hacia afuera en fe y afirmando que la justicia absolutamente ajena de Cristo es la única base para la aceptación, relajándose en esa calidad de confianza que producirá una santificación en aumento a medida que la fe sea activa en amor y gratitud». *Dynamics of Spiritual Life: An Evangelical Theology of Renewal* [Dinámica de la vida espiritual: teología evangélica de la renovación] (Downers Grove, IL: InterVarsity Press, 1979), 101.
[33] Greidanus, *Preaching Christ from the Old Testament* [Predicar a Cristo desde el Antiguo Testamento], 10.

fragmentada y un sermón basado tan solo en sus propias ideas y preferencias[34].

Para aclarar este asunto consideremos varias imitaciones populares de la predicación cristocéntrica: el moralismo, el relativismo, la autoayuda y el activismo[35].

El moralismo

Se puede definir como el intento de aplacar la ira de Dios contra el pecado con nuestras buenas obras. Es un enemigo del evangelio porque en el mejor de los casos dice que la salvación = Jesús + mi esfuerzo moral. En el peor, ignora por completo la obra expiatoria de Jesús. En el moralismo le presentamos a Dios nuestros antecedentes morales y exigimos que nos bendiga por nuestra conformidad con su ley. La predicación moralista tiende, pues, a colocar la ira y la santidad de Dios por encima de su amor y su gracia[36].

La predicación moralista imprime presión sobre la voluntad de la persona para que cumpla la ley de Dios. Este tipo de sermones producen gente hiperrígida y supercrítica. Richard Lovelace escribe:

> Los cristianos que ya no están seguros de que Dios los ama y acepta en Jesús, al margen de sus logros espirituales presentes, son subconsciente y radicalmente inseguros; tienen mucha menos seguridad que los no cristianos, porque poseen demasiado conocimiento para descansar fácilmente por los constantes boletines que reciben de su entorno cristiano sobre la santidad de Dios y la justicia que, supuestamente, deberían tener. Su inseguridad se manifiesta en el orgullo, una vehemente y defensiva aseveración de su propia justicia y una crítica de los demás para autoprotegerse. De forma natural llegan a odiar otros estilos culturales y razas con el fin de reafirmar su propia seguridad y descargar su ira reprimida. Se aferran con desesperación a

---

[34] Goldsworthy, *Preaching the Whole Bible as Christian Scripture* [Predicar toda la Biblia como las Escrituras cristianas], 99.

[35] Soy consciente de que existen otras muchas imitaciones que se podrían ampliar aquí. Me estoy centrando en las que me parecen las principales tentaciones para los jóvenes pastores.

[36] Esto es cierto, pero, en otra forma, el moralismo y el legalismo debilitan la ley de Dios hasta situarla en nuestro propio nivel de obediencia.

la justicia legal y farisaica, pero la envidia, los celos y otras ramas del árbol del pecado crecen de su inseguridad fundamental[37].

La predicación cristocéntrica no disminuye la santidad de Dios. La honra más que la moralista, porque asevera que no podemos ser lo suficientemente santos; solo Cristo lo fue. Afirma que solo somos prácticamente santos cuando entendemos y vivimos en la realidad de nuestra santidad posicional en Cristo[38]. Hace que reflexionemos y disfrutemos de la gracia que Dios nos da de forma gratuita en Cristo, y que nos motiva para la santidad práctica.

El relativismo

Aunque se considera que es lo opuesto al moralismo, en realidad son dos lados de la misma moneda falsa. Donde el moralismo nos enseña que Dios es principalmente un juez severo y que debemos acercarnos a él con nuestro mejor esfuerzo propio, el relativismo imparte la doctrina de que la verdad es autodeterminada y que debemos acercarnos a Dios (si es que existe) con lo que nos parezca mejor. En el relativismo nos creamos nuestro propio dios y obedecemos nuestra propia ley. Este tipo de predicación eleva, por tanto, el amor y la gracia de Dios por encima de su ira y su santidad. Apela a las emociones y alienta a la gente a seguir sus propios corazones. Produce una gente blanda y debilucha. Un pastor posmoderno con el que hablé me comentó que su objetivo principal en la predicación no era declarar la verdad de la Biblia, sino dialogar con su comunidad para que sus oyentes pudieran evolucionar hasta el verdadero camino de Jesús. Curiosamente, este pastor estaba seguro de que la verdad ni siquiera se podía conocer.

La predicación cristocéntrica no resta importancia al amor y a la gracia de Dios; los magnifica, porque en este tipo de sermones se afirma que el amor y la gracia de Dios le costaron la vida a Jesús. Nos aparta de nuestra propia «ley» subjetiva mediante la motivación a obedecer la ley revelada de Dios, desde el amor por Cristo que la observó perfectamente.

---

[37] Lovelace, *Dynamics of Spiritual Life* [Dinámica de la vida espiritual], 212.
[38] Véanse Efesios 2:6; Colosenses 3:1-3; 2 Corintios 5:17.

La autoayuda

Apela a la voluntad de las personas desafiándolas a aplicar los principios bíblicos sin hacer lo mismo, necesariamente, con el evangelio. En la autoayuda, se sitúa a Cristo como ejemplo por encima de Cristo el Salvador. Este tipo de predicación se centra, pues, en el ejemplo de Cristo, olvidándolo como Salvador. No se toma en serio la penetrabilidad del pecado porque supone que la gente quiere y puede obedecer, y que solo necesita que se le diga cómo hacerlo[39]. Este tipo de sermones no son bíblicos, porque descartan la realidad de la resistencia humana a obedecer a Dios[40].

Muchas veces, esta clase de predicación convierte al personaje de la Biblia en alguien «como nosotros». Somos David y nuestros problemas son como Goliat, etcétera. Se traza una línea directamente desde la lucha o la victoria de la figura en cuestión hasta nosotros sin conectar nada de ello con la persona y la obra de Cristo[41].

Así se produce una gente consumista y superficial porque no las pone cara a cara con Dios. Como señala Edmund Clowney: «La predicación que [...] una y otra vez equipara a Abraham con nosotros, la lucha de Moisés con la nuestra, la negación de Pedro con nuestra infidelidad; que procede tan solo de un modo ilustrativo, no proclama la Palabra de Dios y no permite que la iglesia vea la gloria de la obra de Dios; solo predica al hombre, al pecador, al buscado, al redimido, al piadoso, pero no a Jesucristo»[42]. En nuestro intento por ser relevantes, podemos llegar a ser irrelevantes: «La complejidad de las interrelaciones de los temas y doctrinas bíblicos puede, a menudo, esquivarnos cuando permitimos que nuestra predicación se centre en las situaciones y los problemas prácticos con la esperanza de que se nos reconozca como un predicador relevante»[43].

La predicación cristocéntrica se niega a precipitarse con demasiada rapidez a la aplicación sin basar a sus oyentes en la realidad

---

[39] Es lo opuesto a lo que dice Romanos 1:18 sobre los seres humanos que «con su maldad obstruyen la verdad».
[40] *Cf.* Romanos 1:18.
[41] Goldsworthy se lamenta: «Los textos se sacan de su contexto; y se hacen aplicaciones sin la debida preocupación por lo que el autor bíblico, que en última instancia es el Espíritu Santo, está intentando transmitir con lo escrito. La predicación centrada en los problemas y en la actualidad se convierte en la norma, y los estudios de los personajes tratan a los héroes y heroínas de la Biblia como ejemplos aislados de la forma en que se debe vivir». Goldsworthy, *Preaching the Whole Bible as Chrisitan Scripture* [Predicar toda la Biblia como las Escrituras cristianas], 16.
[42] Citado en *ibíd*, 3.
[43] *Ibíd.*, 73.

del evangelio: somos completamente pecadores, pero plenamente aceptados en Cristo. Nos muestra que no podemos ayudarnos a nosotros mismos porque estamos llenos de pecado. Nos manifiesta que somos impotentes en nuestra propia naturaleza. Pero también nos da esperanza, porque la obra de Cristo y el poder de su Espíritu están obrando en nuestras vidas[44]. Y aun va más allá que limitarse a proporcionar meras sugerencias de cómo vivir; nos señala la fuente misma de vida y sabiduría, y nos explica cómo y por qué tenemos acceso a él. Las necesidades percibidas se establecen dentro del contexto del evangelio para que el mensaje cristiano no se reduzca a hacer que nos sintamos mejor con nosotros mismos[45]. En este aspecto, la predicación cristocéntrica nos impide imponer nuestro sermón por encima del texto, permitiéndonos tan solo hacer una exposición de este y dejando que Cristo hable desde él. John Stott observa: «Ya sea [el texto] corto o largo, nuestra responsabilidad como expositores consiste en abrirlo de un modo que transmita su mensaje de una forma clara, sencilla, precisa y relevante, sin añadidos, sustracciones ni falsificaciones»[46].

El activismo

Este es la otra falsificación. Es el mensaje del evangelio de la vieja escuela social del liberalismo protestante que ha vuelto a prender hoy día al verse muchas iglesias urbanas obligadas a tratar con la pobreza y la injusticia. Este tipo de predicación se centra en la renovación corporativa de Cristo a costa de su obra salvífica personal, haciendo un énfasis exagerado en la obra corporativa del reino de Dios y restándoselo a la obra personal del Rey. Produce gente orientada a la causa cuyas vidas no están centradas en Cristo. En última instancia, este planteamiento sesga la capacidad de efectuar un verdadero cambio social porque el genuino comienza con un corazón transformado. El cuidado de los pobres, por ejemplo, es muy importante[47], pero no debería estar divorciado de Jesucristo ni del mensaje de salvación

---

[44] Gálatas 2:20: «He sido crucificado con Cristo, y ya no vivo yo sino que Cristo vive en mí. Lo que ahora vivo en el cuerpo, lo vivo por la fe en el Hijo de Dios, quien me amó y dio su vida por mí».

[45] Es importante predicar el texto tal como está escrito, es decir, considerar el género (profecía, narrativa, salmo, epístola, etcétera) para que sirva de guía a la hora de predicar sobre él.

[46] John Stott, *Preaching Between Two Worlds: The Challenge of Preaching Today* [Predicar entre dos mundos: el desafío de la predicación de hoy] (Grand Rapids: Eerdmans, 1994), 126.

[47] Véase Santiago 1:27; 1 Juan 3:17.

personal conectado con su vida, su muerte y su resurrección. Deberíamos trabajar por el bien de nuestras ciudades, servir a los pobres y luchar contra la injusticia y la opresión como señal del reino venidero y para demostrar que conocemos al Rey. Pero la predicación cristocéntrica no abandona la *naturaleza personal* del evangelio para centrarse simplemente en los *aspectos corporativos* del mismo. En su lugar, proporciona las razones máximas y el contexto más amplio para la misericordia motivada en el evangelio con respecto a los pobres y los oprimidos[48].

Una perspectiva general

Todas estas imitaciones tienen su atractivo. El moralismo y la autoayuda apelan a la voluntad; el relativismo, al corazón; y el activismo, a las manos. Pero, a fin de cuentas, solo la predicación cristocéntrica puede motivar a las personas de forma integral (cabeza, corazón y manos) para que amen a Cristo, a su pueblo y a su mundo.

El secreto de la predicación del evangelio es también la clave al modo de vivirlo. El evangelio ha de ocupar un lugar central en el corazón del predicador si debe permanecer como algo crucial en el púlpito. Su poder llega cuando es fundamental. Si se decanta por el moralismo o la autoayuda, podrá ayudar a la gente a que cambie de conducta, pero esto solo engendrará santurronería. (¡Yo soy mejor que ese tipo!) y una inseguridad radical delante de Dios (¿estaré siendo lo bastante fiel?). Semejante predicación producirá modificaciones externas, pero no provocará la transformación interna. La predicación liberal, relativista, incrementará la autoestima de las personas, pero nunca las desafiará a morir a sí mismos, para que puedan vivir de veras. Del mismo modo, la predicación activista puede mejorar la estructura cultural y social de su ciudad, pero dejará gente no regenerada y, por tanto, sujeta a una eternidad sin Cristo.

Mucha gente no se da cuenta, pero Jesús tenía una Biblia. Es lo que llamamos el Antiguo Testamento. Y la leía desde una perspectiva centrada en el evangelio. Según Lucas 24:45-46 (entre otros) Jesús dijo que, entendido correctamente, todo el Antiguo Testamento hablaba de él. Sabiendo que ambos Testamentos son inspirados por Dios

---

[48] En mi iglesia, *The Journey*, hemos iniciado un ministerio de justicia social para nuestra ciudad, y lo hemos llamado *Mission St. Louis*. Compruébelo en http://missionstl.org.

podemos decir con plena seguridad que toda la Biblia trata de Jesús y de su vida, su muerte y su resurrección[49]. A través de su vida perfectamente obediente, su cruel muerte y su poderosa resurrección, él es el héroe de toda la Biblia. Esta no trata principalmente de nosotros, sino acerca de Jesús. El evangelio es una anunciación de lo que Dios ha hecho por nosotros en Cristo.

> El evangelio quiere decir que lo que el hombre no puede hacer para que Dios lo acepte, este mismo Dios lo hizo por nosotros en la persona de Jesucristo. Para ser aceptos por Dios, debemos presentarle una vida de obediencia perfecta e incesante a su voluntad. El evangelio declara que Jesús lo hizo por nosotros. Para que Dios sea justo, tiene que ocuparse de nuestro pecado. Esto también lo hizo por nosotros en Cristo. Cristo vivió la santa ley de Dios por nosotros, y su castigo fue pagado de una forma perfecta por Cristo en nuestro nombre. La base sobre la que Dios nos acepta es la vida y la muerte de Cristo por nosotros, y solo esto[50].

Cerraremos este capítulo con una extensa cita de Tim Keller sobre cómo deberíamos leer la Biblia y pensar en Cristo, incluso cuando se trate del Antiguo Testamento:

> Jesús es el verdadero y mejor Adán que superó la prueba en el jardín y cuya obediencia se nos ha imputado a nosotros.
>
> Jesús es el verdadero y mejor Abel que fue asesinado siendo inocente y cuya sangre clama, no para que seamos condenados, sino para absolución.
>
> Jesús es el verdadero y mejor Abraham que respondió al llamado de Dios para que abandonara todo que le era cómodo y familiar y saliera a lo desconocido, sin saber adónde iba para crear un nuevo pueblo de Dios.
>
> Jesús es el verdadero y mejor Isaac que no solo fue ofrecido por su padre en la cima del monte, sino que fue verdaderamente sacrificado por nosotros. Y cuando Dios dijo a Abraham: «Ahora sé que me amas porque ni siquiera me has

---

[49] 2 Timoteo 3:16.
[50] Graeme Goldsworthy, *Gospel and Kingdom* [Evangelio y reino] (Carlisle, UK: Paternoster Press, 1994), 86.

negado a tu hijo, tu único hijo a quien amas», ahora podemos contemplar a Dios llevando a su Hijo a la montaña y sacrificándolo, y decirle: «Ahora sabemos que nos amas, porque no nos negaste a tu Hijo, tu Unigénito, a quien amas».

Jesús es el verdadero y mejor Jacob que luchó y recibió el golpe de la justicia que nosotros merecíamos, para que, como Jacob, solo recibiéramos las heridas de la gracia para despertarnos y disciplinarnos.

Jesús es el verdadero y mejor José quien, a la diestra del rey, perdona a quienes lo traicionaron y lo vendieron, y usa su nuevo poder para salvarlos.

Jesús es el verdadero y mejor Moisés que se alza en la brecha entre el pueblo y el Señor, y que media un nuevo pacto.

Jesús es el verdadero y mejor Roca de Moisés quien, golpeado con la vara de la justicia de Dios, ahora nos da agua en el desierto.

Jesús es el verdadero y mejor Job, el verdadero sufridor inocente que, mientras padece, intercede por sus estúpidos amigos y los salva.

Jesús es el verdadero y mejor David, cuya victoria se convierte en la del pueblo, aunque ellos nunca levantaran una sola piedra para conseguir el triunfo.

Jesús es el verdadero y mejor Ester que no solo se arriesgó dejando un palacio terrenal, sino que perdió el supremo y celestial y que no solo puso en peligro su vida, sino que la entregó por salvar a su pueblo.

Jesús es el verdadero y mejor Jonás que fue lanzado afuera en medio de la tempestad para que pudiéramos ser incorporados.

Jesús es la roca de Moisés y el Cordero Pascual verdaderos, inocentes, perfectos, indefensos, sacrificados para que el ángel de la muerte pasara de largo sobre nosotros. Él es el verdadero templo, el verdadero profeta, el verdadero sacerdote, el verdadero rey, el verdadero sacrificio, el verdadero cordero, la verdadera luz y el verdadero pan.

Ciertamente la Biblia no trata sobre nosotros... sino acerca de él[51].

---

[51] Esto está tomado de una charla que Tim Keller pronunció en la *Resurgence Conference* del 2006.

Incapaces de predicar a Cristo y a él crucificado, predicamos a la humanidad y mejoró. (Will Willimon)[1]

El clérigo no puede minimizar el pecado y mantener su propio papel en nuestra cultura. (Dr. Karl Menninger)[2]

La cruz [...] significa, como ninguna otra cosa pudiera hacerlo, la espantosa gravedad de nuestro pecado y, por consiguiente, la profundidad y la calidad de la penitencia que se nos exige y que solo su recordatorio y la apropiación de su significado pueden crear en nosotros. (John Knox)[3]

En una ocasión tomé el té con Martyn Lloyd-Jones en Ealing, Londres, y decidí formularle una pregunta que me tenía preocupado. «Dr. Lloyd-Jones —dije—, ¿cómo puedo definir si estoy predicando en la energía de la carne o en el poder del Espíritu?». Es muy sencillo —contestó, mientras yo me encogía. «Si estás predicando en la energía de la carne, te sentirás exaltado y elevado. Si lo haces en el poder del Espíritu, sentirás pavor y humildad». (Edmund Clowney)[4]

---

[1] Citado por Sidney Greidanus en *Preaching Christ from the Old Testament* [Predicar a Cristo desde el Antiguo Testamento] (Grand Rapids: Eerdmans, 1999), 34.
[2] Citado por John Stott en *The Cross of Christ* [La cruz de Cristo] (Downers Grove, IL: InterVarsity Press, 1986), 91.
[3] Citado por Greidanus en *Preaching Christ from the Old Testament* [Predicar a Cristo desde el Antiguo Testamento], 5.
[4] Edmund Clowney, *Preaching Christ in All of Scripture* [Predicar a Cristo en la totalidad de las Escrituras] (Wheaton: Crossway, 2003), 55.

11

Que expone el pecado

Una de las cosas que me atrajo, y a la vez me repelió, de la fe cristiana fue su doctrina del pecado. Cuando comencé a estudiar las Escrituras tomé conciencia de que uno de los principales componentes del mensaje cristiano consistía en mostrar, con todo lujo de detalle gráfico, la fealdad del pecado y cómo destruye a las personas creadas a imagen de Dios. Yo era un joven rebelde y, como tal, me di cuenta de que si el cristianismo era veraz, esto significaba que Dios tenía un grave problema conmigo a causa de mi pecado contra él. Si esto era así, yo también me enfrentaba a uno: la ira de Dios.

¿Qué es la ira?

En el primer capítulo de su carta a la iglesia romana, Pablo detalla específicamente la procedencia del pecado y la actitud de Dios hacia la transgresión humana. Define la reacción de Dios contra la injusticia, la incredulidad y el pecado humanos como *ira*. En Romanos 1 explica que cuando Dios les da a los seres humanos lo que quieren —libertad para perseguir las lujurias y los deseos que acaban por destruirlos— está ejecutando su ira[5]. Pero esta no es simplemente la consecuencia pasiva de nuestro pecado[6], sino que se refiere también al juicio activo de Dios con respecto a la transgresión. La ira es el «antagonismo constante, implacable, sin tregua y sin transigencia de Dios contra el mal en todas sus formas y manifestaciones»[7]. Él siente ira frente al pecado y la rebeldía humanas, porque es absolutamente santo y esta característica suya lo obliga a retroceder ante toda

---

[5] *Cf.* especialmente Romanos 1:24-32.
[6] Algunos argumentarían que la ira suele utilizarse de forma impersonal, es decir, separándola de Dios. Stott, *The Cross of Christ*, 105 hace algunas reflexiones muy útiles sobre este punto: «Sin lugar a dudas, a veces se utiliza la palabra sin una referencia explícita a Dios, y con o sin el artículo definido; sin embargo, tanto Pablo como Juan también emplean la expresión "la ira de Dios" sin ningún reparo [...]. Pablo no adopta locuciones impersonales para afirmar que Dios no se enoje nunca, sino para hacer hincapié en que su ira está desprovista de cualquier matiz de malicia personal [...]. Así como *charis* significa la clemente actividad personal de Dios mismo, *orgè* representa su hostilidad, igualmente personal, hacia el mal».
[7] *Ibíd.*, 173.

maldad, y provoca su oposición. La Biblia enseña que todo aquel que no haya recibido la misericordia de Dios es objeto de su ira[8]. La ira no debería compararse con algún tipo de justicia o venganza poética que se pueda ver en la cadena *Lifetime*. Tampoco se trata de una rabieta vengativa que se apodere de Dios en algunas ocasiones. Como explica Stott: «Dios está absolutamente libre de toda animosidad o rencor personal; de hecho, mantiene a la vez un amor invariable por el ofensor [...]. La santidad de Dios expone el pecado; su ira se opone a él»[9]. La existencia del mal y del pecado ocasiona la ira. La transgresión apartó a la creación del Creador y necesitó y causó la muerte de Cristo. Para Dios, constituye un asunto muy grave y de ahí su iracunda disposición hacia el pecado[10]. Como declara Jack Miller, «la total existencia del hombre carece de gloria. Como imagen de Dios, fue creado para reflejar el esplendor del Creador con toda precisión. Sin embargo, en la actualidad solo vive para honra y alabanza de sí mismo y para los productos idólatras de su mente y sus manos. Nadie está excluido de esta condenación»[11].

¿Qué es el pecado?

Existe una multitud de razones por las que el mensaje del evangelio es en extremo impopular. En la cúspide se halla una dolorosa realidad: las Escrituras definen, una y otra vez, lo que está bien y lo que no, a modo de un árbitro que canta bolas y *strikes*. En Proverbios, por ejemplo, los escritores pasan mucho tiempo llamando la atención a gente que comete pecados concretos, mediante la utilización políticamente incorrecta de nombres como «prostituta», «holgazán» y «necio»[12]. Las Escrituras están llenas de ejemplos en cuanto a qué conducta está dentro de los límites y cuáles los sobrepasan en lo que

---

[8] «El que cree en el Hijo tiene vida eterna; pero el que rechaza al Hijo no sabrá lo que es esa vida, sino que permanecerá bajo el castigo de Dios» (Juan 3:36).
[9] Stott, *The Cross of Christ* [La cruz de Cristo], 106.
[10] Hoy día, a muchos les resulta difícil entender cómo Dios puede ser completamente bueno y, a pesar de ello, sentir ira frente al mal. La bondad y la ira, sin embargo, no son incoherentes. Los padres que sienten ira al descubrir que su hijo ha sido objeto de abuso no lo hacen a pesar de ser buenas personas, sino precisamente porque lo son. En su bondad, retroceden contra el mal cometido contra sus hijos. Del mismo modo, Dios siente ira porque es absolutamente santo, justo y bueno. Si no sintiera ira, no sería Dios.
[11] C. John Miller; *Repentance and the 20th Century Man* [El arrepentimiento y el hombre del siglo XX] (Ft. Washington, PA: Christian Literature Crusade, 1998), 73.
[12] Por ejemplo, *cf.* Proverbios 6:6-9; 6:26; 19:24; 10:10; 12:16; etc.

respecta a la sexualidad, el dinero, el poder y otros ámbitos de la vida humana. Aunque a lo largo de toda la Palabra de Dios se manifiesta su amor apasionado por su pueblo, es precisamente este sentimiento el que no le permite pasar por alto nuestro pecado.

Todo esto nos lleva a la siguiente pregunta: ¿Qué es exactamente el pecado? No es necesario tener una licenciatura de la Universidad de Harvard para entender que en este mundo existe algo terriblemente incorrecto. La culpa de la condición en que se halla nuestro mundo se atribuye a muchos factores: la erosión de la familia, la falta de educación, la guerra, un pobre liderazgo gubernamental. Nuestro mundo está hecho un desastre y los problemas sistémicos en estos ámbitos solo son un apartado más entre un millar. ¿Pero cuál es la raíz de nuestros problemas aquí, en la «tercera roca desde el sol»*? Es el pecado.

El Nuevo Testamento utiliza un término que describe la naturaleza del pecado en el individuo: la *carne*. Con esta palabra no solo se refiere a nuestros cuerpos físicos, sino a esa parte nuestra que aún no está sometida a la ley de Dios[13]. Asimismo, describe la naturaleza corporativa del pecado: el *mundo*. Este quizás se describe mejor en 1 Juan 2:16: «Porque nada de lo que hay en el mundo —los malos deseos del cuerpo, la codicia de los ojos y la arrogancia de la vida— proviene del Padre sino del mundo». El mundo es el producto de muchos individuos que viven en su carne, sin someterse a Dios. En la «carne» y en el «mundo» vemos el impacto y el resultado del pecado. De modo que sabemos que el pecado es individual (privado) y corporativo (público), pero sigue siendo necesario que determinemos concretamente lo que significa pecar contra Dios.

Pecar es vivir independientemente de Dios

Mucho se ha especulado sobre lo que causó exactamente que Adán y Eva pasaran de la perfección a la imperfección, de ser amigos de Dios a ser sus enemigos. Muchos concuerdan en que su rebeldía se manifestó en su acto de desobediencia al comer del fruto prohibido, pero existe discrepancia sobre la motivación suprema que subyace en

---

* La tercera roca desde el sol es la traducción de la película original «3rd Rock from the Sun» de 1996, que se estrenó en España como «Cosas de marcianos» y en América Latina con el nombre de «Tierra, la tercera roca». [N.T.].

[13] *Cf.* Romanos 8:7: «La mentalidad pecaminosa es enemiga de Dios, pues no se somete a la ley de Dios, ni es capaz de hacerlo».

este acto. Una de las formas de considerar lo que hicieron consiste en contemplar su deseo de *independencia*. Escogieron comer el fruto y desobedecer a Dios, y a esto le precedía su elección de vivir independientemente de él. Desde ese momento en adelante, este ha sido el máximo problema de todo ser humano: desear e intentar vivir de forma independiente de Dios. Como explica Stott: «Hemos rechazado la posición de dependencia que implica inevitablemente nuestra condición de seres creados, y hemos apostado por la independencia»[14]. En un sentido real, todos los seres humanos han dicho: «Dios, te agradezco que me hayas creado y me hayas dado tus mandamientos para que pueda disfrutar de ti y de mi vida, pero no gracias. Ahora me encargo yo. Estableceré mis propios estándares, obedeceré mis reglas y seré mi propio dios». En el corazón del pecado se halla el sentimiento de que los mandamientos de Dios son una carga contra la que hay que rebelarse, y no una bendición para obedecer[15].

Otra forma de hablar sobre una vida independiente de Dios es el orgullo. Vemos su origen en el jardín del Edén. Adán y Eva consideraron que Dios y su Palabra eran insuficientes. Escogieron en su lugar prestarle oído a la Serpiente, confiar en sus propios instintos y deseos de definir el bien y el mal, y ser los árbitros de la verdad. El orgullo es arrogancia, y equivale a un rechazo sistemático de reconocer a Dios y someterse a él[16].

Cuando Adán y Eva pecaron, perdieron su inocencia y esto quedó patente en el hecho de que se vistieron inmediatamente con hojas de higuera. En lugar de acudir a Dios y arrepentirse, buscando su perdón y su ayuda, intentaron cubrir su pecado y expiarlo mediante su propio esfuerzo con un modelo de *Fruit of the Looms* en hojas de higuera. Huyeron de Dios con la esperanza de poder salvarse ellos mismos de su pecado. Esto es prepotencia, el intento y la presunción de justicia al margen de Dios. El orgullo se expresa a menudo con la arrogancia[17].

---

[14] Stott, *The Cross of Christ* [La cruz de Cristo], 90.

[15] La idea de que los mandamientos de Dios son una carga y que resultan demasiado difíciles es, desde luego, una mentira. En 1 Juan 5:3 leemos: «En esto consiste el amor a Dios: en que obedezcamos sus mandamientos. Y éstos no son difíciles de cumplir». Santiago 1:25 promete que quien practica la Palabra de Dios «recibirá bendición». No hay forma de sentirse más realizado y dichoso que vivir según los mandamientos de Dios (*cf.* Sal 1:1-2).

[16] El salmista describe a la persona autosuficiente: «El malvado levanta insolente la nariz, y no da lugar a Dios en sus pensamientos» (Sal 10:4).

[17] «Todos los que viven por las obras que demanda la ley están bajo maldición, porque está escrito: "Maldito sea quien no practique fielmente todo lo que está escrito en el libro de la ley". Ahora bien, es evidente que por la ley nadie es justificado delante de Dios, porque "el justo vivirá por la fe"» (Gá 3:10-11).

El pecado es autoprotección

Las hojas de higuera no solo ayudaron a que Adán y Eva se escondieran de Dios, sino también el uno del otro. Formaban una barrera que no debía existir. Se cubrieron para no reconocer su pecado, pero esta acción también hizo que se separaran el uno del otro. El pecado es autoprotección y esta es la consecuencia del pecado sobre la comunidad humana. En vez de decir con libertad quiénes somos —nuestros deseos, heridas y preocupaciones— nos contenemos porque tememos el rechazo, el juicio o que nos malinterpreten, o todas estas cosas juntas. Y es pecado porque viola la intención de Dios para la auténtica comunidad humana expresada en el mandamiento neotestamentario de dejar que otros lleven nuestras cargas[18].

Cuando Dios hizo que Adán afrontara su pecado, este culpó a su esposa de haberlo tentado y a él, en primer lugar, por introducir a Eva en su vida[19]. Esto es interesante porque Adán compuso precisamente la primera canción de amor en la historia humana, alabando a Eva y dando gracias a Dios por el gran regalo de una esposa[20]. Al ver que Dios le pedía cuentas por su pecado, Eva acusó a Satanás[21]. Vemos cómo, desde el principio, el pecado es un autoengaño que hace que nos consideremos víctimas y culpemos a otros de nuestras propias vilezas.

El pecado es quebrantar la ley de Dios

En el centro mismo del pecado se halla la elección de quebrantar, deliberadamente, el mandamiento revelado de Dios. Robert Peterson escribe: «A pesar de la aversión moderna por el uso de categorías legales en la religión, la Biblia describe a Dios como Juez y al pecado como una violación de su ley»[22]. «El pecado es cualquier falta de conformidad a la ley de Dios o su transgresión»[23]. Es rebeldía en contra de Dios por medio del desprecio voluntario de su ley. Es interesante que el Diccionario de la Lengua Española define el pecado como

---

[18] Gálatas 6:2.
[19] Génesis 3:12.
[20] Génesis 2:23.
[21] Génesis 3:13.
[22] Robert Peterson, *Hell on Trial: The Case for Eternal Punishment* [El infierno a juicio: El caso del castigo eterno] (Phillipsburg, NJ: P&R Publishing, 1995), 47.
[23] Catecismo Menor de Westminster, pregunta 14.

«transgresión voluntaria de preceptos religiosos; priva al hombre de la vida espiritual de la gracia y lo hace enemigo de Dios».

El Nuevo Testamento utiliza varios términos para describir la realidad del pecado. Uno de ellos es *jamartía*, que significa «errar el blanco». Santiago lo utiliza para describir la transgresión cuando escribe: «Así que comete pecado todo el que sabe hacer el bien y no lo hace» (Stg 4:17)[24]. Otro vocablo común es *adikía*, que quiere decir «injusticia». El apóstol Pablo lo emplea en Romanos 1:18, cuando advierte: «Ciertamente, la ira de Dios viene revelándose desde el cielo contra toda impiedad e injusticia de los seres humanos, que con su maldad obstruyen la verdad»[25]. Y existe una palabra más, *paráptoma*, cuyo significado es «traspasar, cruzar un límite conocido». Pablo lo utiliza al describir el pecado de Adán cuando declara que «por la transgresión de un solo hombre murieron todos» (Ro 5:15)[26]. Un último término es *anomía*, es decir «maldad, violación de una ley que se conoce». El apóstol Pablo lo utiliza cuando pregunta: «¿Qué tienen en común la justicia y la maldad?»[27]. Pecar es, sencillamente, quebrantar la ley justa y revelada de Dios.

El pecado es pasión mal encaminada

En cierta ocasión, desafiaron a Jesús en cuanto a la naturaleza de la ley de Dios, recogida en los Diez Mandamientos. Él resumió los cuatro primeros exhortando a los hiperfundamentalistas de su día a amar a Dios con todo su corazón, alma y mente. A continuación, hizo lo mismo con los seis restantes encerrándolos en el único mandato de amar al prójimo tanto como a sí mismos. En este resumen, Jesús nos está señalando algo importante sobre la naturaleza del pecado: cuando nuestro amor por algo o alguien es superior al que sentimos por Dios y por los demás, estamos pecando. Cuando no amamos a Dios con todo lo que somos, pecamos. Cuando algo nos apasiona más que Dios, es pecado. Cuando no lo amamos a él como exige que lo hagamos, ni a los demás como merecen ser amados por haber sido creados a imagen de Dios, estamos pecando.

---

[24] *Cf.* también Mateo 12:31; Juan 8:11; Romanos 5:12; 1 Juan 3:4.
[25] *Cf.* también Juan 7:18; 2 Tesalonicenses 2:12.
[26] *Cf.* también Romanos 5:20; 11:12.
[27] *Cf.* también Romanos 6:19; 1 Juan 3:4.

El resultado de nuestra pasión mal encaminada no es meramente que no amamos a Dios, sino que empezamos a amar otras cosas en su lugar. Este es el punto que Sören Kierkegaared expone en su libro tan difícil de leer *The Sickness unto Death*. Aunque entraremos en esta idea con más detalle en el próximo capítulo, es importante que mencionemos aquí que es pecado acudir a algo que no sea Jesucristo para conseguir nuestra relevancia principal y nuestra seguridad inicial. Nuestra tendencia humana es recurrir a una persona, un producto, un estilo de vida o una afición que nos haga sentir importantes en lo personal, conectados con lo emocional y satisfechos en lo social. Comenzamos a experimentar un *desorden* en nuestros amores, como observó San Agustín. Nuestra pasión nos retira de Dios, pero nos conduce a algo, o alguien, que debe funcionar como él para que nosotros podamos estar tranquilos[28]. Esta idea también la consideraremos de una forma más completa en el próximo capítulo, pero lo que necesitamos saber por el momento es que la proclamación del evangelio que hace la iglesia debe orientar a la gente de vuelta a su amor principal. Este tipo de predicación no solo requiere una exposición relevante de la gracia y la misericordia de Dios, sino también la exposición significativa de nuestro fracaso e incapacidad de guardar los mayores mandamientos.

La predicación es un mensaje que expone el pecado

Las Escrituras son extremadamente claras sobre lo que Dios ama y lo que aborrece, de ahí que resulten tan ofensivas para la gente. Jesús nos advierte que esta ofensa llegará a ser tan fuerte en algunas ocasiones, que hará que se nos persiga cuando oigan la proclamación[29]. Aunque en la mayoría de los países del mundo el gobierno no le haría daño ni lo mataría por predicar el evangelio, la realidad es que seremos perseguidos de un modo u otro. En la cultura occidental casi cualquier conversación sobre el pecado acabará en burla, ridículo y difamación. En realidad, el único «pecado» que nuestra cultura señala y expone es decir que algo es pecado.

---

[28] Cuando digo descansar, no me refiero a un reposo reparador, sino a un descanso idólatra. San Agustín dio en el clavo cuando afirmó: «… nuestro corazón estará inquieto hasta que descanse en ti».

[29] Mateo 5:11-12: «Dichosos serán ustedes cuando por mi causa la gente los insulte, los persiga y levante contra ustedes toda clase de calumnias. Alégrense y llénense de júbilo, porque les espera una gran recompensa en el cielo. Así también persiguieron a los profetas que los precedieron a ustedes».

A pesar de ello, es evidente que debemos predicar las Escrituras y resaltar tanto el pecado de la iglesia como el de la cultura. Si no existe un desafío para el corazón pecaminoso, no existe predicación alguna del evangelio. Si no hay expiación en el perdón de los pecados, no se está predicando el evangelio. Si no hay gozo en la victoria de Cristo sobre el pecado que mora en la persona, no hay predicación del evangelio. Las predicaciones contemporáneas tienden a suavizar la ofensa del evangelio para que su mensaje sea más agradable a las susceptibilidades modernas[30]. Minimizamos el pecado para poder reducir al mínimo la ofensa. Sin embargo, al actuar de este modo corrompemos la Palabra de Dios con términos humanos, cometemos el pecado de la idolatría y les robamos a las personas el gozo del perdón que se halla en el evangelio.

Al decir que debemos predicar las leyes de Dios no me estoy refiriendo a que tengamos que hacerlo de un modo legalista. La ley de Dios[31] tiene muchas funciones. Protegió a la nación de Israel ayudándolos a apartarse moralmente de los demás países paganos y de este modo, tener su propio testimonio[32]. Disuadió a los malvados de pecar y refrenó el mal dentro de la sociedad israelita. Asimismo, llama por nombre nuestro pecado[33] agitando nuestra profunda rebeldía y exponiendo la honda depravación de nuestros corazones[34], a diferencia de mi hijo pequeño que obedece claramente «mi ley» de no jugar en el baño durante un minuto, y tres segundos más tarde está jugando con la taza del inodoro. La ley también nos revela el corazón de Dios y la norma para vivir como creyente. Finalmente, la ley nos conduce a Jesús[35].

En última instancia, la ley nos apalea y nos deja sin esperanza porque pone de manifiesto nuestra incapacidad de vivir según los estándares de Dios[36]. Aunque la ley nos enseña sobre el corazón de Dios y cómo vivir de una forma sabia y justa en un mundo corrupto,

---

[30] Esto es sumamente parecido a la situación que Pablo trata en 2 Timoteo 4:3: «Porque llegará el tiempo en que no van a tolerar la sana doctrina, sino que, llevados de sus propios deseos, se rodearán de maestros que les digan las novelerías que quieren oír». No convierta a su iglesia en el cumplimiento de esta profecía.
[31] En la tradición reformada, la ley del Antiguo Testamento se ha subdividido en tres categorías: la civil, la ceremonial y la moral. Esta es una forma de entender la continua relevancia de la ley para los cristianos modernos. En términos de usos de la ley, esta tradición se ha centrado, por lo general, en tres: (1) la ley expone el pecado; (2) la ley refrena el mal; y (3) la ley es un manual para los creyentes.
[32] Deuteronomio 4:6-8.
[33] Romanos 7:7.
[34] Romanos 7:8.
[35] Gálatas 3:23-24.
[36] Romanos 3:23.

la verdad es que nuestro pecado nos impide seguir la ley al pie de la letra. Esta realidad se hace patente en que el mismo Dios que dio la ley, también proporcionó un sistema sacrificial que se ocupara de nuestra desobediencia a dichas normas. Por tanto, predicar sobre la ley provocará inevitablemente nuestra necesidad de un Salvador[37].

Si usted no sabe cuán sucio está, no sentirá la necesidad de un baño. Si desconoce lo pecaminoso que es, no necesita la salvación. «Solo aquel que conoce la inmensidad de la ira se dejará dominar por la grandeza de la misericordia»[38]. La predicación que expone el pecado ayuda a las personas a afrontar su pecado y su enorme necesidad de un Salvador.

La predicación que expone el pecado obra con el Espíritu Santo en la vida del oyente para producir la convicción y el arrepentimiento del pecado. Es importante notar las tres dinámicas internas que ocurren cuando un individuo se ve enfrentado a la ley. Algunos se sienten simplemente culpables, es decir, se sienten mal pero no quebrantados. Otros perciben una sensación de condena que implica sentirse quebrantado, pero no esperanzado. Por otra parte, la convicción produce verdadera contrición de corazón, a la vez que lo atrae al gozo de aceptar a Cristo y abandonar el pecado[39].

El mensaje del evangelio pone de manifiesto nuestro pecado, pero no acaba aquí. Kierkegaard se quejó en una ocasión de que la predicación que oía en su tiempo era como si alguien leyera un libro de cocina ante una persona famélica[40]. Si nos limitamos a exponer el pecado, caeremos bajo la crítica de Kierkegaard. Debemos, también,

---

[37] Esta perspectiva debe tomarse en consideración en la forma de elegir los textos bíblicos sobre los que predicar. Dado que toda la Biblia es la Palabra de Dios, no debemos silenciar los textos duros, sino más bien permitir que nos corrijan. William H. Willimon, *Pastor: The Theology and Practice of Ordained Ministry* [El pastor: la teología y la práctica del ministerio ordenado] (Nashville: Abingdon Press, 2002), 126, nos proporciona algunas palabras útiles: «Debemos leer la Biblia de manera más cuidadosa y respetuosa que recurrir a ella para hurgar, escogiendo y picoteando lo que consideramos posible y permisible dentro de nuestro contexto actual. Proceder de este modo significa no alinear nuestras vidas con el testimonio de los santos, sino, en palabras de Barth, "adornarnos con sus plumas". La tentación consiste en descartar lo que nos incomoda o lo que no encaja fácilmente en nuestro actual esquema conceptual de cosas. Por tanto, una pregunta hermenéutica adecuada no se limita a "¿Qué significa el texto?", sino más bien "¿De qué forma me pide este texto que yo cambie?"».

[38] La cita completa es: «"No creemos que el pecado provoca la ira de Dios, en parte, porque no produce ningún enojo en nosotros" [...], "donde la idea de la ira de Dios se pasa por alto, tampoco habrá comprensión de la concepción fundamental del evangelio: la unicidad de la revelación en el Mediador". De manera similar, "solo aquel que conoce la inmensidad de la ira se dejará dominar por la grandeza de la misericordia"» (Stott, *The Cross of Christ*, 109).

[39] *Ibíd.*, 101: «Recuperar los conceptos de pecado, responsabilidad, culpa y restitución humanos, sin rescatar de forma simultánea la confianza en la obra divina de expiación produce una trágica distorsión. Es como un diagnóstico sin prescripción, la futilidad de la autosalvación en lugar de la salvación de Dios, y el despertar una esperanza para volver a hacerla añicos».

[40] Willimon, *Pastor*, 148.

apuntar a Cristo, al perdón y la santidad que él proporciona. Si destacamos el pecado sin magnificar a Cristo, hemos fallado. «Una conciencia culpable es una gran bendición, pero solo si nos conduce por el camino que lleva a casa»[41]. El objetivo de la predicación que expone el pecado es ayudar a que las personas se aparten de su pecado y se dirijan al gozo y al perdón que solo se hallan en el evangelio.

---

[41] Stott, *The Cross of Christ* [La cruz de Cristo], 98.

Lo opuesto al evangelio es la idolatría. (Mark Driscoll)[1]

Cuando intentamos que Dios encaje dentro de la película de nuestra vida, el argumento es del todo incorrecto; y no solo eso, sino que resulta trivial. Cuando se nos saca de nuestro propio drama y se nos da un papel en su incipiente trama, nos convertimos en parte de la historia más extraordinaria jamás contada. (Michael Horton)[2]

El corazón humano es una fábrica. (John Calvin)[3].

[1] Mark Driscoll, *Death by Love: Letters from the Cross* [Muerte por amor: cartas desde la cruz] (Wheaton: Crossway, 2008), 92.
[2] Michael Horton, *Christless Christianity: the Alternative Gospel of the American Church* [Cristianismo sin Cristo: el evangelio alternativo para la iglesia estadounidense] (Grand Rapids: Baker; 2008), 94.
[3] Juan Calvino, Institución de la religión cristiana, 1.11.

12

Que destroza a los ídolos

Como ya debatimos en el último capítulo, la Biblia es muy clara en su definición y denuncia del pecado. Sin embargo, podernos ir aun un poco más allá: ¿qué tipo de pecado, o pecados, denuncia la Biblia en particular? Cabría esperar que el que más se censurara fuera el de índole sexual, la injusticia o el asesinato. Aunque estos sean pecados a los que se haga frente y se desafíen, la transgresión que se denuncia con mayor frecuencia y fuerza en las Escrituras es la idolatría[4].

A lo largo de las Escrituras se nos advierte sobre los peligros de los ídolos y también de nuestra propensión hacia la creación de los mismos. A continuación unos pocos ejemplos:

- *Levítico 19:4:* «No se vuelvan a los ídolos inútiles, ni se hagan dioses de metal fundido. Yo soy el Señor su Dios».
- *Isaías 42:8:* «Yo soy el Señor; ¡ése es mi nombre! No entrego a otros mi gloria, ni mi alabanza a los ídolos».
- *Jonás 2:8:* «Los que siguen a ídolos vanos abandonan el amor de Dios».
- *Habacuc 2:18:* «¿De qué sirve una imagen, si quien la esculpe es un artesano? ¿De qué sirve un ídolo fundido, si tan sólo enseña mentiras? El artesano que hace ídolos que no pueden hablar sólo está confiando en su propio artificio».
- *1 Corintios 10:14:* «Por tanto, mis queridos hermanos, huyan de la idolatría».

Las raíces de la idolatría se remontan hacia atrás, hasta llegar a los orígenes. Adán y Eva fueron creados para adorar y servir tan solo

---

[4] «No existe un cargo más grave en la Biblia que la idolatría. Requería el más severo de los castigos, provocaba la polémica más desdeñosa, impulsaba la medida más extrema de evitación, y se le consideraba como la principal característica identificativa de quienes constituían la antítesis misma del pueblo de Dios». Brian S. Rosner, «Idolatry» en *New Dictionary of Biblical Theology: Exploring the Unity and Diversity of Scripture* [Nuevo diccionario de teología bíblica: exploremos la unidad y la diversidad de las Escrituras], ed. T. Desmond Alexander, Brian S. Rosner, D. A. Carson, and Graeme Goldsworthy (Downers Grove, IL: InterVarsity, 2000), 570.

a Dios. No los creó porque estuviera solo, o porque los necesitara, sino para amar a Dios y disfrutar de él. Sus vidas no debían consistir simplemente en vivir una adoración vertical hacia Dios, sino también horizontal mediante el gobierno de su creación y bajo su autoridad[5].

Un día, mientras Adán y Eva amaban a Dios y disfrutaban de él, Satanás, el engañador, se acercó a nuestros primeros padres y, básicamente, les vino a decir: «Ustedes no pueden confiar de veras en Dios. Es tan restrictivo, tan mandón, tan absorbido por su propio programa. Tienen que hacerme caso y hacerse cargo de sus vidas para que así aseguren su propia felicidad»[6]. Nuestros padres decidieron, por desgracia, que no podían encomendar su bienestar y su dicha a Dios, de modo que asumieron el control de sus propias vidas depositando su confianza en «el padre de la mentira»[7] por encima del «Padre de la luz»[8].

Los teólogos suelen describir típicamente esta rebeldía original como «la caída»[9]. Aunque no pongo objeción a esta terminología, podría ser un tanto simplista a la hora de entender la naturaleza del pecado. Adán y Eva no cayeron en el pecado como quien se desploma en una zanja ni tampoco se contagiaron del pecado como uno podría infestarse de fiebre porcina. Hicieron una elección fundamental que los llevó a romper su relación con Dios. Aquella decisión fue su primer acto de idolatría, porque pusieron voluntariamente su confianza, relevancia, identidad, seguridad y futuro en algo que no era Dios. Cuando Pablo describe la raíz de la rebeldía humana, no se refiere al pecado como un mero quebrantamiento de la ley, sino más bien como un intercambio de adoración: «Cambiaron la gloria del Dios inmortal por imágenes»[10].

---

[5] Génesis 1:26, 28.
[6] Génesis 3:1-5.
[7] Juan 8:44.
[8] Santiago 1:17.
[9] Históricamente, los cristianos se han referido a la desobediencia de nuestros primeros padres desde el tiempo de los padres de la iglesia. Louis Berkhog, *Systematic Theology* [Teología sistemática] (Grand Rapids; Eerdmans, 1932, 1996 reedición), 219 observa que «la idea de que [el origen del mal] se inició por la transgresión voluntaria y la caída de Adán en el Paríso ya se encuentra en los escritos de Ireneo».
[10] Romanos 1:23.

La idolatría consiste en intercambiar y reemplazar el objeto de adoración adecuado

La más clara expresión del deseo y la dirección de Dios para su pueblo puede hallarse en los Diez Mandamientos. Estas normas en cuanto a la moralidad humana son las leyes de Dios, la conducta que nutre nuestra relación de pacto con él. Curiosamente, tres de los Diez Mandamientos tienen que ver con el pecado de la idolatría. El primer mandamiento dice que Dios exige una adoración exclusiva porque él es Señor de la Tierra, y esto se oponía a la sabiduría prevaleciente del antiguo Oriente Próximo de que las deidades solo servían a naciones o regiones particulares. «No tengas otros dioses además de mí», dice Yahvé[11]. El segundo mandamiento es una advertencia en contra de crear y adorar a un dios según nuestro deseo, en lugar de adorar al Dios verdadero tal cual es[12]. El último mandato dice, en realidad, no codicies: no desees la casa de tu prójimo, ni sus cosas, ni su mujer, ni nada de lo que tenga, más que a Dios[13]. El Nuevo Testamento vincula claramente la codicia con el mayor pecado de idolatría[14]. Estas tres órdenes hablan, por tanto, de la tentación de tomar a «dioses impostores» (falsos: personas y cosas) y colocarlos en el lugar de adoración reservado tan solo a Dios.

Aquello que situemos en el lugar de Dios cautiva nuestra imaginación y nuestro corazón, y nos hace siervos de nuestro propio objeto de adoración. En realidad, la palabra adoración en inglés *worship* deriva de una antigua expresión inglesa «*worth shape*» [moldeado del valor] que implica que el objeto de nuestra adoración (nuestro valor) nos moldeará necesariamente de una forma total. Nuestro objeto de adoración será siempre la primera influencia sobre nuestros pensamientos, emociones, actos y, por supuesto, nuestras vidas. Por esta razón no podemos servir a Dios y también a los ídolos. En última instancia, adoramos a Dios o a los ídolos. Como declara el

[11] Éxodo 20:3: «No tengas otros dioses además de mí».
[12] Éxodo 20:4-5: «No te hagas ningún ídolo, ni nada que guarde semejanza con lo que hay arriba en el cielo, ni con lo que hay abajo en la tierra, ni con lo que hay en las aguas debajo de la tierra. No te inclines delante de ellos ni los adores. Yo, el Señor tu Dios, soy un Dios celoso. Cuando los padres son malvados y me odian, yo castigo a sus hijos hasta la tercera y cuarta generación».
[13] Éxodo 20:17: «No codicies la casa de tu prójimo: No codicies su esposa, ni su esclavo, ni su esclava, ni su buey, ni su burro, ni nada que le pertenezca».
[14] Colosenses 3:5: «Por tanto, hagan morir todo lo que es propio de la naturaleza terrenal: inmoralidad sexual, impureza, bajas pasiones, malos deseos y avaricia, la cual es idolatría». *Cf.* también Efesios 5.5: «Porque pueden estar seguros de que nadie que sea avaro (es decir, idólatra), inmoral o impuro tendrá herencia en el reino de Cristo y de Dios».

salmista: «¿Quién puede subir al monte del Señor? ¿Quién puede estar en su lugar santo? Sólo el de manos limpias y corazón puro, el que no adora ídolos vanos ni jura por dioses falsos»[15].

En muchas ocasiones el salmista conecta la adoración con la gloria[16]. Adorar es glorificar algo. Anteriormente hablamos del término hebreo *kavod* (gloria), que conlleva la idea de peso, sustancia o suprema importancia. Los ídolos son objetos o personas a quienes atribuimos una atención poco común. Son cosas que glorificamos aparte de Dios. Es algo que consigue más gloria, peso e importancia a nuestros ojos que Dios. El núcleo central del pecado es el sacrificio de nuestro amor por (y de) Dios con el fin de perseguir y aceptar a falsos amantes[17].

Muchos versículos describen a los ídolos como seductoras que nos encandilan y nos empujan a una completa intoxicación, esclavitud y dependencia[18]. Roban el amor que debería dirigirse solo a Dios. Pero esto no nos exime de responsabilidad por nuestras trágicas elecciones. En la idolatría intercambiamos de manera voluntaria lo que nuestros corazones deberían amar, por una prostituta barata. Dado que el objeto de nuestra adoración es lo que cautiva a nuestro corazón e imaginación, inevitablemente nos convertimos en sus amantes. Si es Dios quien conquista nuestro corazón e imaginación, entonces lo adoramos y lo amamos a él. Cuando es otra cosa la que se hace con estas dos partes nuestras, será a ella a quien adoremos y amemos.

La idolatría es atribuirle a cosas creadas el lugar de Dios y adorarlas

Pablo afirma en Romanos 1 que en la idolatría adoramos a las cosas creadas y no a nuestro Creador[19]. De esta forma, se trata de una inversión de la intención de Dios en la creación[20]. En lugar de adorarlo a él

---

[15] Salmo 24:3-4.
[16] Véanse, por ejemplo, Salmo 8:1; 24:7; 26:8; 29:1; 57:11; 66:2; 71:8; 145:11.
[17] «Por tanto, adviértele al pueblo de Israel que así dice el Señor omnipotente: "¡Arrepiéntanse! Apártense de una vez por todas de su idolatría y de toda práctica repugnante"» (Ez 14:4-6, sobre todo el v. 6). «Han cometido adulterio con sus ídolos» (Ez 23:37). «Así dice el Señor omnipotente: Has expuesto tus vergüenzas y exhibido tu desnudez al fornicar con tus amantes y con tus malolientes ídolos...» (Ez 16.36).
[18] Por ejemplo, Salmo 106:36: «Ellos rindieron culto a sus ídolos y se les volvieron una trampa».
[18] Romanos 1:25: «Cambiaron la verdad de Dios por la mentira, adorando y sirviendo a los seres creados antes que al Creador, quien es bendito por siempre. Amén».
[20] Os Guinness y John Seel, eds., No God but God: Breaking with the Idols of Our Age [No Dios sino Dios: Rompiendo con los ídolos de nuestra era] (Chicago: Moody, 1992), 32.

y gobernar sobre la creación, adoramos a estas cosas y nos dejamos mandar por ellas. Nos convertimos en administradores injustos cuando deberíamos ser fieles mayordomos. Nuestra posición tendría que ser la de amos, pero nos convertimos en esclavos porque nos gobierna forzosamente aquello que adoramos. Cualquier cosa que coloquemos en el centro de nuestros corazones se convertirá en el moldeador de nuestros valores y en el director principal de nuestras vidas[21].

Siguiendo la cadena de razonamiento de Pablo en Romanos 1, la adoración es inevitable para los seres humanos. Cuando dejamos de adorar a Dios, no dejamos de hacerlo por completo, sino que le buscamos un substituto y lo ponemos en su lugar. Esto significa que todo el mundo es adorador de corazón. Sencillamente se nos creó para situar algo externo a nosotros mismos en el centro de nuestro ser. Como escribe Mark Driscoll: «Todos somos adoradores por la simple razón de que Dios nos hizo con ese propósito y no podemos impedirlo»[22]. El hecho de nuestra adoración no cambia, solo los dioses a quienes veneramos.

Esta es una realidad radical: todo ser humano del planeta es un adorador. Los hombres convierten el conocimiento, el poder, la fama, la música, el dinero, el sexo, los deportes, las aficiones, el trabajo y los juguetes en objetos de su adoración, su enfoque máximo y su identidad fundamental. Esto es como decir que siempre están adorando a algo: Dios o cualquier otra cosa en su lugar. Martín Lloyd-Jones define como ídolo «cualquier cosa que en mi vida ocupe el sitio que solo Dios debería llenar; cualquier cosa que tenga tal control en mi vida que me conmueva, me entusiasme y me atraiga con tanta facilidad que yo le entregue mi tiempo, mi atención, mi energía y mi dinero sin el menor esfuerzo»[23].

El corazón humano fue hecho para adorar a alguien fuera de sí mismo y, por tanto, busca continuamente un lugar donde *descansar*, un objeto sobre el cual establecer su esperanza. Sencillamente debemos ir a alguien o algo para sentirnos en paz. Las Escrituras enseñan que los seres humanos acabarán por recurrir a Dios o a cualquier

---

[21] Muchas gracias a Tim Keller por todas sus lúcidas reflexiones durante los años, tanto por medio de sus enseñanzas como en sus conversaciones personales, incluyendo las relacionadas con la idolatría. Él más que nadie me ha permitido entender el doloroso pecado.
[22] Driscoll, *Death by Love* [Muerte por amor], 92.
[23] Martín Lloyd-Jones, *Life in Christ: Studies in 1 John* [La vida en Cristo: Estudios sobre 1 Juan] (Wheaton: Crossway, 1994), 729.

otra cosa, ya sean logros, relaciones, familia, posición, popularidad, o incluso una afición que nos haga sentir más relacionados en lo social, más relevantes en lo personal y más seguros en lo emocional. Todo aquello a lo que recurramos, que persigamos, o a lo que seamos fieles, dirigirá nuestra vida por completo. Esta es la razón por la que la Biblia no trata la idolatría como otro pecado cualquiera, ya sea la glotonería, la lujuria o la mentira. La considera *la única alternativa a adorar y amar al único Dios verdadero.* El pecado ocurre porque atesoramos a nuestros ídolos más de lo que amamos a nuestro Dios. Cuando nuestro amor hacia él no es activo, estamos amando activamente a otra cosa. Cuando Dios no es el centro de nuestras vidas, otra cosa lo es.

La idolatría es el pecado subyacente en la mayoría de los pecados

Recuerdo haber oído este concepto del «pecado subyacente en el pecado» mientras escuchaba uno de los cientos de sermones de Tim Keller a los que he tenido acceso a lo largo de los años[24]. Tertuliano, uno de los padres primitivos de la iglesia, se atrevió a decir que todo pecado procede de la idolatría, y Martín Lutero se hizo eco de ello en su visión de los Diez Mandamientos[25]. Su razonamiento consiste en lo siguiente: dado que solo existen diez mandamientos, y los dos primeros están relacionados con la idolatría —no tendrás otros dioses, no te harás imágenes— esto significa que Dios está diciendo algo. Al parecer, los demás también tienen que ver con la adoración a los ídolos. Si quebrantamos los mandamientos tres a diez —si robamos, si deshonramos a nuestros padres, si mantenemos relaciones sexuales fuera del pacto del matrimonio, etcétera— es porque previamente hemos incumplido el primero y el segundo. La verdadera cuestión es

---

[24] Me gustaría decir que Tim Keller es para los pastores, algo parecido a lo que Johnny Cash representa para los músicos: todos lo copian, pero pocos le reconocen el mérito.

[25] Véase Tim Keller, "Talking about Idolatry in a Postmodern Age» [Hablar de idolatría en la era posmoderna]; http://www.monergism.com/postmodernidols.html.

   Keller escribe: «Lutero vio que la ley del Antiguo Testamento en contra de los ídolos y el énfasis del Nuevo Testamento sobre la justificación por la fe eran básicamente el mismo. Afirmó que los Diez Mandamientos comienzan con dos mandatos en contra de la idolatría y que esto se debe a que el problema fundamental a la hora de quebrantar la ley siempre es la idolatría. En otras palabras, jamás incumplimos los restantes mandamientos sin haber roto primero la ley contra la idolatría. Lutero comprendió que el primer mandamiento trata, en verdad, de la justificación por la fe y que no creer en ella es idolatría, la raíz de todo lo que desagrada a Dios».

la idolatría. Todo pecado deriva de atribuir a algo un mayor valor que el que asignamos a Dios.

En su artículo maravillosamente esclarecedor, «Idols of the Heart in Vanity Fair», David Powlison me alertó en primer lugar a la realidad con la que Juan acaba su primera epístola (versículo 105 de los 105 versículos que la constituyen) con el desafío. «Apártense de los ídolos»[26]. Curiosamente, ¡no se ha hecho mención alguna de ellos en los ciento cuatro versículos anteriores! En otras palabras, Juan no ha hablado sobre la idolatría (al menos no directamente) a lo largo de toda la carta. Las dos posibilidades que justifiquen esta única inserción en el último versículo de la epístola son: (1) Juan está cambiando de asunto al final mismo de la carta, o (2) Juan está resumiendo el tema de toda la carta. Parecería en extremo raro que cambiara de asunto. Él, como cualquier otro escritor concienzudo, está ayudando a que sus oyentes entiendan todo lo que ha venido diciendo a lo largo de su carta inspirada por el Espíritu.

¿Sobre qué ha estado departiendo?

1 Juan 1:5-7: Tras exponer el punto de que la luz de Dios simboliza su conocimiento y su pureza, Juan insta a los seguidores de Jesús a que vivan «en la luz»[27]. Esto significa perseguir el conocimiento de Dios por medio de la relación con él y buscar una vida santa en nuestro trato con los demás creyentes.

1 Juan 2:3-6: Juan explica ahora que esa vida santa es, en realidad, un subproducto natural derivado de conocer a Dios. Afirmar que estamos familiarizados con él y, aun así, desobedecer sus mandamientos es mentir.

1 Juan 3:16-18: Juan resume la vida cristiana mediante la comparación directa con la vida y, sobre todo, con la muerte de Cristo. Vivir como él lo hizo —afirma Juan— es sacrificarse como Cristo: que entregó su vida para que otros supieran que el amor y el poder de Dios son reales.

Si entendemos el último versículo de la epístola como resumen de toda la carta, el mandamiento que Juan nos da de caminar en la luz, cumplir los mandamientos de Dios y amar a los demás es, en última instancia, una amonestación de que nos guardemos de los

---

[26] «Idols of the Heart in Vanity Fair», *The Journal of Biblical Counseling* [«Ídolos del corazón en la feria de las vanidades», Diario del asesoramiento bíblico], vol. 13, nº 2 (Invierno 1995), 34.

[27] «Introducción a 1 Juan», *ESV Study Bible* [Biblia de Estudio ESV] (Wheaton: Crossway, 2008).

ídolos. Estar libres de idolatría parece potenciar la obediencia; por tanto, cuando tenemos un problema para andar «en la luz» o para «entregar la vida por nuestros hermanos», significa que nuestra dificultad está relacionada con un «ídolo». La gran carga de la carta de Juan es simple: amen a Dios y a los demás de acuerdo con el resumen que Cristo hizo de los Diez Mandamientos[28] y que es el núcleo central del cristianismo. Lo que Juan parece decir es que los ídolos son el obstáculo fundamental que impide que los cristianos amen a Dios y a los demás. Son una tierra fértil que produce pecado y nos estorba para obedecerlo. Son la raíz y el alimento que hacen brotar una conducta pecaminosa y la potencian.

Preguntas que desenmascaran a los ídolos

Las preguntas siguientes pueden ser útiles para sacar a nuestros ídolos a la superficie, demostrándonos cuál es nuestra fuente suprema de confianza[29].

- ¿Qué es lo que más me preocupa?
- ¿En qué podría fallar o qué podría perder que me hiciera sentir como si ya no deseara vivir?
- ¿De qué echo mano para consolarme cuando las cosas van mal o se ponen difíciles?
- ¿A qué recurro para luchar? ¿Cuáles son mis válvulas de escape? ¿Qué hago para sentirme mejor?
- ¿Qué me inquieta? ¿Con qué sueño?
- ¿Qué aumenta mi autoestima? ¿De qué me siento más orgulloso? ¿Por qué quiero ser conocido?
- ¿Con qué tomo la iniciativa en las conversaciones?
- ¿Qué quiero que la gente sepa en primer lugar sobre mí?
- ¿Qué oración, no contestada, me haría contemplar seriamente la posibilidad de apartarme de Dios?
- ¿Qué quiero y qué espero en verdad de la vida? ¿Qué me haría realmente feliz?
- ¿Cuál es mi esperanza para el futuro?

---

[28] Mateo 22:37-39.
[29] Estas preguntas están adaptadas del capítulo 7 de la obra de David Powlison, *Seing with New Eyes* [Ver con nuevos ojos] (Phillipsburg, NJ: P&R, 2003). Powlison las denomina «preguntas de rayos X».

Las respuestas a estas preguntas revelan en qué confía de veras una persona, independientemente de a quién profese adorar. Asimismo, describen aquello que ha elevado hasta el lugar de Dios en su vida: su señor funcional.

Definiciones que desenmascaran a los ídolos

Muchos escritores han procurado clasificar a los ídolos en diferentes categorías[30]. Hace varios años, escuché una ponencia de Dick Kaufman en una de nuestras conferencias de *Acts 29*. Describía dos categorías de ídolos: los lejanos y los cercanos, que confesó haber tomado de Dick Keyes. En el transcurso de los años he leído a Keyes y otros, y las categorías me resultaron demasiado confusas para mi cerebro de mosquito. De modo que, en un esfuerzo por entender estas definiciones proporcionadas por Kaufman, les he dado otro nombre: «ídolos de origen» e «ídolos de superficie».

Ídolos de superficie

De las dos categorías, los ídolos de superficie[31] son más fáciles de detectar porque están más cerca de la parte superficial. Mucha gente, pues, los reconoce como causa de gran parte de los problemas que tienen en su relaciones tanto con Dios como con la gente. Jack Miller define este tipo de idolatría «pecados filiales» porque son sencillamente los renuevos de los pecados de raíz, menos perceptibles[32]. Estos ídolos de superficie incluyen:

La idolatría de las imágenes: «La vida solo tiene sentido/yo solo tengo valor si poseo un tipo de aspecto particular o una imagen corporal».

Ayuda a la idolatría: «La vida solo tiene sentido/yo solo tengo valor si la gente depende de mí y me necesita».

Idolatría de la dependencia: «La vida solo tiene sentido/yo solo tengo valor si alguien está ahí para protegerme y mantenerme a salvo».

---

[30] Por ejemplo, Dick Keyes en *No God but God* [No Dios sino Dios] y David Powlison en "Idols of the Heart in Vanity Fair".

[31] Kaufman (de nuevo según Keyes) los define como *ídolos cercanos*.

[32] C. John Miller, *Repentance and the 20th Century Man* [El arrepentimiento y el hombre del siglo XX] (Ft. Washington, PA: Christian Literature Crusade, 1998), 38.

Idolatría de la independencia: «La vida solo tiene sentido/yo solo tengo valor si me siento completamente libre de obligaciones o de las responsabilidades de tener que ocuparme de alguien».

Idolatría del trabajo: «La vida solo tiene sentido/yo solo tengo valor si soy altamente productivo y consigo que se hagan muchas cosas».

Idolatría de los logros: «La vida solo tiene sentido/yo solo tengo valor si se me reconoce por mis logros, si destaco en mi carrera».

Idolatría del materialismo: «La vida solo tiene sentido/yo solo tengo valor si tengo un cierto nivel de riqueza, libertad financiera y hermosas posesiones».

Idolatría de la religión: «La vida solo tiene sentido/yo solo tengo valor si me adhiero a los códigos morales de mi religión y soy competente en sus actividades».

Idolatría de la persona individual: «La vida solo tiene sentido/yo solo tengo valor si esa persona está en mi vida y se siente feliz en ella o conmigo, o en ambas».

Idolatría de la irreligión: «La vida solo tiene sentido/yo solo tengo valor si me siento totalmente independiente de una religión organizada y tengo una moralidad de fabricación propia».

Idolatría racial/cultural: «La vida solo tiene sentido/yo solo tengo valor si mi raza y mi cultura son ascendentes y se reconocen como superiores».

Idolatría del círculo de allegados: «La vida solo tiene sentido/yo solo tengo valor si se me permite formar parte de un grupo social particular, profesional o cualquier otro».

Idolatría de la familia: «La vida solo tiene sentido/yo solo tengo valor si mis hijos o mis padres son felices y dichosos conmigo».

Idolatría de las relaciones: «La vida solo tiene sentido/yo solo tengo valor si el Sr. o la Srta. Right está enamorado/a de mí».

Idolatría del sufrimiento: «La vida solo tiene sentido/yo solo tengo valor si sufro y tengo un problema; solo entonces me siento noble o digno de amor, y soy capaz de tratar con la culpa».

Idolatría de la ideología: «La vida solo tiene sentido/yo solo tengo valor si mi causa política o social o mi partido progresan y ascienden en influencia o poder».

Ídolos de origen

Si consideramos que los ídolos de superficie se entienden con mayor facilidad e incluso son más reconocibles para muchos, los ídolos de origen son, por naturaleza, más subversivos. Según Kaufman, los ídolos de origen incluyen la comodidad, la aprobación, el control y el poder[33], y son los que nos conducen a todas las demás idolatrías en nuestra vida. Coinciden con las enseñanzas de Jesús[34] y con el trabajo teórico de Alfred Addler sobre la personalidad[35].

El gráfico de Kaufman describe: (1) lo que buscamos (el ídolo de origen); (2) el precio que estamos dispuestos a pagar para conseguir dicho ídolo, (3) nuestra mayor pesadilla y cómo se sienten los demás cuando operamos a través del ídolo; y (4) la emoción del problema que revela en nosotros a nuestro ídolo. El lenguaje, «La vida solo tiene sentido/yo solo tengo valor si», es un tanto hiperbólico, pero cumple su objetivo al hacer que los lectores examinen su corazón.

Para poder encarnar a estos ídolos de origen, me gustaría examinarlos uno por uno bajo la lente de una coherente metáfora que a todos nos resulta familiar: el dinero. Con cada uno de los ídolos de origen enumerados más abajo, consideraremos qué es lo que se busca por medio de él, el precio que estamos dispuestos a pagar para seguir adorándolo, los mayores temores que lo alimentan, el impacto que tiene sobre nuestros más allegados, las emociones del problema asociadas a este, y el papel que desempeña en el contexto de nuestra metáfora del dinero.

Idolatría de la comodidad: «La vida solo tiene sentido/yo solo tengo valor si experimento esta clase de placer, una calidad particular de vida».

Lo que buscamos: la comodidad (intimidad, falta de estrés, libertad).

El precio que estamos dispuestos a pagar: una productividad reducida.

---

[33] Kaufman, según Keyes, los llama *ídolos lejanos.*
[34] Cada uno de estos motivos, por ejemplo, destacan en el Sermón del Monte de Jesús (Mt 5—7). Gran parte de la enseñanza de Jesús está relacionada con las necesidades humanas fundamentales de aprobación (5:3-10; 6:2-4, 14-15), poder (6:19-24), control (6:25-34), y comodidad (7:7-11).
[35] Uno de los derivados de la obra de Adler es el test de personalidad DISC (siglas que definen los cuatro caracteres en inglés: Dominant [dominante], Interacting [influyente], Steady [constante o estable] y Cautious [concienzudo]); http://www.discprofile.com/wahtisdisc.htm.

La mayor pesadilla: el estrés, las exigencias.

Los demás suelen sentirse: heridos

Emoción del problema: aburrimiento.

En cuanto al dinero: La gente que practica la idolatría de la comodidad gana y gasta dinero en un intento por aislarse de las necesidades de los demás y de las exigencias de la vida diaria. Evitan el aburrimiento a toda costa; por tanto, compran sin cesar nuevos artilugios y juguetes, e invierten profundamente en sus aficiones y otras distracciones de la vida cotidiana. Los adoradores de la comodidad ven a otros, incluso a sus más allegados, como potenciales obstáculos para su bienestar. No es de sorprender que las relaciones auténticas no lleguen con facilidad y, como resultado, solo se invierta en ellas si proporcionan una capa adecuada de aislamiento frente al fastidio.

Idolatría de la aprobación: «La vida solo tiene sentido/yo solo tengo valor si _____ me ama y me respeta».

Lo que buscamos: aprobación (afirmación, amor, relación).

El precio que estamos dispuestos a pagar: menos independencia.

La mayor pesadilla: rechazo.

Los demás suelen sentirse: asfixiados.

Emoción del problema: cobardía

En cuanto al dinero: Todos fuimos creados con el deseo de ser amados, y esto es saludable y natural. Sin embargo, el problema de las personas cuyo ídolo es la aprobación es que el amor de Dios hacia ellos no los satisface por completo y buscan el amor y la afirmación de aquellos que estiman importantes. Por tanto, la gente que adora la aprobación hará cualquier cosa para que un ser querido sea feliz, aunque implique un gran gasto en el intento de comprar, literalmente, la aprobación de los demás. Asimismo, puede utilizar su potencial de ganancias como medio para que alguien importante para él o ella se sienta orgulloso de sus logros. Los adoradores de la aprobación suelen comprometerse y prometer en exceso, y hasta exagerar con tal de ganar la afirmación de otros. Son radicalmente inseguros en cuanto a su identidad en Cristo y temen el rechazo de la gente aun por encima del miedo bíblico al odio que Dios siente por el pecado. Esto conduce a una inquietud con respecto a lo que otros piensan de ellos. Con frecuencia, los allegados a alguien que tiene el ídolo de la aprobación suelen sentirse asfixiados por la necesidad del idólatra, cuyo deseo de ser amado no puede satisfacer de forma realista un mero ser humano.

Idolatría del control: «La vida solo tiene sentido/yo solo tengo valor si soy capaz de dominar mi vida en el ámbito de _____ _____».

Lo que buscamos: control (autodisciplina, certeza, estándares).

El precio que estamos dispuestos a pagar: soledad, espontaneidad.

La mayor pesadilla: incertidumbre.

Los demás suelen sentirse: condenados.

Emoción del problema: inquietud

En cuanto al dinero: Al margen de la despreocupación, quienes adoran el control suelen estar obsesionados con hacer que las cosas salgan exactamente según lo han planeado y, con frecuencia, el precio que pagan por ello es una ansiedad e inquietud profundamente arraigadas. El mantra del verdadero adorador del control es: «Si quiero que algo se haga bien, tengo que realizarlo yo mismo», aunque se le puede oír decir a menudo: «Se hace a mi manera, o a la calle». Esto lo vemos en la visión del dinero que tienen estas personas. La gente cuyo ídolo es el control sabe adónde va a parar cada centavo, y con frecuencia contemplan con arrogancia y menosprecio a quienes parecen ejercer un control menor sobre sus finanzas. Ricos o pobres, el ídolo del control provoca inquietud. «¿Conseguiré lo suficiente?» o «¿Estoy ahorrando bastante» son preguntas comunes. Las señales de la idolatría del control afloran de forma más evidente cuando el cambio o los acontecimientos inesperados como una recesión económica, amenazan con arruinar los planes del idólatra.

Idolatría del poder: «La vida solo tiene sentido/yo solo tengo valor si tengo poder e influencia sobre los demás».

Lo que buscamos: poder (éxito, ganar, influencia).

El precio que estamos dispuestos a pagar: carga, responsabilidad.

La mayor pesadilla: la humillación.

Los demás suelen sentirse: utilizados.

Emoción del problema: enojo.

En cuanto al dinero: Aquel cuyo ídolo sea el poder ganará identidad en la competición: cuanto más feroz sea el desafío, tanto mejor.

No hay nada malo en competir; en mi opinión puede resultar muy útil, sobre todo en las vidas de los hombres. Sin embargo, recuerde que toda adoración a los ídolos se lleva algo bueno que Dios nos ha dado como un don y lo convierte en una fuente suprema de identidad. En este caso, eso bueno es el desafío o la competición; de forma más precisa, es la victoria. No obstante, otra forma de describir a los adoradores del poder es decir que su principal motivación en la vida no consiste tanto en ganar como en evitar perder. En cuanto al dinero, este tipo de persona se ve conducida a ganar más y está decidida a gastar más que nadie. Puede llegar a desarrollar una adicción al juego, a disfrutar del reto incorporado al juego de la elección. Todo va bien para ellos mientras ganen. Sin embargo, perder pondría de manifiesto su honda inseguridad. La pérdida produce enojo, que suele ir acompañado del maltrato verbal e incluso físico. Puede provocar el odio hacia uno mismo y el desdén por aquellos que le han «costado» la victoria. Los allegados a la persona cuyo ídolo es el poder suelen sentirse utilizados, infravalorados y agotados del ciclo causado por los altibajos de ganar y perder.

En un momento dado, uno puede operar desde varios de estos ídolos de origen; en última instancia, sin embargo, hay uno fundamental que se encarga de dirigir a los demás pecados e idolatrías en la vida de uno. Los ídolos de origen son la raíz y los de superficie son el fruto.

Arrepentirse de los ídolos

Cuando Jesús vino y empezó a declarar el reino de Dios, proclamó a todo aquel que quiso oírlo en Galilea: «¡Arrepiéntanse y crean las buenas nuevas!»[36]. Esta es la esencia de lo que significa ser un seguidor de Cristo: *arrepentirse y creer el evangelio*. Es la llave para eliminar a los ídolos de su vida e instalar a Cristo en el centro de su ser. Creo que un ejemplo visual nos ayudará, en este punto, a entender la forma de destronar la idolatría para exaltar a Cristo en nuestras vidas[37].

---

[36] Marcos 1:15.
[37] Dibujé este ejemplo mientras escuchaba cómo Kaufman describía la forma en que podemos arrepentirnos y creer en el evangelio saltando sobre un trampolín.

Figura 12-1

En este ejemplo del trampolín vemos las dos columnas del evangelio: somos completamente pecadores e incapaces de remediar nuestra condición, pero Dios nos acepta plenamente por la obra de Cristo[38]. Las dos pendientes representan la forma en que podemos apropiarnos del evangelio en nuestras vidas: arrepintiéndonos de nuestros pecados y depositando nuestra fe en Cristo.

En el arrepentimiento debemos hacer tres cosas en relación con el pecado: verlo, adueñarnos de él y apartarnos. Ver nuestro pecado es, específicamente, entender que lastima a Dios y que es hostil a su ley[39]. Para adueñarnos de nuestro pecado concreto no solo debemos considerarlo como algo incorrecto en general, sino que hemos pecado de forma específica y definida. Significa no solo asumir la responsabilidad por haber quebrantado la ley, sino reconocer que somos infractores de la misma. Finalmente, nos apartamos de nuestro pecado; es decir, lo abandonamos[40]. La idolatría ocurre cuando

---

[38] Lutero se refirió a esta realidad como *simul justus et peccator*: justo y pecador al mismo tiempo. Esto alude a la realidad de que cuando permanecemos en Cristo, aunque el pecado mora en nuestras vidas estamos al mismo tiempo revestidos de su justicia.
[39] Romanos 8:7: «La mentalidad pecaminosa es enemiga de Dios, pues no se somete a la ley de Dios, ni es capaz de hacerlo».
[40] El término griego para arrepentimiento, *metanóia*, significa literalmente «cambiar de mentalidad».

volvemos la espalda a Dios y volvemos todo nuestro ser al pecado. El arrepentimiento tiene lugar cuando damos la espalda a nuestros ídolos y acudimos con todo nuestro ser a Dios[41].

De acuerdo con el dibujo del trampolín, el arrepentimiento es muy parecido a hacer que alguien que se encuentre junto a usted haga un salto doble. Si quiere propulsar a su amigo hacia el cielo o a la sala de urgencias, tendrá que saltar con todas sus fuerzas. Lo mismo ocurre con el arrepentimiento: debemos saltar con fuerza para apartarnos no solo de nuestros pecados e ídolos de superficie, sino también de los de origen, las cosas que provocan la mayoría de los demás pecados e idolatrías en nuestras vidas. Un hito en el arrepentimiento es que empecemos a ver que somos mayores pecadores de lo que pensábamos. Las malas noticias son en realidad peores de lo que imaginábamos.

Sin embargo, las buenas nuevas son mejores de lo que suponíamos. Aunque en el arrepentimiento vemos que somos mayores pecadores de lo imaginado, a través de la fe en el evangelio comprobamos que Jesús en un Salvador mayor de lo que habíamos creído. «El arrepentimiento solo puede ser auténtico y duradero cuando el malhechor ve que la misericordia de Dios está a su disposición»[42].

Al empezar a admitir que somos aceptados en Cristo, vemos que no tenemos que ser perfectos en esta vida porque él ya lo fue en la suya por nosotros. No es necesario que aguantemos la condenación de Satanás ni que pensemos que Dios nos está castigando por nuestro pecado, porque Cristo murió y llevó sobre él toda la ira y el castigo de Dios que merecíamos. Por tanto, porque estamos en Cristo[43], su vida perfecta y su muerte expiatoria son el substituto constante de nuestra vida imperfecta y nuestro merecido castigo. Esta realidad es la que hace que Dios, al mirarnos, vea a su Hijo porque nuestra vida está «escondida con Cristo en Dios»[44], y vivimos nuestra vida continua con Dios por medio de la fe, así como la vida de Cristo se vive a través de nosotros[45].

---

[41] Me gusta mucho las palabras de Jack Miller con respecto al arrepentimiento: «Dios no nos ha llamado a ser abogados para actuar en nuestra propia defensa, sino mendigos que se humillen delante del trono de gracia, negándose a marchar hasta que el pan esté disponible». Repentance and the 20th Century Man [El arrepentimiento y el hombre del siglo XX], 35.

[42] Ibíd., 77.

[43] «En Cristo» es la frecuente designación que Pablo hace (por ejemplo, Ro 8:1; 1 Co 15:58; 2 Co 5:17; Gá 3:26) de la unión con Cristo.

[44] Colosenses 3:3.

[45] Gálatas 2:20.

La forma de tratar con el pecado y la idolatría es arrepintiéndose de ellos y creyendo el evangelio[46]. La principal tentación de Satanás consiste en convencernos de que somos la mitad de pecadores de lo que somos en realidad y que solo contamos con la mitad de la aceptación de Cristo de la que verdaderamente tenemos[47]. En la primera carta de Pablo a la iglesia de Tesalónica, el apóstol alaba a la iglesia por la forma en que se «convirtieron a Dios dejando los ídolos para servir al Dios vivo y verdadero»[48]. Ojalá que pueda decirse esto de nosotros y de nuestras iglesias al arrepentirnos y creer en el evangelio[49]. Cerraremos este capítulo y esta sección con las palabras del fallecido Jack Miller: «Cuanto más consciente sea de que está manchado hasta los huesos por los impulsos egoístas, cuánto más compruebe todo lo que tiene en contra de la voluntad del Señor, más acudirá a Cristo como sediento pecador que halla profunda limpieza, más vida y mayor gozo por medio del Espíritu»[50].

---

[46] «La constante tentación del creyente consiste en permitir que su vida se llene de pecados y vuelva a caer en la antigua costumbre de la autoafirmación y la autoconfianza. Cuando esto sucede, sus "arrepentimientos" suelen perder su poder\ porque la autoconfianza lo ha conducido a terrenos legalistas como base de su aceptación por parte de Dios. Sin fe en Cristo, el arrepentimiento solo se produce por el remordimiento que crea escalofríos en el alma». Miller; *Repentance and the 20ᵗʰ Century Man*, [El arrepentimiento y el hombre del siglo XX], 93.
[47] *Ibíd.*, 103.
[48] 1 Tesalonicenses 1:9.
[49] En el otoño de 2007 realizamos en *The Journey* una serie sobre la idolatría. Los animo a que oigan los sermones de ese tiempo para ampliar la reflexión sobre este asunto. Puede encontrarlos en http://journeyon.net/media/transformation.
[50] Miller, *Repentance and the 20ᵗʰ Century Man* [El arrepentimiento y el hombre del siglo XX], 55.

La misión

Podemos ver lo «positivo de lo desordenado» solo porque Jesús entró primero en él para sanarlo. Abandonó el cielo para descender a un vientre, a un establo, a un desierto y a una cruz para que el mundo pudiera ser salvo por medio de él. Podemos amar y perseguir la sanidad de las personas pecaminosas porque Jesús lo hizo primero: fue amigo de recaudadores de impuesto, pecadores, proxenetas y prostitutas, ¡y convirtió a muchos de ellos en sus apóstoles! (Scott Sauls)[1]

---

[1] Scott Sauls, *Gospel* (El evangelio inédito).

13

El corazón de la misión: la compasión

Nunca olvidaré el día en que oí predicar al pastor de la primera iglesia a la que asistí. El mensaje trataba acerca de la necesidad de alcanzar a quienes estaban lejos de Dios. Formuló una interesante pregunta: «¿Cuál es el único acto de obediencia que puede usted efectuar en la tierra que no podrá realizar en el cielo?». A continuación, respondió él mismo: «En el cielo podemos adorar, podemos hablar con Dios y podemos leer nuestra Biblia, pero no podemos hablar del evangelio con nuestros amigos perdidos». Recuerdo que esta realidad me sacudió en lo más profundo de mi ser. Hizo que recordara que hasta hacía pocos meses yo había sido uno de esos perdidos, pero Jesús me había hallado por medio de mi relación con dos amigos.

Aunque nuestra organización de *Acts 29* es profundamente reformada en su forma de entender la naturaleza de la salvación, nos sentimos desesperados en nuestro deseo por testificar del evangelio con todas las personas para que puedan ser salvas[2].

Hombres capacitados, llamados y armados con el mensaje del evangelio desarrollan una misión con Jesús que vino a buscar y a salvar a los perdidos[3]. Es importante llamar la atención sobre la misión en la que Jesús está trabajando, pero también es primordial hablar sobre el motivo de la misión. Vea si puede discernir cuál es la razón subyacente a la misión en los versículos siguientes:

Mateo 9:20-22: «En esto, una mujer que hacía doce años padecía de hemorragias se le acercó por detrás y le tocó el borde del manto. Pensaba: "Si al menos logro tocar su manto, quedaré sana". Jesús se dio vuelta, la vio y le dijo: "¡Ánimo, hija! Tu fe te ha sanado". Y la mujer quedó sana en aquel momento».

Mateo 9:35-36: «Jesús recorría todos los pueblos y aldeas enseñando en las sinagogas, anunciando las buenas nuevas del reino, y sanando toda enfermedad y toda dolencia. Al ver a las multitudes,

---

[2] Romanos 10:14-17.
[3] Lucas 19:10; *cf.* 5:31-32.

tuvo compasión de ellas, porque estaban agobiadas y desamparadas, como ovejas sin pastor».

Mateo 14:14: «Cuando Jesús desembarcó y vio a tanta gente, tuvo compasión de ellos y sanó a los que estaban enfermos».

Mateo 15:30: «Se le acercaron grandes multitudes que llevaban cojos, ciegos, lisiados, mudos y muchos enfermos más, y los pusieron a sus pies; y él los sanó».

Mateo 15:32: «Jesús llamó a sus discípulos y les dijo: "Siento compasión de esta gente porque ya llevan tres días conmigo y no tienen nada que comer. No quiero despedirlos sin comer, no sea que se desmayen por el camino"».

Marcos 1:40-41: «Un hombre que tenía lepra se le acercó, y de rodillas le suplicó: "Si quieres, puedes limpiarme". Movido a compasión, Jesús extendió la mano y tocó al hombre, diciéndole: "Sí quiero. ¡Queda limpio!"».

Marcos 10:20-21: «"Maestro —dijo el hombre—, todo eso lo he cumplido desde que era joven". Jesús lo miró con amor y añadió: "Una sola cosa te falta: anda, vende todo lo que tienes y dáselo a los pobres, y tendrás tesoro en el cielo. Luego ven y sígueme"».

Estos pasajes dejan claro que la compasión motivó el ministerio de Jesús. En su libro *Love Walked Among Us* [El amor caminó entre nosotros], Paul Miller observa que esta fue la emoción dominante que los escritores neotestamentarios atribuyen a Jesús[4].

Jesús demostró sentirla cuando levantó de los muertos al único hijo de la viuda de Naín[5]. No solo lo resucitó, sino que también consoló a la mujer. El Jesús compasivo no se dejaba distraer por la curación sobrenatural del hijo hasta el punto de no considerar el corazón sufriente de la madre[6]. Formar parte de la misión significa tener un corazón lleno de compasión por las personas: verlas como Jesús lo hacía[7].

---

[4] Paul Miller, *Love Walked Among Us* [El amor caminó entre nosotros] (Colorado Springs: NavPress, 2001).

[5] Lucas 7:11-17.

[6] Miller, *Love Walked Among Us* [El amor caminó entre nosotros], 28.

[7] Existe un debate entre algunos teólogos sobre si Dios «siente» o no las emociones como nosotros las sentimos que impacta directamente en la forma en que pensamos de un Dios compasivo. Estoy convencido de que las Escrituras apoyan de una forma abrumadora la impasibilidad de Dios. Wayne Grudem resulta muy útil en este sentido: «La idea de que Dios no siente en absoluto pasiones ni emociones se contradice con […] las Escrituras […]. La verdad es más bien lo contrario, porque Dios, que es el origen de nuestras emociones y que fue quien las creó, ciertamente las siente: Dios se regocija (*cf.* Is 62:5). Se entristece (*cf.* Sal 78:40, Ef 4:30). Su ira arde contra sus enemigos (*cf.* Éx 32:10). Es compasivo con sus hijos (*cf.* Sal 103:13). Ama con amor eterno (*cf.* Is 54:8; Sal 103:17). Es un Dios cuyas pasiones debemos imitar por toda la eternidad ya que, como nuestro Creador, debemos odiar el pecado y deleitarnos en la justicia». Wayne Grudem, *Systematic Theology* [Teología sistemática] (Grand Rapids: Zondervan, 1995), 166.

Me glorío en la invención de TiVo que elimina todos los anuncios publicitarios, ya que la mayoría de ellos me resultan odiosos. ¿Pero han notado alguna vez lo incómodo que resulta ver los anuncios de «alimente a los niños»? Es de lo más molesto; confieso que rara vez veo uno en su totalidad, y no solo a causa de TiVo. Existe una razón más profunda por la que evito cualquier tipo de publicidad que destaca el hambre de niños de verdad con sus estómagos hinchados y desnutridos: no quiero contemplar la desesperada necesidad humana cuando yo intento escapar frenéticamente de la realidad humana. Ver a un niño hambriento me sacaría del «modo» consumidor y me trasladaría al «modo» compasivo. En cualquier momento que mire a alguien que está sufriendo, como cristiano *sentirá* (quiero decir, debe sentir) compasión, a menos que escoja mirar a otra parte y endurecer su corazón. Los escritores de los Evangelios describen, unas cuarenta veces aproximadamente, a un Jesús que mira con compasión e indican que era una práctica habitual en él[8].

En la parábola del Buen Samaritano vemos lo fácil que les resulta a los religiosos obviar el dolor ajeno. Tanto el levita como el sacerdote se negaron a mirar porque carecían de compasión. Por el contrario, el samaritano se apiadó del herido; vio al hombre y no volvió la cabeza.

Cuando miramos —no me refiero a echar un vistazo, sino a mirar— vemos a la persona y no al problema. Entonces es cuando vemos cuánto le importa a Dios y la importancia que debería tener para nosotros; contemplamos a una persona a la que debemos amar y no a un problema del que nos tenemos que ocupar. Solo podemos experimentar la compasión cuando miramos de verdad.

Formar parte de la misión significa mantener los ojos abiertos y buscar a los que sufren: el matrimonio que vive en la casa de al lado y lucha contra la fertilidad; el universitario miembro de una fraternidad que disfraza su alcoholismo con la frase: «Esto es la universidad»; la madre soltera que te sirve en el restaurante aunque no tenga ni idea de qué comerán ella y su hijo mañana, después de comprar la comida para esta noche con sus propinas.

Abrir los ojos es arriesgarse a perder su vida y vivir con el corazón roto por amor a los perdidos. Como nos recuerda C. S. Lewis, la alternativa de un corazón compasivo es uno muerto:

---

[8] Miller, *Love Walked Among Us* [El amor caminó entre nosotros], 31.

Amar envuelve siempre vulnerabilidad. Ame cualquier cosa y su corazón se retorcerá y, probablemente, llegará a romperse. Si quiere estar seguro de conservarlo intacto, no se lo entregue a nadie; ni siquiera a un animal. Envuélvalo cuidadosamente con aficiones y pequeños lujos; evite cualquier implicación; guárdelo en un lugar seguro, en la cápsula o en el ataúd de su egoísmo. Pero allí dentro, en ese estuche —protegido, oscuro, inmóvil y sin aire— cambiará. Nadie lo romperá; se volverá inquebrantable, impenetrable e irredimible[9].

El motivo de la misión es la compasión. No nos unimos a Jesús en su misión porque queramos que nuestra iglesia crezca, porque nos guste dispensar un entendimiento apologético profundo a los escépticos ni porque nos guste frecuentar a los incrédulos. Nos enrolamos en la misión del Salvador porque compartimos el corazón compasivo de quien considera a las personas como ovejas sin pastor.

Los enemigos de la compasión

Las ocupaciones

Cuando ingresé en el ministerio a tiempo completo tuve la abrumadora sensación de estar vivo por primera vez. Me sentía absolutamente consumido por la enseñanza, el pastorado, la dirección y el asesoramiento, hasta el punto de descuidar otras responsabilidades con el fin de abarcar más ministerio. No podía imaginar no disfrutar de él. A lo largo de los años me he dado cuenta de que el gozo de ministrar a las personas suele verse desplazado por la apretada y exigente agenda del ministerio. Algunas veces estoy tan inmerso en las ocupaciones del oficio que pierdo el placer del mismo.

Una de las primeras señales de que las ocupaciones amenazan con matar el gozo es la falta de compasión por aquellos que Dios ha colocado bajo el cuidado de un pastor. Lo he comprobado en mi propio ministerio. Muchas veces me he sentado en un lugar privado, detrás de un escritorio o a la mesa con una persona o una pareja devastada por los efectos de su pecado o del de otros en su contra, y en vez de escucharlos con «oídos espirituales» y esperar la dirección del Espíritu, me

---

[9] C. S. Lewis, *The Four Loves* [Los cuatro amores] (Eugene, OR: Harvest House, 1971), 121.

he desconectado de quien hablaba y he empezado a preocuparme de las veinticinco tareas que no podría realizar por culpa de esa reunión. Peores aún son los momentos en los que no solo me siento ansioso por la cosas pendientes que hacer, sino que me enojo con las personas con las que estoy reunido ¡por ser pecadores! En situaciones como estas, en lugar de que mi corazón esté lleno de compasión, lo está de engreimiento, y pienso en mi agenda, mis ansiedades, mis necesidades, mis carencias, mi nivel de comodidad, mi... mi... mi... mi... mi.

Que quede claro, un pastor (o, en su caso, cualquier otro líder espiritual) no está obligado a «sentirse responsable» de cada problema que su rebaño esté experimentando. Sin embargo, cuando las necesidades de las personas lo enojan sistemáticamente, cuando evita a la gente por temor a que puedan necesitar algo de usted, cuando se desconecta a menudo durante una situación de consejería, debe saber que ha dejado de interesarse por las personas. Usted y yo podemos recurrir a excusas, pero no cabe ninguna que justifique el dejar de cuidar a las ovejas cuando somos los pastores del rebaño. Una de las consecuencias de tantas ocupaciones es que nos perdemos con regularidad las mayores bendiciones que Dios da a los pastores y que consisten en el placer de saber que uno ha sido las manos y los pies de nuestro Salvador para alguien que estaba en gran necesidad.

Las prisas

Existe una diferencia entre estar sencillamente ocupado y tener prisa. La ocupación tiene que ver con todo lo que usted tiene que llevar a cabo. Tener prisa es el estado espiritual, mental y emocional en el que uno se encuentra cuando intenta efectuar todo lo que tiene por hacer. Uno puede estar ocupado sin andar apresurado. Como pastor reciente, no podía ni entender este tipo de apunte en un diario de apuntes:

> Señor, estoy cansado. Agotado hasta los huesos en mi interior. Estoy fatigado de un escritorio constantemente saturado y de un calendario abarrotado. Harto de problemas que no puedo solucionar, y de heridas que no puedo sanar; de plazos y decisiones, de deberes que realizo sin placer alguno. No puedo recordar la última vez que caminé descalzo o que me

tomé el tiempo de oler el aire después de la lluvia. No consigo acordarme de cuándo me recreé en el aroma del café e hice una pausa para disfrutarlo. Quiero sentir, reír, llorar, vivir la vida a plenitud. Quiero amar y ser amado[10].

Tras unos pocos años en las trincheras, yo anotaba este tipo de cosas en mi diario. Las prisas son como un fuerte viento que sopla sobre las aguas del corazón. Si las olas son demasiado altas, uno se olvida de los demás y se centra en su propia supervivencia, haciendo que la compasión hacia los demás sea imposible.

La arrogancia

La arrogancia tiene un aspecto vertical (intento que Dios tenga un buen concepto de mí por medio de mis buenas obras y no por las de Cristo). Sin embargo, también cuenta con uno horizontal (intento estar bien ante Dios porque comparo mi pecado con el de los demás).

La forma horizontal de la arrogancia es una de las principales razones por las que la gente no perdona a sus allegados, y mucho menos son compasivos con quienes apenas conocen. Como afirma astutamente Miroslav Volf que fue testigo del asesinato y la violación de sus familiares y amigos en las guerras de los Balcanes de la década de los noventa: «El perdón se tambalea, porque excluyo al enemigo de la comunidad de los humanos y me excluyo a mí mismo del grupo de los pecadores»[11].

Creo que Volf señala aquí los dos pilares principales que impiden que las personas ejerciten la compasión hacia los demás.

1. Creer que los demás son menos que humanos (en mi mente están excluidos de la comunidad de los seres humanos).
2. Creer que yo soy más que humano (en mi mente estoy excluido de la comunidad de los pecadores).

La compasión crece en el corazón del hombre y explota hacia los demás cuando entendemos que los demás también son seres

---

[10] Richard Exley, *The Rhythm of Life* [El ritmo de la vida] (Tulsa: Honor books, 1987), 37.
[11] Miroslav Volf, *Exclusion and Embrace: A Theological Exploration of Identity, Otherness, and Reconciliation* [Exclusión y abrazo: exploración teológica de la identidad, la alteridad y la reconciliación] (Nashville: Abingdon Press, 1996), 124.

humanos creados a imagen de Dios y que, delante de él, nosotros somos pecadores.

La autoprotección

Una de las cosas más difíciles de vencer cuando se ama a la gente que sufre es absorber su dolor, su rechazo y su vergüenza sin echarnos emocionalmente atrás. La raíz de la palabra *compasión* significa «estar junto [com] a las penalidades de alguien [pasión]»[12]. Demostrar compasión hacia alguien es, pues, acordar entrar en el sufrimiento con él en ese momento, escoger entrar en su realidad, esperanzas, sueños, pecados y rebeldía. Si su corazón está obstruido para protegerse a sí mismo, usted es incapaz de entrar en los afectos de otras personas porque todas sus energías se consumirán eludiendo su dolor. La compasión es la emoción que Dios nos da para que podamos distraernos de nuestras propias carencias y centrarnos en las necesidades de los demás.

El término hebreo *rákjam* encierra una interesante imagen verbal. En el Antiguo Testamento, esta palabra se traduce normalmente «amaro» o «tener compasión»[13]. Curiosamente, es un derivado de la palabra *rékjem*, cuya traducción suele ser «vientre». Estoy convencido de que no es ninguna extraña coincidencia que la palabra *compasión* tenga sus raíces en la matriz de una madre. Así como el amor que ella siente por su bebé surge de un lugar muy hondo en su interior, la compasión debe surgir de la profundidad del corazón de los siervos de Jesús. Existe una compasión especial que la madre siente por el hijo y que sobrepasa incluso la del padre; de la misma manera, debería haber una compasión especial fácilmente reconocible en la vida de un seguidor de Cristo.

Sin lugar a dudas, la compasión se halla en lo más profundo de nosotros como seguidores de Cristo. Lo sabemos porque el mismo Espíritu que hizo sentir compasión a Jesús mora en nosotros y anhela provocar nuestra compasión, del mismo modo en que impulsa a los predicadores a predicar y a los líderes a dirigir. Así como necesitamos

---

[12] Ronald A. Heifetz y Marty Linsky, *Leadership on the Line: Staying Alive Through the Dangers of Leading* [El liderazgo actual: permanecer vivo a través de los peligros del liderazgo] (Boston: Harvard Business School Publishing, 2002), 235.

[13] David Patterson, *Hebrew Language and Jewish Thought* [La lengua hebrea y el pensamiento judío] (New York: Routledge, 2995), 21.

la dirección del Espíritu para que nos revele la verdad de las Escrituras, también precisamos que haga nacer la compasión en nuestro interior con regularidad. Cuando Dios se reveló a Moisés, se describió como compasivo[14]. En última instancia, no acceder a este pozo de compasión es una cuestión que debemos tratar con el Señor mismo. Consideremos las palabras de Santa Teresa de Ávila:

> Cristo no tiene otro cuerpo que el tuyo;
> no tiene manos ni pies en la tierra, excepto los tuyos.
> Tuyos son los ojos a través de los cuales
> él mira a este mundo con compasión;
> tuyos son los pies con los que él se mueve para hacer el bien;
> tuyas son las manos con las que él ha de bendecirnos ahora.
> Dios no tiene cuerpo en la tierra sino el tuyo.
> No tiene manos sino las tuyas.
> No tiene pies sino los tuyos.
> Tuyos son los ojos con los que la compasión de Dios mira al mundo.
> Tuyos son los pies con los que Él camina para ir haciendo el bien.
> Tuyas son las manos con las que ahora tiene que bendecirnos.

---

[14] Éxodo 34:5-7: «El SEÑOR descendió en la nube y se puso junto a Moisés. Luego le dio a conocer su nombre; pasando delante de él, proclamó: "El SEÑOR, el SEÑOR, Dios clemente y compasivo, lento para la ira y grande en amor y fidelidad, que mantiene su amor hasta mil generaciones después, y que perdona la iniquidad, la rebelión y el pecado; pero que no deja sin castigo al culpable, sino que castiga la maldad de los padres en los hijos y en los nietos, hasta la tercera y la cuarta generación"».

La iglesia es la iglesia por el bien del mundo. (Hans Kung)[1]

La iglesia existe por la misión, como un fuego existe por arder. (Emil Brunner)[2]

Podríamos hablar del mismo modo significativo de la base misional de la Biblia como de la base bíblica de la misión. (Christopher Whright)[3]

[1] Citado por Randy Wilson Coffin en *The Collected Sermons of William Sloane Coffin,* [Recopilación de los sermones de William Sloane Coffin], vol. 1 (Louisville: Westminster John Knox Press, 2008).
[2] Citado en Wilbert R. Shenk, *Write the Vision* [Escribe la visión] (Harrisburg, PA: Trinity Press, 1995), 87.
[3] Christopher J. H. Wright, *The Mission of God* [La misión de Dios] (Downers Grove, IL: InterVarsity Press, 2006), 29.

14

La casa de la misión: la iglesia

Mateo 16:18: «Yo te digo que tú eres Pedro, y sobre esta piedra edificaré mi iglesia, y las puertas del reino de la muerte no prevalecerán contra ella».

Efesios 3:10: «... que la sabiduría de Dios, en toda su diversidad, se dé a conocer ahora, por medio de la iglesia, a los poderes y autoridades en las regiones celestiales».

Trabajaba como ministro de campus en el ministerio universitario paraeclesial. Me pasaba el día enseñando, disciplinando y asesorando a los estudiantes. Me encantaba el ministerio, pero había desistido de la iglesia. Me había ido cansando de la falta de vida, del legalismo y de la pérdida de desarrollo en el liderazgo que había experimentado en ella. Cuando asistía, no me sentía inspirado ni desafiado. Si pasaba un rato con los pastores, acababa enojado y deprimido. Ahora, mirando atrás, veo que era claramente un joven arrogante y presuntuoso que debió haberse sometido a una iglesia local y servir en ella. No fue hasta el momento en que conocí el ministerio de la iglesia *Willow Creek Community Church,* cuando comencé a sentirme esperanzado con respecto a la iglesia.

En primer lugar leí sobre «*The Creek*» en la revista *Christianity Today.* El pastor Bill Hybels aparecía en la portada con el título: «¿Se vende la casa de Dios?»[4]. Ahora sé que se trataba de un juego de palabras (Willow Creek había tenido un crecimiento explosivo, pero también lo estaban cuestionando por la posibilidad de estar siendo transigente con el evangelio)[5]. En aquella entrevista, Hybels hablaba de ser una iglesia que edificaba a los creyentes y que alcanzaba a los incrédulos. Mi corazón se sintió cautivado. Ese era mi llamado: empezar iglesias que prepararan al pueblo de Dios para amar a Jesús y dar testimonio de esa verdad a los perdidos, y vivir en medio de ellos. Desde ese mismo momento, tuve la gloriosa visión de lo que

[4] Entrevista de Bill Hybels: «¿Se vende la casa de Dios?» *Christianity Today,* 18 de julio, 1994.
[5] Para más sobre la autoevaluación de *Willow Creek,* léase la serie de estudios *Reveal* de Greg Hawkins y Cathy Parkinson, publicada por la *Willow Creek Association,* o, para una crítica externa lea *Willow Creek Seeker Services: Evaluating a New Way of Doing Church* de G. A. Pritchard (Grand Rapids: Baker, 2005).

la iglesia puede y debería ser: el vehículo mismo de la bendición de Dios a todo el mundo. La iglesia es el plan A de Dios para redimir al mundo. Y Dios no tiene plan B.

En la universidad había ministrado a una extraña mezcla de personas: atletas (porque yo lo fui) y artistas (porque mi novia y futura, primera y única esposa lo era). Me di cuenta de que quería plantar una iglesia para todo tipo de personas y no solo una con limitaciones demográficas. Quería una iglesia en la que adoraran el más «deportista» de los deportistas y el más «artista» de los artistas. Empecé a creer que la iglesia debía ser una comunidad diversa de personas que amaran a Jesús y abrazaran su misión.

Cuando llegué a entender mejor que la iglesia era la principal herramienta de Dios para llevar a cabo su misión, comencé a estudiar su naturaleza con más detenimiento. El término técnico para este análisis es eclesiología, que significa sencillamente el estudio de la iglesia: lo que es, el aspecto que debe tener, cómo debe funcionar en el mundo y cómo lleva a cabo su misión. Definir lo que es la iglesia es una tarea matizada y confusa por la cantidad de opiniones que existen en cuanto a lo que es exactamente[6]. Lamentablemente, pocos líderes de iglesia trabajan a partir de una sólida definición de la misma[7]. Es importante precisar y entender lo que es la iglesia desde el punto de vista bíblico antes de intentar plantar, dirigir y servir en iglesias locales. Si no comprendemos qué estamos sirviendo o dirigiendo, o qué es lo que estamos iniciando, no solo es poco probable que tengamos éxito, sino que ni siquiera sabremos en *qué* consiste.

¿Qué aspecto tiene la iglesia?

La Biblia utiliza muchas imágenes para comunicar la naturaleza de la iglesia[8]. Se la denomina templo del Dios vivo (*cf.* 1 Co 3:16-17)[9].

---

[6] Algunos estiman que el número de denominaciones protestantes supera las treinta mil. Véase *World Christian Encyclopedia*, 2ª edición, ed. David Barrett, George Kurian y Todd Johnson (New York: Oxford University Press, 2001).

[7] Esta ha sido también mi experiencia y la de Mark Driscoll. Véase Mark Driscoll y Gerry Breshears, *Vintage Church* [La iglesia clásica] (Wheaton. Crossway, 2008), 35.

[8] He adaptado lo siguiente de D. J. Tidball, «Church» [Iglesia] en *New Dictionary of Biblical Theology: Exploring the Unity and Diversity of Scripture* [Nuevo diccionario de teología bíblica: exploración de la unidad y diversidad de las Escrituras], ed. T. Desmond Alexander, Brian S. Grosner, Graeme Goldsworthy, D. A. Carson (Downers Grove, IL: InterVarsity Press, 2000), 410.

[9] A la iglesia también se le define como la nueva humanidad (*cf.* Ef 2:15), un cuerpo con muchas partes significativas y miembros (*cf.* 1 Co 12:12-31), la esposa de Jesucristo (*cf.* Ef. 5:25-33), el campo de Dios (*cf.* 1 Co 3:9), y una nación santa (*cf.* 1 P 2:9). La iglesia comenzó con la nación de Israel como renuevo de Abraham (*cf.* Gn 17:7) y el pueblo del pacto de Dios (*cf.* Ex 19:5-6) y sigue hasta el día de hoy como hijos verdaderos de Abraham, los que depositan su fe en Cristo (*cf.* Gá 3:7; Fil 3:3).

¿Pero qué aspecto tiene en realidad? ¿Qué la distingue de otros grupos e instituciones?

En su libro *Vintage Church*, Mark Driscoll y Gerry Breshears hacen un concienzudo trabajo de debate sobre la definición y la naturaleza de la iglesia neotestamentaria:

> La iglesia local es una comunidad de creyentes regenerados que confiesan a Jesús como Señor. En obediencia a las Escrituras se organizan bajo un liderazgo capacitado, se reúnen con regularidad para predicar y adorar, observan los sacramentos bíblicos del bautismo y de la comunión, y están unidos en el Espíritu, disciplinados para santidad y se dispersan para cumplir el Gran Mandamiento y la Gran Comisión, como misioneros para el mundo para la gloria de Dios y su propio gozo[10].

Esta definición contiene ocho requisitos útiles para comprender lo que significa ser una iglesia local.

Una regenerada membresía de iglesia

Esto solo significa que la iglesia se compone de gente que ha dejado de intentar salvarse a sí misma y que ha confiado en Cristo como Salvador y Señor[11]. Evidentemente, hay personas que acuden a los cultos de adoración y otros eventos sin ser cristianos, así como niños que esperamos oigan el evangelio, confíen en Cristo y participen en la vida de la iglesia. Dicho de un modo sencillo, membresía regenerada de la iglesia significa que los que son miembros han sido regenerados por el Espíritu Santo, y esto tiene como resultado la fe salvífica y perseverante en ellos.

---

[10] Driscoll y Breshears, *Vintage Church* [La iglesia clásica], 38-39.
[11] Hechos 2:38: «Arrepiéntase y bautícese cada uno de ustedes en el nombre de Jesucristo para perdón de sus pecados —les contestó Pedro—, y recibirán el don del Espíritu Santo».
[12] Para más sobre la razón de que haya ancianos y diáconos, véase el capítulo 3, «Un hombre capacitado» de este libro.

Un capacitado liderazgo de iglesia[12]

La iglesia fue edificada sobre los profetas y los apóstoles[13]. Estos, a su vez, designaron ancianos[14] y pusieron en marcha el oficio de diácono[15]. Los dos cargos de la iglesia son ancianos y diáconos[16]. Los primeros constituyen el oficio más alto y son responsables de servirla mediante su dirección[17]. Los diáconos deben guiar a la iglesia por medio del servicio[18]. Además, los líderes laicos sirven en la iglesia sin ostentar cargo alguno. A mí, en particular, me desagrada el término *personal [empleado]* cuando se desconecta del oficio de anciano o diácono. Es un vocablo que no se encuentra en las Escrituras y sus requisitos, en muchas iglesias, tienden a estar divorciados de las claras exigencias bíblicas para ancianos y diáconos. En diversas iglesias contemporáneas he descubierto que los requisitos para su personal no corresponden directamente con las especificaciones tan explícitas en las Epístolas Pastorales para dichos oficios.

La predicación y la adoración

Las primeras tres mil personas de la nueva iglesia de Jerusalén se convirtieron porque oyeron la predicación del evangelio[19.] No fue la experiencia de una sola vez, ya que estos primeros conversos siguieron disciplinándose para oír la Palabra de Dios y responder en adoración. Las iglesias cristianas primitivas continuaron reuniéndose para adorar, recibir instrucción y mutua edificación[20].

Los sacramentos administrados de una forma correcta

La iglesia tiene la responsabilidad de administrar el bautismo y la Santa Cena[21]. En estos sacramentos se suministra la presencia de Cristo a su pueblo.

---

[13] Efesios 2:20.
[14] Hechos 14:23.
[15] Hechos 6:1-4.
[16] Filipenses 1:1.
[17] 1 Timoteo 3:1-7.
[18] 1 Timoteo 3:8-13.
[19] Hechos 2:41.
[20] 1 Corintios 14:26.
[21] Mateo 28:19-20; 1 Corintios 11:23-26.

La unidad en el espíritu

La iglesia de Jesucristo se hace eco de la oración de Jesús que pidió a Dios Padre: «... para que todos sean uno. Padre, así como tú estás en mí y yo en ti, permite que ellos también estén en nosotros, para que el mundo crea que tú me has enviado»[22]. Esto no significa que los cristianos piadosos no puedan discrepar en cuestiones específicas de la doctrina o en los métodos. Sencillamente quiere decir que todos los cristianos ortodoxos comparten una unidad fundamental en su máxima identidad y misión.

La santidad

La iglesia ha sido hecha posicionalmente santa[23]; por tanto, busca mantener una santidad práctica mediante el arrepentimiento de pecado y creyendo en las promesas del evangelio, tal como se manifiesta por la obediencia a las Escrituras. La iglesia reprende a quienes han caído en el pecado[24] y disciplina a los que no se arrepienten del mismo[25]. La iglesia debería destacar como algo diferente del mundo, porque es santa[26].

El Gran Mandamiento de amar

Jesús resumió en su segundo gran mandamiento el deseo del corazón de Dios en cuanto a cómo tratamos a los demás seres humanos: «Ama a tu prójimo como a ti mismo»[27]. Las epístolas neotestamentarias añaden más sustancia a este mandato y ordenan a los creyentes que muestren hospitalidad para con los demás (*cf.* Ro 12:13)[28]. Donde ocurran estas cosas, allí está la iglesia. Donde esto brilla por su ausencia, no hay iglesia.

---

[22] Juan 17:21.
[23] 2 Corintios 5:17; Efesios 1:3.
[24] Gálatas 6:1.
[25] Mateo 18:15-17.
[26] Filipenses 2:15.
[27] Mateo 22:39.
[28] También se les dice a los creyentes que se soporten (*cf.* Ro 15:1), se edifiquen (*cf.* 1 Co 14:26), se restauren (*cf.* Gá 6:1), se perdonen (*cf.* Ef 4:32), se sometan (*cf.* Ef 5:21) los unos a los otros, considerando al otro superior a sí mismos (*cf.* Fil 2:3), no se mientan (*cf.* Col 3:9), compartan unos con otros (*cf.* He 13:16), se confiesen los pecados unos a otros (*cf.* Stg 5:16) y sean todos de un mismo sentir (*cf.* 1 P 3:8).

La Gran Comisión de evangelizar y disciplinar a la iglesia

La iglesia es un lugar donde Dios encuentra a los perdidos a través de la clara proclamación y manifestación del evangelio. La iglesia no se limita a hacer conversos, sino que forma a discípulos enseñando a la iglesia a que haga todo lo que Jesús ordenó[29].

¿De dónde viene la iglesia?

Para contestar a esta pregunta, debemos ir a la eternidad pasada. Dios siempre existió como una comunidad de personas formada por un Dios: Padre, Hijo y Espíritu Santo. Este colectivo divino tenía una misión. Antes de los orígenes del tiempo, este Dios trino planeó la iglesia como pueblo que él adoptaría por medio de Jesucristo[30]. En la creación, el Dios trino creó a Adán y Eva para que fueran portadores de su imagen, gobernaran y reinaran sobre la creación en nombre de Dios[31]. En otras palabras, la primera familia de la historia del mundo era una comunidad en misión.

Después de que las cosas fueran de mal en peor[32], Dios juzgó al mundo con un diluvio[33], humilló el orgullo humano[34] y, a continuación, decidió volver a empezar con una nueva familia, la de Abraham y sus descendientes[35] que formarían otra comunidad en misión[36]. Y entonces llegamos al Nuevo Testamento y a la primera mención de la iglesia (*cf.* Mt 16:18). Aquí Jesús describe a «los llamados» que están en una misión para asaltar las puertas del infierno. La iglesia es parte del plan de Dios para toda la eternidad y está vinculada a su misión desde la creación. Como lo explica Christopher Wright: «La misión no se hizo para la iglesia, sino que la segunda fue creada para una misión: la de Dios»[37]. Dios mismo ha sido siempre una comunidad en misión, y siempre ha capacitado a su pueblo para que también lo sea.

---

[29] Mateo 28:18-20.
[30] Efesios 1:4-5.
[31] Génesis 1:27-28.
[32] Génesis 6:5.
[33] Génesis 7:23.
[34] Génesis 11.
[35] Génesis 12:1-3.
[36] Isaías 49:6: «Yo te pongo ahora como luz para las naciones, a fin de que lleves mi salvación hasta los confines de la tierra».
[37] Wright, *The Mission of God* [La misión de Dios], 62.

¿Qué hace la iglesia?

A la vez que leía acerca de *Willow Creek* y percibía la necesidad de iglesias para artistas y atletas, comencé a leer el libro de los Hechos y el pasaje de Hechos 2:41-47 me fascinó de manera particular:

> Así, pues, los que recibieron su mensaje fueron bautizados, y aquel día se unieron a la iglesia unas tres mil personas. Se mantenían firmes en la enseñanza de los apóstoles, en la comunión, en el partimiento del pan y en la oración. Todos estaban asombrados por los muchos prodigios y señales que realizaban los apóstoles. Todos los creyentes estaban juntos y tenían todo en común: vendían sus propiedades y posesiones, y compartían sus bienes entre sí según la necesidad de cada uno. No dejaban de reunirse en el templo ni un solo día. De casa en casa partían el pan y compartían la comida con alegría y generosidad, alabando a Dios y disfrutando de la estimación general del pueblo. Y cada día el Señor añadía al grupo los que iban siendo salvos.

No me quedo corto si digo que estos versículos destrozaron mi vida. Comencé a darme cuenta de que las organizaciones paraeclesiásticas eran una reacción a la iglesia que no realizaba su labor. Empecé a ver cómo la iglesia local constituye el plan eterno de Dios para edificar a su pueblo a la vez que evangeliza al mundo. En estos versículos fue donde me percaté por vez primera de todo lo que la iglesia debía y podía ser:

- Creyentes edificados por la clara enseñanza de las escrituras (v. 42).
- Creyentes que oran juntos con fervor (v. 42).
- Creyentes conmovidos por el poder sobrenatural del Espíritu (v. 43).
- Creyentes que no permiten que las distinciones de clases los dividan (v. 44).
- Creyentes que comparten sus posesiones con los necesitados (v. 45).
- Creyentes que viven juntos en comunidad (v. 46).
- Inconversos atraídos y convertidos a Cristo (v. 47)

Lamentablemente, a lo largo de su historia la iglesia se ha centrado en una de estas funciones y ha disminuido o descuidado las demás. En otras palabras y por triste que resulte, la iglesia de Jesucristo vive a menudo muy por debajo de su divino mandato y su rica identidad. Ahora consideraremos algunos ejemplos de iglesias contemporáneas.

¿Cuáles son algunos ejemplos de iglesia?[38]

La iglesia docente (orientada a la doctrina)

La iglesia docente se centra en el compromiso con la «enseñanza de los apóstoles» (*cf.* Hch 2:42). Es el tipo de iglesia en la que el pastor ha conseguido un grado elevado en el seminario y es un buen maestro. Esas iglesias se glorían en la proclamación de la doctrina y asumen la responsabilidad de enseñar todo el consejo de la Palabra de Dios. Se imparten numerosas clases teológicas, y tienen a pequeños grupos que operan con el principal objetivo de la educación teológica en vez de las relaciones personales.

Las fuerzas de este modelo radican en que la congregación recibe una doctrina sana y se alienta a los miembros a que estudien las Escrituras para sí y mediten en las profundas verdades mediante una sistemática reflexión teológica. La debilidad de este ejemplo es que tiende a producir fariseos orgullosos de su conocimiento teológico, pero fallan a la hora de practicar la compasión con los de afuera. Del mismo modo, las iglesias docentes tienden a quedarse estancadas en una época[39], y esto hace que se resistan a adaptar su ministerio para alcanzar a la cultura emergente. El único crecimiento garantizado es el biológico, que se origina con los traslados de otras iglesias[40].

La iglesia devocional (orientada a la adoración)

Esta iglesia está comprometida con la oración, la adoración y la exposición del poder del Espíritu Santo. El pastor es enérgico y suele

---

[38] Esta subdivisión está copiosamente documentada por la enseñanza de Richard Lovelace. Un recurso de gran utilidad es su *Dynamics of Spiritual Life* [Dinámica de la vida espiritual] (Downers Grove, IL: IVP, 1979).
[39] Ed Stetzer suele decir que ¡muchas iglesias de la tradición están perfectamente contextualizadas para 1954! Esto lo oí en una conferencia de *Acts 29*, en octubre de 2006.
[40] Larry Osbourne denomina «migración de madurez» a este flujo de una iglesia a otra para recibir una enseñanza más profunda.

dirigir la adoración y la oración colectiva, que es el enfoque de la iglesia. Estas iglesias se deleitan en la presencia de Dios, y con frecuencia tienen cultos que duran hasta más de tres horas, con mucha música, oración y palabras proféticas[41].

Debido a su naturaleza experiencial, la fuerza de este tipo de iglesia consiste en que los miembros son alentados a ir a Dios para su propia santificación[42]. Otra gran fuerza de las iglesias devocionales es su tendencia a tener una mayor diversidad racial que otras. Su debilidad consiste en que se le suele llevar a una relación mística con Dios que no se basa en la sana doctrina, y que resulta en palabras proféticas y otras experiencias sobrenaturales con frecuencia elevadas por encima de las Escrituras.

La iglesia comunitaria (orientada a la comunidad)

La iglesia comunitaria se dedica a la comunión dentro del cuerpo, a través de relaciones conectadas que suelen trascender las barreras socioeconómicas. En estas iglesias, los pastores son más propensos a fortalecer el ministerio que a enseñar la Palabra. Desde arriba se implora a los miembros que «sean la iglesia» y que no dependan del clérigo al que pagan para hacer la obra del ministerio[43].

La fuerza de estas iglesias consiste en que el ministerio y las relaciones están descentralizados en pequeños grupos y esto resulta en una vibrante «vida como cuerpo». Del mismo modo, las necesidades de los miembros se conocen de inmediato y se suplen minuciosamente dentro de la iglesia de la comunidad. Su debilidad estriba en la dificultad que tienen los de afuera, en especial los inconversos, para entrar en ella. Con respecto a la toma de decisiones, es casi imposible que un pastor pueda dirigir una iglesia comunitaria porque cada uno se siente facultado para «influir» en prácticamente todas las disposiciones.

---

[41] Para una mejor comprensión de este don, léase Wayne Grudem, *The Gift of Prophecy in the New Testament and Today* [El don de profecía en el Nuevo Testamento y hoy] (Wheaton: Crossway, 2000).

[42] La santificación es una obra progresiva de Dios y el hombre que nos libera más y más del pecado y nos conforma más a Cristo en nuestra vida real. Véase Wayne Grudem, *Systematic Theology* [Teología sistemática] (Grand Rapids: Zondervan, 1995), 746.

[43] La base teológica para esta idea es el sacerdocio de todos los creyentes.

La iglesia buscadora (orientada a la evangelización)

La iglesia buscadora se dedica a hablar del evangelio a los perdidos, de forma privada y corporativa, para que el Señor pueda añadir cada día a su iglesia a aquellos que sean salvos. Utiliza la tecnología de vanguardia en sus cultos de adoración para ayudar a los inconversos a entender los principios básicos del evangelio. Sus pastores son unos apasionados de la evangelización y esta pasión se infiltra en todos los aspectos de la programación de la iglesia.

Su fuerza consiste en que es muy accesible para los que nunca han asistido a la iglesia, o los que han dejado de ir a alguna[44], y está dispuesta a innovar para responder a la siempre cambiante cultura. La debilidad de este tipo de iglesia se origina en el énfasis que se hace en los sermones prácticos, temáticos, instructivos y que desemboca en una iglesia que tiende a ser superficial. «Las verdades complejas» se suelen ignorar con frecuencia para suplir las necesidades de la gente.

La iglesia de la justicia social (orientada a las inquietudes sociales)

Este tipo de iglesia se dedica a servir a los marginados. Se valora a los pobres y se los sirve y se alienta la reconciliación de las razas. Suele iniciar varias organizaciones no lucrativas para el desarrollo de la comunidad. En este modelo de iglesia, el pastor tiene tendencia a ser un repartidor de ministerio y no un preparador de los santos.

Su fuerza consiste en que desafía a sus miembros a amar «a los más pequeños», dejando a un lado la tendencia de la iglesia contemporánea de conformarse con la afinidad[45]. La iglesia de la justicia social fomenta un sencillo estilo de vida entre sus miembros para que puedan identificarse con los pobres y los marginados. Asimismo, fortalece el ministerio que se extiende más allá de las cuatro paredes del edificio de la iglesia. La debilidad de este modelo está en que tiende a concentrarse en los aspectos corporativos del evangelio y descuida lo personal[46].

---

[44] Estos formaron parte una vez de una iglesia, pero han dejado de asistir a ella. Los sin-iglesia son personas que nunca han sido parte de una.

[45] La afinidad consiste en rodearse de gente que son como nosotros.

[46] Para un útil recurso que lo ayude a entender mejor esta debilidad, véase el artículo escrito por Steve Boyer y los ancianos de la iglesia *Capitol Hill Baptist Church* de Washington, D.C., «What Does Scripture Say about the Poor?»; http://sites.silaspartners.com/partner/Article_Display_Page/0,,PTID314526|CHID 598014|CIID2376562.00.html#vi.

¿Cómo se reproduce la iglesia?

El libro de los Hechos revela a una iglesia cuya enseñanza estaba centrada en el evangelio (predicaba a Cristo como clímax y héroe de todos los textos) y era misional en la práctica (proclamaba y vivía la fe cristiana en formas comprensibles para los inconversos). Al estar centrada en la vida y la obra de Cristo, la iglesia neotestamentaria se toma en serio los mandamientos de Cristo.

Por consiguiente, las iglesias misionales del siglo XXI, centradas en el evangelio, imitarán a las del libro de Hechos y plantarán otras dondequiera que el Espíritu Santo las guíe. Por desgracia, a lo largo del camino, la iglesia dejó de llevar a cabo esta práctica. Esto hizo que solo creciera hacia adentro y se enranciara, perdiendo su impacto misional y abandonando su intención original[47]. Se distrajo de la misión al centrarse en su propia estructura. Esta tentación es tan seria hoy día como lo fue en la historia de la iglesia. Driscoll escribe sabiamente que «una iglesia necesita estar organizada con tanta formalidad como sea necesario para entrar en la misión y permanecer en ella, y nada más»[48]. Cuando la iglesia pierde su misión, también extravía su fundamento, su poder y su influencia.

En los tiempos del Nuevo Testamento, las iglesias plantaban iglesias y estas repelían y atraían a los inconversos[49]. Al centrarse en Jesús y no en la política, el legalismo o en el simple activismo, los curiosos podían responder a Cristo sin distracción. Los miembros de dichas iglesias entienden que son salvos por pura gracia (no contribuyeron en nada para su salvación), son capaces de vivir su fe con confianza sabiendo que la vida perfecta de Cristo sustituye la suya propia delante de Dios de forma continua. Del mismo modo, los miembros son humildes porque son completamente conscientes de su propio pecado, sabiendo que fue la causa de que Dios sacrificara a su Hijo. Esta humilde confianza[50] resulta muy atrayente a los de afuera de la comunidad cristiana. Quienes atisban el cristianismo

---

[47] James Brownson lo explicó mejor: «El movimiento cristiano primitivo que produjo y canonizó el Nuevo Testamento fue un movimiento con un carácter específicamente misionero». Sacado de su libro *Speaking the Truth in Love: New Testament Resources for a Missional Hermeneutic* [Decir la verdad en amor: recursos del Nuevo Testamento para una hermenéutica misional], Christian Mission and Modern Culture Series (Harrisburg, PA: Trinity Press, 1998), 14.

[48] Driscoll y Breshears, *Vintage Church* [La iglesia clásica], 145.

[49] Hechos 5:13; 9:31.

[50] Conocí este concepto por primera vez por medio de Tim Keller.

por encima del seto miran a esa gente que es como ellos, pero no del todo; son confiados, pero no sentenciosos; humildes, pero no deprimidos. Los discípulos de este tipo son atractivos porque no proyectan una imagen de «soy mejor que tú», sino justo lo contrario, de «probablemente soy peor que tú, pero Dios salva a la gente como nosotros». Esta clase de seguidores ha crecido en el terreno de la iglesia local. Es entonces cuando esta empieza a llenarse de no cristianos que vienen a descubrir de dónde viene esta gente y por qué tienen una esperanza semejante. Una vez que esto empieza a ocurrir, tenemos una iglesia neotestamentaria donde los creyentes son edificados y se evangeliza a los perdidos. Este tipo de iglesias plantará nuevas iglesias.

La contextualización consiste en hacer que la iglesia sea en lo posible lo más culturalmente accesible, sin transigir en la verdad de la creencia cristiana. Para ello se busca la verdad atemporal y los métodos oportunos. En otras palabras, la contextualización no estriba en hacer que el evangelio sea relevante, sino en demostrar su relevancia. (Mark Driscoll)[1]

Ahora reconocemos que la cultura occidental no es el ámbito del cristianismo que debe llevarse al resto del mundo como parte de la misión de Dios, sino que se debe dirigir el evangelio en nuevas formas a una cultura occidental que ya no entiende ni discierne la clemente actividad de Dios en el mundo. (James V. Brownson)[2]

Para que la gente le encuentre sentido al mensaje cristiano, este debe llegarles en un lenguaje y unas categorías coherentes dentro de su cultura y su situación de vida particulares. (Dean E. Flemming)[3]

Toda declaración del evangelio en palabras queda condicionada a la cultura a la que pertenecen, y todo estilo de vida que afirme encarnar la verdad del evangelio está culturalmente condicionado al estilo de vida. Jamás podrá haber un evangelio libre de cultura. (Lesslie Newbigin)[4]

---

[1] Mark Driscoll y Gerry Breshears, *Vintage church* [La iglesia clásica] (Wheaton: Crossway, 2008), 228.
[2] James V. Brownson, *Speaking the Truth in Love: New Testament Resources for a Missional Hermeneutic* [Decir la verdad en amor: recursos del Nuevo Testamento para una hermenéutica misional] (Harrisburg, PA: Trinity Press International, 1998), 4.
[3] Dean E. Flemming, *Contextualization in the New Testament: Patterns for Theology and Mission* [La contextualización en el Nuevo Testamento modelos para la teología y la misión] (Downers Grove, IL: InterVarsity Press, 2005), 13.
[4] Lesslie Newbigin, *The Gospel in a Pluralist Society* [El evangelio en una sociedad pluralista] (Grand Rapids: Eerdmans, 1989), 306.

15

El cómo de la misión: la contextualización

Hasta el momento hemos visto que Dios llama a un hombre preparado en carácter y dones para vivir y predicar el evangelio. Sin embargo, un hombre llamado y capacitado, armado con el evangelio, no es suficiente. Debe ser capaz de predicar su mensaje de un modo que sus oyentes puedan comprender. Esto no significa que el evangelio carezca de poder propio o en sí mismo, como sostienen algunos críticos de la contextualizacón[5]; sencillamente reconoce que toda proclamación del evangelio tiene lugar dentro de un contexto y que las «buenas nuevas» han de explicarse en formas que la gente que se halle en dicho entorno las pueda entender[6].

¿Qué es la contextualización?

Contextualización es un término que los misioneros utilizaron originalmente para describir el proceso de llevar el evangelio a distintas culturas[7]. Es la respuesta del evangelio de la iglesia a la cultura. Consiste simplemente en tomar el evangelio inmutable y llevarlo a una cultura que no cesa de cambiar, y reiterar su significado de un modo que resulte comprensible a quienes lo estén escuchando[8].

La contextualización no es un rechazo de la verdad absoluta y objetiva del evangelio a favor de las últimas manías del relativismo. D. A. Carson lo explica mejor: «Ninguna de las verdades que los seres

---

[5] Para un ejemplo de algunas críticas de contextualización, verifique http://teampyro.blogspot.com, y en especial este artículo: http://teampyro.blogspot.com/2008/03/context-and-contextualization.html.
[6] Tim Keller, «Contextualization: Wisdom or Compromise?» (Connect Conference, Covenant Seminary, 2004), 3 escribe: «La estrategia misionera consta de dos partes: a) Por una parte, asegúrese de no quitar ninguno de los fundamentos ofensivos del mensaje del evangelio como la enseñanza sobre el pecado, la necesidad de arrepentimiento, la perdición de los que no están en Cristo, etcétera. b) Por otra parte, cerciórese de eliminar cualquier lenguaje o práctica que no sea esencial y que pueda confundir o herir sensibilidades en las personas a las que intenta alcanzar. La clave de una misión eficaz es conocer la diferencia entre lo esencial y lo no esencial».
[7] Véase http://www.pcusa.org/calltomission/presented-papers/young.htm.
[8] Graeme Goldsworthy, *Gospel Centered Hermeneutics* (Downers Grove, IL: InterVarsity Press, 2006), 26.

humanos puedan articular puede pronunciarse en una forma que trascienda la cultura, pero esto no significa que la verdad, así articulada, no lo haga[9]». Carson señala la simple realidad de que, cada vez que comunicamos la verdad, lo hacemos dentro de un contexto. Esto significa que aunque solo existe un evangelio inmutable, no hay una única manera de transmitirlo. Proclamar el evangelio de una manera estática, sin respetar el lenguaje, las costumbres, los sistemas políticos y religiosos de una cultura acabaría por socavar el evangelio mediante la infracontextualización.

Sin embargo, la contextualización puede suponer un esfuerzo arriesgado. Del mismo modo en que existe el peligro de permitir que el temor a la cultura conduzca a la infracontextualización del evangelio, también se corre el riesgo de sobrecontextualizarlo al colocarlo bajo la autoridad de esta. Veamos de nuevo la cita de Carson más arriba. La segunda parte de la misma señala la realidad de que aunque el evangelio exista dentro de un contexto, su verdad va más allá del mismo. Tiene razón. La verdad de Dios es *extralocal,* y esto significa que es cierta para todos los tiempos, en todos los lugares, para todas las personas. Creer que el evangelio es menos que esto significa sobrecontextualizarlo. Por consiguiente, ir por «arriba» o por «abajo» en lo que respecta a la contextualización tiene por resultado un ministerio ineficaz.

Tim Keller ha escrito extensa y brillantemente en este campo. Afirma: «La contextualización consiste en adaptar el ministerio del evangelio de una cultura a otra de distintas maneras: 1) cambiando aquellos aspectos del ministerio condicionados por la cultura, y 2) manteniendo aquellos otros que son inmutables y bíblicamente imprescindibles. La contexualización "encarna" la fe cristiana en una cultura particular. Es el proceso por el cual presentamos el evangelio a personas de una cosmovisión particular, en formas que los "receptores-oyentes" puedan entender»[10]. La definición de Keller demuestra el delicado equilibrio de la contextualización. El fiel ministerio del evangelio consiste tanto en firmeza como en flexibilidad. Por una parte, *luchamos* «vigorosamente por la fe

[9] D. A. Carson, «Maintaining Scientific and Christian Truths in a Postmodern World» [Cómo mantener las verdades científicas y cristianas en el mundo postmoderno], *Science & Christian Belief,* vol. 14, nº 2 (octubre 2002), 107-122; www.scienceandchristianbelief.org/articles/carson.pdf.
[10] Keller, «Contextualization: Wisdom or Compromise?» [La contextualización: ¿Sabiduría o transigencia?], 1.

encomendada una vez por todas a los santos» (Jud 3). Debemos estar firmes y ser fieles aun a las doctrinas cristianas más impopulares y difíciles. Por otra parte, *contextualizamos* el evangelio como hizo Pablo: «Me hice todo para todos, a fin de salvar a algunos por todos los medios posibles» (1 Co 9:22)[11]. Ambos componentes son cruciales.

Muchos críticos de la contextualización la etiquetan de compromiso: limitarse a cambiar el evangelio para complacer a la cultura[12]. Esto es malentender la naturaleza de este principio bíblico vital. La contextualización consiste en hablar a la gente con sus términos y no en ellos. Como explica Keller: «La contextualización no es "dar a la gente lo que quieren", sino más bien dar las respuestas de Dios (¡que ellos quizás no quieran!) a preguntas que hagan y en maneras que puedan entender»[13]. En otras palabras, existe una *atractiva insolencia* en la contextualización. El atractivo de contextualizar el evangelio es que escuchamos de verdad las preguntas que la gente formula. Somos capaces de escuchar pacientemente las esperanzas, los desafíos y los temores que la gente de una cultura expresa a través del arte, el teatro, la literatura y el cine para comunicar el evangelio de una forma que conecte con esos sentimientos. Muchos inconversos de nuestro entorno cultural se verán atraídos al evangelio cuando lleguen a entender cómo se conecta con ellos en las formas más hondas posibles. La cultura empieza a considerar que la iglesia es un lugar de profundidad y honestidad, y muchos prestarán oídos a las afirmaciones de Cristo. En realidad, la gente se siente *atraída* a la iglesia en lugar de verse rechazada por ella.

La contextualización muestra el atractivo del evangelio, pero también revela su insolencia[14]. Entramos en la cultura para escuchar, pero no damos *nuestras* respuestas, sino las de Dios. Como señala Keller, en la mayoría de los casos, ¡no es lo que la gente quiere oír! Por tanto, aunque muchos se sientan atraídos por el carácter, la conducta y el estilo de vida de la gente de la iglesia, se sienten ahuyentados debido al Salvador de la misma. Al explotar la categorías de liberal o

---

[11] Oí a Ed Stetzer utilizar este lenguaje de «luchar» y «contextualizar» en un evento de formación que hicimos juntos en Springfield, Missouri, en 2005.
[12] Puede ver algunas críticas en cuanto a la contextualización en http://www.youtuve.com/lanechaplin.
[13] Keller, «Contextualization: Wisdom or Compromise?» [La contextualización: ¿Sabiduría o transigencia?], 2.
[14] 1 Corintios 1:18.

conservadora y otras etiquetas reduccionistas, se eliminan piedras de tropiezo en el camino a la fe cristiana. Esto hace que la gente se tope de bruces con *la* piedra de tropiezo que es Jesucristo mismo[15].

Dean Flemming llega hasta el fondo del asunto cuando escribe: «La contextualización es el proceso dinámico y global por el cual el evangelio se encarna dentro de una situación histórica o cultural concreta»[16]. Esta definición demuestra el tipo de flexibilidad necesario para contextualizar de forma adecuada. Adaptar el ministerio del evangelio a una cultura requiere agilidad, maleabilidad y creatividad. Un buen predicador, por ejemplo, deber ser capaz de efectuar una exégesis no solo del texto, sino también de la cultura de los oyentes para poder ser un misionero fiel y fructífero. Debemos llevar el evangelio al mundo por medio de la iglesia y no permitir que este influya en ella y corrompa las «buenas nuevas».

Esta definición también alude a la meticulosidad que se requiere en la contextualización. Debe ser exhaustiva. Esto abarca examinar todos los aspectos del texto que se predica y la verdad que se explica a través de los ojos de aquellos que la están escuchando[17]. Por esta razón, un pastor misional debería predicar siempre como si hubiera incrédulos en la multitud. No debería suponer jamás que su audiencia se compone tan solo de aquellos que ya se han convencido de la verdad y del poder del evangelio. Debemos considerar todo lo que hacemos, de forma literal, a través de los ojos del incrédulo, formulando siempre la pregunta: «¿Cómo les llega esto a los incrédulos?»[18].

Mis pensamientos de llevar el «texto» a un «contexto» se cristalizaron por medio de una conferencia impartida en el Covenant Theological Seminary en el 2004, titulada «Connect Conference». Durante la misma, Tim Keller presentó un documento titulado «Contextualization: Wisdom or Compromise?» [Contextualización: ¿sabiduría o

---

[15] 1 Pedro 2:6-8. Por supuesto que, con frecuencia, los inconversos se sentirán ofendidos por los creyentes mismos: su conducta, sus palabras, su estilo de vida. Así como la gente odiaba a Daniel por orar tres veces al día (*cf.* Dn 6), y del mismo modo que persiguieron a Pedro y Juan por sanar y predicar el evangelio (*cf.* Hch 4:1-22), los creyentes de hoy se verán perseguidos por vivir en justicia. En mi opinión, cuando la iglesia se deshace de los elementos innecesarios de la cultura de la iglesia, los inconversos son capaces de aceptar el evangelio mismo de una forma más directa. En lugar de ver unos cuarteles generales «conservadores» o «liberales», ven a Jesucristo mismo. De esta forma, Cristo, y no la iglesia, se convierte en la razón máxima de la ofensa.

[16] Flemming, *Contextualization in the New Testament: Patterns for Theology and Mission* [La contextualización en el Nuevo Testamento: modelos para la teología y la misión], 19.

[17] Un gran recurso sobre esta tensión es la obra de John Stott, *Between Two Worlds: The Challenge of Preaching* [Entre dos mundos: el desafío de la predicación] (Grand Rapids: Eerdmans, 1994).

[18] *Cf.* la preocupación de Pablo en 1 Corintios 14:24-25.

transigencia?]. El artículo no solo ayudaba a definir la contextualización, sino que también perfilaba las tensiones que surgen cuando se intenta llevar el evangelio inmutable a las culturas cambiantes.

En su texto, Keller declara que «no existe una forma o expresión universal, descontextualizada del cristianismo»[19]. Opina que, para desaliento de ciertos cristianos fundamentalistas de nuestro entorno[20], la iglesia siempre se mezcla con la cultura. Resulta sencillamente imposible para la iglesia impedir que algunos aspectos de la cultura entren en su adoración o en su programación[21]. Explica:

> En el instante en que empezamos a ministrar debemos «encarnarnos», así como lo hizo Jesús. Las prácticas cristianas actuales deben tener una forma bíblica y otra cultural. Por ejemplo, la Biblia nos dirige claramente a usar la música para alabar a Dios. Sin embargo, tan pronto como escogemos el estilo de música que vamos a utilizar, entramos en una cultura. En cuanto elegimos un lenguaje, un vocabulario, un nivel particular de expresividad e intensidad emocional, y hasta la ilustración que nos servirá de ejemplo para un sermón, nos estamos moviendo hacia el contexto social de alguna gente y apartándonos del de otra. En Pentecostés todos oyeron el sermón en su propia lengua y dialecto, pero desde entonces, nunca podremos ser «todas las cosas para todas las personas» al mismo tiempo. De modo que la adaptación a la cultura resulta inevitable[22].

---

[19] Keller, «Contextualization: Wisdom or Compromise?» [La contextualización: ¿Sabiduría o transigencia?] 1. Brownson, *Speaking the Truth in Love*, 64, expone el mismo punto: «No existe una forma no contextualizada de expresar la narrativa del evangelio».

[20] Por «fundamentalistas» me refiero a personas que son anticultura y que tienden a ver las relaciones de la iglesia frente a la cultura en categorías puramente en blanco y negro, y que creen que su «tipo de iglesia» tiene el equilibrio perfecto.

[21] Keller cita un ejemplo práctico y cultural de esto: «Los cristianos coreanos tienen una cultura con una espesa capa previa de cultura confucionista (que convierte a la tradición humana en ídolo y venera a los antepasados). De modo que, cuando leen la Biblia, ven el énfasis en la sumisión a la autoridad, la lealtad y el compromiso. Los cristianos estadounidenses tienen una capa previa de individualismo occidental (que convierte los sentimientos y las necesidades individuales en ídolos). Por tanto, cuando leen la Biblia, detectan el hincapié en la libertad y la decisión personal. Pero los cristianos coreanos serán capaces de adquirir la fobia de los cristianos estadounidenses por el compromiso y el odio hacia la autoridad (es decir, cuando "descartan" la verdad bíblica), y los cristianos estadounidenses podrán copiar la tendencia de los cristianos coreanos al autoritarismo en sus instituciones y a venerar las tradiciones humanas de un modo farisaico (es decir, cuando "descartan" la verdad bíblica). La iglesia es sencillamente incapaz de no verse afectada, en algún aspecto, por la cultura en la que se encuentra». Keller, «Contextualization: Wisdom or Compromise?» 2.

[22] *Ibíd.*, 1.

La contextualización es un proceso de dos direcciones[23]. Dado que implica declarar la invariable verdad de Dios, una gran parte de la contextualización consiste en corregir los ídolos de la cultura. Del mismo modo, cuando los cristianos se encarnan en otra cultura, ven sus propios ídolos. Como han señalado los misioneros durante siglos, el cruce de culturas es el principal catalizador de la santidad personal y la efectividad del ministerio del misionero. Este proceso le permite discernir sus propias parcialidades que violan la verdad del evangelio. Keller señala:

> … aunque la Biblia no puede ser corregida por culturas no cristianas, los cristianos sí pueden serlo. (Negarse a permitir que su propio cristianismo sea corregido significa que se supone que este es perfectamente bíblico). Una filosofía no cristiana puede señalar un profundo entendimiento bíblico que los cristianos hayamos pasado por alto. Este tipo de proceso nos muestra qué parte de nuestro propio andamio es realmente bíblico y cuál era nuestro propio equipaje cultural o emocional[24].

Keller prosigue: «La contextualización es un equilibrio de aceptación y rechazo, de entrar y desafiar»[25]. Existen partes de cultura que podemos aceptar y entrar en ellas, por la gracia común de Dios que sostiene y preserva, dada a todas las personas y todas las culturas. Por ejemplo, en nuestro entorno cultural, los valores de comunidad (deberíamos vivir la vida juntos) y la justicia social (deberíamos servir a los pobres) son principios profundamente arraigados para muchas personas que no pertenecen a la fe cristiana. Son valores bíblicos. La iglesia puede aceptar y entrar en el deseo humano de conectarse con los menos afortunados y ayudarlos, porque tanto la comunidad[26] como el servicio a los pobres[27] son bíblicos. Este hincapié en la comunidad y el servicio es una de las claves del porqué muchas iglesias de *Acts 29* están creciendo en el difícil terreno de los contextos urbanos.

---

[23] *Ibíd.*, 2.
[24] *Ibíd.*
[25] *Ibíd.*, 3.
[26] Por ejemplo, Hechos 2:42-47.
[27] Por ejemplo, Proverbios 14:31: «El que oprime al pobre ofende a su Creador, pero honra a Dios quien se apiada del necesitado». *Cf.* Gálatas 2:10.

Entramos en la cultura dándonos cuenta de que está rota y, al mismo tiempo, es hermosa porque sale del corazón de las personas que, a su vez, están hechas a imagen de Dios y son pecadoras. Por tanto, la cultura tiene elementos en su interior en los que se puede entrar, como el deseo de comunidad y de justicia.

Al tomar conciencia de que es una entidad misionera[28], la iglesia debe entender que en la cultura, la gente tiene creencias muy asentadas sobre su vida que el evangelio debe tratar si quieren prestar oído al cristianismo. Para alcanzar a la gente con el evangelio, debemos dirigirnos a la opinión que la persona tiene de la naturaleza de la verdad, la historia, la ciencia y, en algunos momentos, de la política. Proclamar y predicar el evangelio que no trata los aspectos cognitivos de la cultura puede afinar sus emociones, pero no transformará su cosmovisión.

De la misma manera, testificar del evangelio y predicarlo debe comprometer los valores de la persona en la cultura. Esto significa entrar en los principios fundamentales de la gente. Un buen misionero examinará las cosas alrededor de las cuales esas personas orientan su vida: cómo invierten su tiempo, su dinero y su energía. Considerarán las preguntas que la cultura formula en torno a qué se reúnen, y las cosas que trascienden las barreras sociales normales. En mi contexto es el béisbol. La gente de San Luis, Missouri «adora» a los Cardenales de San Luis. Son orgullosos ciudadanos de la Nación Cardenal. Me asombra constantemente ver todos los segmentos de la sociedad que acuden al Templo de San Luis, el Estadio Busch. Artistas, jugadores de fútbol, hipsters urbanos, aficionados de la NASCAR y todos los demás son gente educada y apasionada del béisbol de los Cardenales. Es algo en torno a lo que se reúne la gente de mi ciudad, como lo demuestran el tiempo, el dinero y la energía que le dedican. Una forma de contextualizar en San Luis, Missouri, es informándose sobre su equipo profesional de béisbol. La iglesia debe estar dispuesta a entrar en la Nación Cardenal armada de un conocimiento básico del juego y, sobre todo, del equipo que moldea las pasiones de tanta gente.

---

[28] Para una buena descripción de la iglesia enviada a un contexto, léase *The Missional Church in Context: Helping Congregations Develop Contextual Ministry* [La iglesia misional en contexto: ayudar a que la congregación desarrolle un ministerio contextual], ed. Craig Van Gelder (Grand Rapids: Eerdmans, 2007).

Hay cosas que debemos acoger de una cultura a medida que el evangelio avanza hacia ella. Por supuesto que también existen cosas en ella que debemos rechazar y desafiar. Los valores occidentales del relativismo (toda verdad es subjetiva y personal) y su prima hermana, la tolerancia (no debes juzgar las creencias personales de otro), son ejemplos de los valores que deberíamos refutar y combatir. Contextualizar de manera adecuada es discernir las creencias centrales de la cultura y, a continuación, aportar la verdad de Dios confrontándolas y exponiéndolas, y retando a la gente a aceptar a Cristo.

«La contextualización es entrar, desafiar, y volver a contar los "argumentos" básicos y las "narrativas culturales"»[29]. Toda cultura tiene una historia, un argumento y una respuesta a estas preguntas:

1) ¿Cómo se supone que deben ser las cosas?
2) ¿Qué ha salido mal? ¿Cuál es el principal problema?
3) ¿Cuál es la solución?, y, ¿Puede llevarse a cabo?[30]

Las respuestas a estas preguntas forman la cosmovisión de los individuos y por consiguiente, la ética cultural. Una gran parte de la contextualización implica conectar las respuestas a estas preguntas fundacionales con la persona y la obra de Cristo. Esto es lo que parece estar haciendo el apóstol Pablo a la iglesia más desordenada del Nuevo Testamento, la de Corinto: «Los judíos piden señales milagrosas y los gentiles buscan sabiduría, mientras que nosotros predicamos a Cristo crucificado. Este mensaje es motivo de tropiezo para los judíos, y es locura para los gentiles, pero para los que Dios ha llamado, lo mismo judíos que gentiles, Cristo es el poder de Dios y la sabiduría de Dios»[31].

Los judíos consideraron que el poder era la respuesta a muchas de sus preguntas culturales. Pero la cruz les parecía una total debilidad y algo ofensivo. Los griegos ansiaban la sabiduría como parcela cultural. Pero la cruz era una completa locura. Pablo desafía las narrativas culturales de poder y sabiduría, y a continuación apunta a Cristo que encarnó el verdadero poder y la sabiduría[32]. En la

---

[29] Keller, «Contextualization: Wisdom or Compromise?» [La contextualización: ¿Sabiduría o transigencia?], 4.
[30] *Ibíd.*
[31] 1 Corintios 1:22-24.
[32] Keller, «Contextualization: Wisdom or Compromise?» [La contextualización: ¿Sabiduría o transigencia?], 4.

verdadera contextualización están el sí y el no, una afirmación, una negación. Las preguntas que formula la gente se oyen y se tratan, pero se les presenta un desafío mediante las respuestas que brinda el evangelio.

Ejemplos bíblicos de contextualización

Pentecostés, la antítesis de Babel

El apogeo de la estupidez y la rebeldía humanas se materializó, muy posiblemente, cuando intentamos edificar una torre que llegara al cielo. Dios detuvo este monumento al potencial humano creando una multitud de culturas que provocó que los que se encontraban en Babel hablaran distintas lenguas[33]. La raza humana, que alguna vez estuvo unida por el idioma, se veía ahora dispersada por su propia culpa. De modo que Dios escogió a un hombre, que quizás fue uno de los edificadores de la torre, para que fuera la persona que él bendeciría y usaría en la formación de una nación que sirviera de luz entre los dispersados de Babel y señalara el regreso a Dios. Con frecuencia leemos la Biblia como si la misión comenzara con la Gran Comisión de Mateo 28. La realidad es que toda ella es misional desde el principio. Ya en Génesis 12:1-3, Dios llama a Abraham y lo envía como misionero. En el Antiguo Testamento la misión comienza cuando se destina a la nación de Israel para que sea un agente misionero para las naciones que lo rodean[34]. Sin embargo, en última instancia fue la iglesia, el nuevo Israel, quien revertiría los acontecimientos de la torre de Babel.

En Hechos 2, Dios vuelve a tratar con las lenguas. Dios Espíritu Santo llenó a los discípulos y los capacitó para que hablaran en idiomas que no habían aprendido. No se trataba de lenguas al azar, sino en concreto las de aquellos que allí se habían reunido para la fiesta de Pentecostés; esto les permitió escuchar «las poderosas palabras de Dios» en su propio idioma (v. 11). Este acontecimiento sobrenatural hizo que la multitud prestara atención al apóstol Pedro que predicó el sermón que atrajo a los tres mil conversos de los que nacería la iglesia.

---

[33] Génesis 11:1-9.
[34] *Cf.* Deuteronomio 4:6-8; 1 Reyes 8:41-43. Para más sobre Israel como misionero a las naciones, léase Walter C. Kaiser Jr., *Mission in the Old Testament: Israel as a Light to the Nations* [La misión en el Antiguo Testamento: Israel como luz a las naciones] (Grand Rapids: Baker, 2000).

Dios dividió a la gente en Babel por medio de las lenguas. En Pentecostés, las unió por medio de ellas. El propósito de hablar distintos idiomas en Hechos no consistía sencillamente en demostrar el poder del Espíritu Santo (aunque ciertamente sirvió para ello). El significado más amplio de Pentecostés en la historia redentora es que Dios utilizó la desintegración cultural y las barreras lingüísticas para inaugurar y establecer el rumbo y el método de su iglesia. Capacitó a su pueblo para que, sobrenaturalmente, hablara de forma transcultural. Sin embargo, este acontecimiento solo ocurrió una vez en la historia humana. Por lo general, los misioneros deben esforzarse mucho para aprender la gramática base de un nuevo idioma y, mucho más aun, hacerse con los matices de un nuevo uso cultural de la lengua. Aunque Pentecostés estuvo marcado por un poder espiritual único, el enfoque misional no lo fue. Vivimos en la era de la iglesia, una época en la que Dios nos llama a llevar el evangelio a través de las fronteras idiomáticas y culturales. Debemos, por tanto, efectuar el duro trabajo de la contextualización del mensaje para que pueda entenderse de una cultura/lengua a otra.

La naturaleza del Nuevo Testamento

Algunos argumentan que en lugar de contextualizar, lo único que tenemos que hacer es «predicar la Biblia». Sin embargo, un marco así pasa por alto que la Biblia en sí es un acto de contextualización. Fue escrita en lenguas específicas, con entornos históricos y culturales concretos. Dios es el contextualizador supremo. Se acomoda a nuestros pensamientos y categorías finitas para que podamos entenderlo. Cada libro del Nuevo Testamento, por ejemplo, fue escrito para que fuese inteligible para una gente específica que vivió en un tiempo y una situación concretas[35]. A lo largo del mismo vemos a escritores inspirados por el Espíritu Santo que declaran el invariable evangelio a través de metáforas, narrativas e imágenes varias que apelaban a los distintos entornos de los públicos. Como explica Flemming: «Cada libro del Nuevo Testamento representa un intento por parte del autor de presentar el mensaje cristiano de una forma dirigida a un público en particular dentro de un entorno sociocultural en concreto»[36].

---

[35] Este es también el caso del Antiguo Testamento, que comunica a Israel con costumbres, lenguas específicas y conceptos históricamente concretos que fueran inteligibles para aquellos a los que iba destinado.
[36] Flemming, *Contextualization in the New Testament* [La contextualización en el Nuevo Testamento],15.

La tabla de Mark Driscoll que encontrarán en la página siguiente nos ayuda a entender, incluso con mayor claridad, cómo los autores de cada Evangelio eran plenamente conscientes de sus públicos y la forma en que Dios inspiró a cada hombre con el mismo contenido central aunque con distintos idiomas y énfasis, según el contexto de cada uno de ellos[37].

Flemming escribe también. «Los escritos de Pablo tienen menos de colección de estudios doctrinales que de serie de conversaciones teológicas entre el apóstol y sus diversos públicos dentro de sus circunstancias de vida»[38]. Lo comprobamos en Gálatas, donde la metáfora paulina de la redención combate directamente con un falso evangelio que exageraba la importancia de la circuncisión y la observancia de la ley. Asimismo, lo vemos en 1 Corintios, donde Pablo arremete contra una cultura que ensalzaba la habilidad retórica y los recursos filosóficos cuando declara que el evangelio era locura para los griegos y piedra de tropiezo para los judíos. En Filipenses, se proclama el evangelio por medio de un lenguaje político y militar, sumamente adecuado para la colonia romana de Filipos. En su carta personal a Timoteo, su principal discípulo, Pablo emplea expresiones de contabilidad como «depósito» acordes con un joven pastor que trata con creyentes que gastaban o multiplicaban su riqueza de forma inapropiada[39]. Hasta en epístolas similares como Gálatas y Romanos Pablo argumenta y enfatiza puntos análogos de un modo distinto, a causa de la situación de la iglesia a la que se está dirigiendo. En la primera, su tono es estridente y se centra, sobre todo, en las cosas en las que los gálatas han errado; en la segunda, sin embargo, procede de una forma más sistemática debido a las distinciones teológicas que existían en Roma entre judíos y gentiles. En el caso de Pablo, el teólogo nunca deja de ser el apóstol/misionero, y sus cartas nunca podrían estar divorciadas de los detalles concretos de su contexto.

---

[37] Mark Driscoll, *The Radical Reformission* [La reformisión radical] (Grand Rapids: Zondervan, 2004), 56-57.
[38] Flemming, *Contextualization in the New Testament* [La contextualización en el Nuevo Testamento], 105.
[39] William D. Mounce, *Word Biblical Commentary: Pastoral Epistles* [Comentario Bíblico Word: las cartas pastorales] (Nashville: Nelson Reference & Electronic, 2000), 371 observa que el término paulino «depósito» (utilizado, por ejemplo, en 1 Timoteo 6:20) se refiere a «una propiedad de valor confiada a una persona para su custodia.

Tabla 15-1

	Mateo	Marcos	Lucas	Juan
Autor	Cristiano judío; ex recaudador de impuestos menospreciado	Cristiano judío; primo de Bernabé	Médico cristiano gentil	Cristiano judío y el discípulo más joven de Jesús
Público principal	Judíos	Romanos	Gentiles	Griegos
Retrato de Jesús	Mesías y rey judío	Siervo fiel	Hombre perfecto	Dios
Genealogía de Jesús	Se remonta hasta Abraham y David, y muestra a Jesús como cumplimiento de la profecía del Antiguo Testamento	No hay genealogía ya que lo importante es lo que Jesús hizo y no su familia	Se remonta hasta Adán para mostrar que Jesús era completamente humano	Jesús como Verbo eterno de Dios
Rasgos notables	Aproximadamente el sesenta por ciento del libro son palabras de Jesús, tomadas de su enseñanza como rabino; alrededor de cincuenta citas del Antiguo Testamento	Es el Evangelio más corto; pocas citas del Antiguo Testamento; explica las palabras y las costumbres judías para quienes no lo son; Ciento cincuenta verbos en tiempo presente enfatizan los hechos de Jesús; treinta y cinco milagros. El cuarenta por ciento del libro consiste en palabras de Jesús	Aproximadamente el cincuenta por ciento del libro son palabras de Jesús; se menciona a trece mujeres que los demás Evangelios omiten; se explican las costumbres judías; se centra en los primeros años de Jesús y en su vida emocional	Alrededor del noventa por ciento es exclusivo de Juan; no hay parábolas ni exorcismos; siete declaraciones de «yo soy» por parte de Jesús demuestran que es Dios

Los escritos de Pablo no son los únicos que fueron contextualizados. Santiago escribe a «las doce tribus en la dispersión» (1:1) empleando el lenguaje y los conceptos judíos. Pedro se dirige a quienes eran perseguidos por Nerón, abre el evangelio de forma particular, en términos de la esperanza que proporciona en medio de la persecución del siglo I. Judas desafía a sus lectores a que contiendan «ardientemente por la fe que ha sido una vez dada a los santos» (v. 3) para que la iglesia pueda mantenerse firme frente a los locos herejes que se habían infiltrado en ella. Dentro de la gran perspectiva, las cartas del Nuevo Testamento fueron de inspiración divina y adecuadas, o contextualizadas, a nivel fundamental. Creo que estas distinciones duales contribuyen en verdad a la *atemporalidad* y *oportunidad* de las Escrituras.

El ejemplo de Jesús y Pablo

No obstante, la Biblia no es el acto supremo de contextualización; el mayor acto de Dios en este ámbito es la encarnación. «Y el Verbo se hizo hombre y habitó entre nosotros y hemos contemplado su gloria, la gloria que corresponde al Hijo unigénito del Padre, lleno de gracia y de verdad» (Juan 1:14). Cuando Dios se hizo hombre, se convirtió en un judío del siglo I cuya lengua era el arameo. «Aunque ofreció una enseñanza radicalmente nueva, no acuñó una nueva lengua para expresarlo»[40]. Era prácticamente imposible distinguir a Jesús del resto de los hombres de su contexto histórico. Se vestía como ellos, comía el mismo tipo de comida, y utilizaba el mismo idioma que cualquier judío promedio del siglo I. Como explica Mark Driscoll: «Jesús es el mayor misionero que jamás existió ni vivirá jamás. En realidad, su encarnación fue, en muchos sentidos, un viaje misionero dirigido y capacitado por Dios Espíritu Santo»[41].

Por esta razón, su ministerio es el ejemplo de cómo hacemos misión. Como él contextualizó, vivió entre las personas y habló su idioma, así debe hacerlo la iglesia. «Es posible, pues, que haya dos tipos de iglesias. Una dice a su comunidad: "Pueden venir a nosotros, aprender nuestro idioma, nuestros intereses y suplir nuestras necesidades". La otra afirma: "Vendremos a ustedes, aprenderemos su lengua, cuáles son sus intereses y supliremos sus necesidades". ¿Cuál de estos planteamientos imita la encarnación?»[42]. Las iglesias que imitan a Jesús son aquellas que están dispuestas a encarnar el evangelio encontrándose con las personas, allí donde están. En mi iglesia, *The*

---

[40] Flemming, *Contextualization in the New Testament,* [La contextualización en el Nuevo Testamento], 21.
[41] Driscoll y Breshears, *Vintage Church* [La iglesia clásica], 19.
[42] Keller, «Contextualization: Wisdom or Compromise?» [La contextualización: ¿Sabiduría o transigencia?], 4.

Journey, nuestro ministerio Midrash (http://midrashstl.com) está dedicado a interconectarse con la cultura mediante noches de cine y foros sobre política, ética y otros temas de interés del panorama cultural, una vez al mes. Asimismo, establecimos *The Luminary Center for the Arts* [Centro Luminario para las Artes] como forma de restablecer la relación entre la iglesia y los artistas de San Luis. (http://theluminaryarts.com). Muchas iglesias de la organización *Acts 29* hacen lo mismo[43].

Vemos este mismo principio en el ministerio del apóstol Pablo. Tenía tanto celo por ganar a la gente para Cristo que estaba dispuesto a adaptar sus métodos y su estilo de vida con tal de atraer al mayor número posible de personas. Adaptó con gran cuidado el estilo de su sermón para alcanzar de una forma más eficaz a los distintos grupos. Predicaba en entornos radicalmente desemejantes y, por ello, adaptaba y comunicaba el mensaje del evangelio de forma diferente en sus distintos sermones de Hechos. Pablo lo predicó, en Hechos 13, de una forma directa y clara a los judíos de Antioquía sirviéndose del Antiguo Testamento como indicador del mismo[44]. En el capítulo siguiente llevó el evangelio inmutable a los gentiles paganos de Listra[45], con un sermón en el que rogó a los listranos que no lo adoraran a él ni a Bernabé, meros seres humanos, y les declaró que Dios no es parte de la creación, sino el Creador. A continuación apeló a algo que todos entendieron. En lugar de utilizar la verdad revelada de Dios (el Antiguo Testamento) que ellos no conocían, recurrió a su experiencia de la gracia de Dios por medio de la lluvia que les permitía hacer crecer los cultivos, alimentar a sus animales y comer.

En Hechos 17, Pablo se encontró con un grupo único de personas que necesitaban oír el evangelio en su idioma local. A pesar del profundo desagrado que le causó el pecado y la idolatría de Atenas[46], se metió en su cosmovisión altamente espiritual pero vacía de evangelio

---

[43] La iglesia de *Acts 29, Sojourn Community Church* de Louisville está llegando a los artistas a través de *The 930 Art Center* que trabaja para aportar una renovación cultural por medio de las artes, auspiciando exhibiciones de las artes visuales y conciertos bajo el marco de la doctrina de *imago Dei*: todo el mundo es creativo, porque todos están hechos a imagen de Dios el Creador. Información adicional en http://sojournchurch.com/site-management/the-930.

[44] Pablo cita del Antiguo Testamento cinco veces durante el sermón.

[45] Un gran libro sobre Pablo y el paganismo es el de Peter Jones, *Capturing the Pagan Mind: Paul's blueprint for Thinking and Living in the New Global Culture* [Capturar la mente pagana: el prototipo del pensamiento y la vida de Pablo en la nueva cultura global] (Nashville: Broadman & Holman, 2003).

[46] Hechos 17:16: «Mientras Pablo los esperaba en Atenas, le dolió en el alma ver que la ciudad estaba llena de ídolos».

entrando en el epicentro del debate religioso, el Areópago[47]. No se limitó a razonar en la sinagoga como hizo en Hechos 13 ni tampoco fue por las calles como en Hechos 14, sino que buscó una nueva plataforma[48] en Atenas, para llegar a un pueblo que «se pasaba el tiempo sin hacer otra cosa más que escuchar y comentar las últimas novedades»[49]. Pablo habló en la jerga de estos hipsters pluralistas, citando de memoria a dos poetas/dramaturgos/filósofos griegos: «"En él vivimos, nos movemos y existimos". Como algunos de sus propios poetas griegos han dicho: "De él somos descendientes"»[50].

Pablo no estaba soltando nombres al azar para conseguir una «reputación callejera». Epiménides fue uno de los filósofos que citó; cientos de años antes lo habían llamado para que prestara ayuda a Atenas durante una grave plaga. Supuestamente, fue su conocimiento del dios no conocido la que condujo a le restauración de la ciudad[51]. Pablo, sumamente versado en exégesis bíblica, también se dedicaba a la exégesis cultural y conocía la historia ateniense lo suficiente como para citar al mismo hombre que les había presentado a este Dios no conocido[52]. Pablo se esforzó mucho para declarar que Dios es Creador (v. 24), autosuficiente (v. 25) y soberano (v. 26). Pero también actuó del mismo modo para ayudar compasivamente a aquellos atenienses espirituales, pero perdidos, a ver que Dios estaba cerca de ellos y que podían conocerlo en Cristo[53].

---

[47] Matthew P. Ristuccia define el Areópago como «la versión ateniense del siglo I del consejo editorial de *The New York Times*: un conjunto de guardianes influyentes de lo que debía estimarse sofisticado, prudente y elegante. El Areópago llevaba el manto de grandes griegos como Platón, Sócrates y Aristóteles». *Cf.* «Mere Christianity in Athens»; http://web.princeton.edu/sites/chapel/Sermon%20Files/2005_sermons/050105athens.htm.

[48] Mi amigo Jonathan McIntosh me ha ayudado con sus muchas perspectivas sobre Hechos 17. Define la plataforma como «permiso cultural».

[49] Hechos 17:21.

[50] Hechos 17:28. Estas citas son de Epiménides de Creta y Arato respectivamente.

[51] *Cf.* Don Richardson, *Eternity in Their Hearts: Startling Evidence of Belief in the One True God in Hundreds of Cultures Throughout the World* [La eternidad en sus corazones: impresionante prueba de fe en el único Dios verdadero en cientos de culturas por todo el mundo] (Ventura, CA: Regal, 2006), 17.

[52] *Cf.* Mark Driscoll: «Como misionero, necesita ver los programas de televisión y las películas, escuchar música, leer libros, inspeccionar revistas, asistir a eventos, unirse a organizaciones, navegar por las páginas web, y hacer amigos que no le gusten para poder entender mejor a las personas a las que Jesús ama», *The Radical Reformission,* 103.

[53] Jonathan McIntosh me ha ayudado a comprender que debido a que la cultura abarca a seres humanos gloriosos por la imagen de Dios en ellos, aunque quebrantados a causa del pecado, resulta más fácil rechazar la cultura por completo o absorberla plenamente. En otras palabras: es más fácil escoger entre centrarse enteramente en la gloria (la imagen de Dios) de los seres humanos, o de manera absoluta en el aspecto vergonzoso de los hombres (depravación). Los conservadores tienden a centrarse en la depravación y los liberales a concentrarse en el *imago Dei*. Los misioneros eficientes son capaces de mantener la tensión procedente de reconocer tanto la belleza como el quebrantamiento.

Pablo explica su filosofía de contextualización en este importante pasaje de 1 Corintios:

Aunque soy libre respecto a todos, de todos me he hecho esclavo para ganar a tantos como sea posible. Entre los judíos me volví judío, a fin de ganarlos a ellos. Entre los que viven bajo la ley me volví como los que están sometidos a ella (aunque yo mismo no vivo bajo la ley), a fin de ganar a éstos. Entre los que no tienen la ley me volví como los que están sin ley (aunque no estoy libre de la ley de Dios sino comprometido con la ley de Cristo), a fin de ganar a los que están sin ley. Entre los débiles me hice débil, a fin de ganar a los débiles. Me hice todo para todos, a fin de salvar a algunos por todos los medios posibles. Todo esto lo hago por causa del evangelio, para participar de sus frutos (9:19-23).

El evangelio es el mensaje de nuestra misión, y la contextualización el método de nuestra misión. Si, como Pablo, amamos el evangelio (v. 23), lo contextualizaremos como él (vv. 19-23). Llevamos el inmutable evangelio a la cultura siempre cambiante para que las personas, en un tiempo y una cultura específicos, puedan comprender la verdad del evangelio y ser salvos por ella.

16

Las manos de la misión: la dedicación

Cuando me trasladé a San Luis, me impresionó la belleza de esta extraordinaria ciudad. Como antigua ciudad de rica historia, contaba con una hermosa arquitectura y un carácter de mundo antiguo. Sin embargo, como otras muchas ciudades del Cinturón de Óxido [Rust Belt] había sido absorbida por el torbellino de la descontrolada expansión urbana que la había diezmado, dejándola desolada y nadando en la tensión racial[1]. Me di cuenta de que plantar una iglesia en una ciudad con este tipo de historia y quebrantamiento requeriría un compromiso con el evangelio como Palabra, pero también como hechos.

La gran co-misión

El Evangelio según Mateo concluye con el encargo que Jesús hace a sus seguidores de continuar con la obra que él había iniciado, y les da instrucciones de que:

1. Hagan discípulos de todas las naciones (28:19).
2. Bauticen a estos discípulos en el nombre del Padre, del Hijo y del Espíritu Santo (28:19).
3. Enseñen a los discípulos a observar todo lo que Jesús ordenó (28:20).

No sabemos si Jesús fue tan escueto como Mateo recoge en su discurso de despedida, pero nuestro Señor sabía muy bien cómo almacenar un montón de significado en pocas palabras, por lo que esta pudo ser perfectamente la totalidad de su disertación final. Si en alguna ocasión se sienten confusos en cuanto a lo que Cristo quiere

---

[1] Véase http://www.urbandictionary.com7define.php?term=rust+belt para la definición de «Rust Belt» [Cinturón de Óxido] y http://en.wikipedia.org/wiki/Urban_sprawl para una definición de «urban sprawl» [expansión urbana descontrolada].

de usted y de la iglesia, revise las últimas palabras de Jesús en el Evangelio de Mateo.

Resume el papel que deberán desempeñar sus seguidores. Debemos hacer discípulos de todas las naciones por medio de nuestra enseñanza y de nuestra forma de vivir. Dado que las verdades del evangelio se aplican a todos los hombres, mujeres y niños de todas las naciones, y en vista de que el cielo es el arquetipo de la diversidad, el resultado de nuestra reunión debería parecer, sonar y oler a algo muy variado.

Una vez reunidos los discípulos, debemos bautizarlos bajo la autoridad del Padre, el Hijo y el Espíritu Santo. De manera resumida, esto significa que Jesús quiere que sus seguidores exhiban externamente la transformación que ha ocurrido en su interior, y que comienza con el sacramento del bautismo. Hasta este momento, Jesús no ha ordenado nada que sea terriblemente polémico o escape a nuestras posibilidades. Esto es lo que supuestamente debe hacer cualquier seguidor individual de Jesús y cualquier iglesia que lleve su nombre.

El tercer punto es donde parece haberse deslizado alguna confusión en la iglesia. La tercera instrucción de Jesús consiste en que se enseñe a los discípulos todo lo que él ordenó. ¿Pero enseñarles qué? Él dice específicamente que se les enseñe a «guardar» todas las cosas que él les había mandado. En esta instrucción destacan un par de cosas.

En primer lugar, observemos que Jesús está llamando a la iglesia a que le señale el evangelio a la gente *antes* de hacer nada en cuanto a su conducta. El papel de la iglesia no es crear una sociedad de personas bienintencionadas y de moral superior. Según sus palabras, la iglesia debe abogar por el evangelio y dejar que el Espíritu Santo haga la obra de transformar a las personas de adentro hacia afuera. Muchas iglesias estadounidenses se han concentrado de manera casi exclusiva en convertir a la gente a un código de conducta cristiana con la esperanza de que su «comportamiento» los lleve a la salvación. Nada podría alejarse más de la intención del evangelio de gracia.

En segundo lugar, Jesús está llamando a sus discípulos a aprender a *guardar* todas las cosas que él había mandado. La palabra «guardar» significa aquí «obedecer»[2]. Jesús no quiere que sus seguidores se

---

[2] Nota de estudio en ESV *Study Bible* [Biblia de Estudio ESV] (Wheaton, IL: Crossway Bibles, 2008).

conformen con tener la mente llena de conocimiento sobre la teología, sino que obedezcan de verdad (es decir, guardar, hacer, vivir) la enseñanza revelada de la Palabra de Dios. ¿Y qué es lo que quiere que obedezcamos? ¿Qué significa guardar todas las cosas que él mandó? Jesús lo resume en dos mandamientos.

En Marcos 12:30-31, Jesús sintetiza la ley mediante la explicación de los dos mandamientos principales. «"Ama al Señor tu Dios con todo tu corazón, con toda tu alma, con toda tu mente y con todas tus fuerzas". El segundo: "Ama a tu prójimo como a ti mismo". No hay otro mandamiento más importante que éstos». Guardar todo lo que Jesús mandó va dirigido, principalmente, a amar a Dios y a las personas. En otras palabras, Jesús llama a la iglesia a *hacer* algo, a llevar la misión de Dios como manos y pies del Señor del cielo y de la tierra resucitado y, ahora, ascendido. Y que no lo hagamos como un puñado de renegados del ministerio. Está indicando que quiere que la iglesia, el cuerpo unificado de todos los creyentes, busque de forma estratégica, alcance, enseñe y sirva a las personas.

La historia que cierra esta sección trata de cómo intenta *The Journey* amar al Señor nuestro Dios y a nuestro prójimo como a nosotros mismos. Estos esfuerzos están dirigidos por Josh Wilson, pastor de *Journey* que, antes de desempeñar ese oficio, era interno de *Journey* con un corazón que anhelaba dedicarse al ministerio de misericordia con los pobres urbanos de San Luis. ¡Gran meta y difícil tarea! Lo que viene a continuación es cómo el pastor Josh pasó de ser un interno luchador e ingenuo a fundador y director ejecutivo de *Mission: St. Louis*. Durante el proceso se convirtió en uno de los líderes más fuertes de *The Journey*. Al leerlo, sobre todo aquellos de ustedes que estén intentando tratar cuestiones similares dentro de sus contextos, les ruego que reconozcan que nuestros esfuerzos no son perfectos. No hemos resuelto los problemas de la pobreza; la estabilización de los barrios; el desempleo y el subempleo; la grave división racial; drogas, sexo y tráfico de personas; y las elevadas tasas de delincuencia. Tampoco estamos cerca de solucionarlos. Nos hemos dedicado a construir relaciones con los más necesitados del poder de sanidad del evangelio y, mientras tanto, hemos captado la atención de mucha de nuestra propia gente de *Journey* que han intercambiado su amable búsqueda de Dios por la oportunidad de entrar en el quid de amar a sus prójimos como a sí mismos.

El comienzo

¿Cómo sería servir a la ciudad? Esta pregunta fue la que dirigió las prácticas del pastor Josh cuando llegó por primera vez a *The Journey*. Tras dos años trabajando con niños en el interior de la ciudad, antes de sus prácticas, Josh observó de primera mano los efectos de la pobreza en San Luis. Con el peso de esta experiencia, comenzó un ministerio de misericordia en julio del 2006 en *The Journey*. Él y el equipo que consiguió reunir comenzaron a intentar «resolverlo todo». Josh contaba: «Estábamos metidos en toda clase de actividad típica imaginable relacionada con servir a los pobres de la ciudad: desde comedores de beneficencia hasta albergues para mujeres, caminar por las calles del centro a altas horas de la noche en busca de gente sin hogar a la que evangelizar y todo lo que pueda pensarse».

Después de un aluvión de actividad bien intencionada, pero desenfocada que duró tres meses, Josh se dio cuenta de que su equipo estaba intentando hacer muchas cosas buenas. Y estaban fracasando estrepitosamente. «No habíamos construido relaciones, compartido luchas, llevado cargas ni amado de verdad a nuestros prójimos, de la manera en que deberíamos haberlo hecho. Estábamos convencidos de saber lo que los pobres necesitaban sin escucharlos, identificarnos con ellos o conocerlos». Comenta Josh. Y añade: «A pesar de todas nuestras ocupaciones, en realidad no estábamos logrando nada. No estábamos potenciando ningún cambio económico, social o de desarrollo. Nuestros voluntarios, un día fervientes, estaban ahora agotados. Tras haber intentado arreglar la ciudad sin visión ni misión, en verdad habíamos hecho más daño que bien. No conocíamos a aquellos a los que estábamos sirviendo ni teníamos idea de qué era *Mission: St. Louis*, ni hacia dónde nos dirigíamos».

El punto de inflexión

Josh no se contentó con cruzarse de brazos, sino que hizo una profunda introspección en cuanto a su llamado y a la misión que Dios había colocado delante de él. Estableció un diálogo con otros líderes en los que confiaba e inició un proceso de crítica radical de sus esfuerzos en el ministerio. Rogó a Dios que les mostrara a él y a su equipo con toda claridad la dirección que debía seguir *Mission: St. Louis*. Como suele ocurrir, la respuesta de Dios fue una sorpresa para Josh y el equipo.

El punto de inflexión surgió en medio de otro proyecto: la donación de material escolar a varias escuelas elementales, incluida la *Adams Elementary* en el barrio de Forest Park Southeast, a unos ochocientos metros del campus de *The Journey*, al sur de la ciudad. Josh recuerda el día que entregó los suministros a *Adams*.

«El día que llevamos el material nos recibieron con una gratitud y hospitalidad que nos impresionó. Tras dejar suministros en otras cuantas escuelas, sentimos una fuerte sensación de que Dios quería que regresáramos a *Adams*». Así comenzó la relación entre la *Adams Elementary* y *Mission: St. Louis*. Josh preguntó al personal de *Adams* cuáles eran sus sueños para la escuela. El personal estaba más que contento de poder hablar de ellos.

La primera respuesta de su directora, Jeanetta Stegall, fue que les gustaría mucho que *Mission: St. Louis* ayudara de nuevo con el material escolar al año siguiente. Josh presionó un poco más, preguntando: «Si pudiera obtener cualquier cosa que quisiera, ¿cuál sería?». La respuesta llegó de inmediato. Soñaba con una escuela donde los niños (sus «bebés» como ella los llamaba) pudieran leer y tener un apoyo familiar en casa para ayudarlos a conseguirlo. Imaginaba modelos masculinos positivos en el vecindario que enseñaran a los niños a ser hombres y cómo deberían las niñas ser tratadas como mujeres. Idealizaba una escuela que no obligara a las familias a mudarse a causa del incremento de las rentas y del aburguesamiento. En última instancia, sus sueños eran como el de cualquier otro gerente escolar: que *Adams Elementary* fuera un lugar en el que cada niño tuviera una oportunidad más que decente de alcanzar su potencial.

La directora Stegall siguió revelando no solo una serie de graves inquietudes en cuanto a las tasas de alfabetismo del vecindario, sino que también reconocía el aumento de la desubicación de las familias a medida que el aburguesamiento del barrio iba alcanzando su apogeo. Hacia finales del 2006, Forest Park Southeast vio sus casas rehabilitadas y vendidas a razón de dos al día, lo que obligó a las familias que habían pasado toda su vida en aquel barrio a trasladarse a viviendas de la Sección 8 en lugares completamente distintos del área metropolitana. Stegall también subrayó la falta de hombres en el vecindario, y comentó que «el único modelo masculino que ven mis niños son los traficantes de las esquinas y los hiphoperos de la televisión».

Mientras la escuchaba, Josh comenzó a ver que había mucho más en aquella relación de lo que había pensado en un principio. Resultó que la *Adams Elementary* era el centro del barrio de Forest Park Southeast. Si había un acontecimiento vecinal, se fomentaba y se celebraba allí. Si uno quería conocer los verdaderos problemas de las familias del barrio, no había más que preguntar a los profesores y a la administración de *Adams*. En otras palabras, si se quería marcar un impacto en aquel vecindario, había que empezar en *Adams Elementary*.

Armados de esta nueva dirección y entusiasmo, Josh y *Mission: St. Louis* decidieron poner todos los huevos en el mismo cesto. En lugar de diseminar su influencia por toda la ciudad, decidieron agrupar todos sus recursos económicos y humanos en *Adams Elementary* y Forest Park Southeast, con la esperanza de que ayudarían a transformar el barrio, para después hacer lo mismo con el vecindario siguiente, etcétera.

«Habíamos hallado una escuela que invitaba y un barrio que se enfrentaba a cuestiones difíciles como la pobreza y el aburguesamiento», explicaba Josh. «Empezamos a estudiar y aprender cómo servir de una forma que tratara con la raíz de aquellos asuntos. Dejamos de trabajar de forma dispersa por toda la ciudad y empezamos a estrechar nuestro enfoque y a poner todos nuestros recursos en una comunidad específica. Necesitábamos un lugar en el que tuviéramos una relación sobre la que poder construir, donde llegar a conocer de verdad a la gente y sus necesidades, y donde poder trabajar hacia el verdadero desarrollo de la comunidad. Forest Park Southeast se convirtió en todo esto para nosotros.

Forest Park Southeast (FPSE)

El primer obstáculo principal para *Mission: St. Louis* fue que sabía muy poco acerca del contexto recién encontrado de su ministerio.

Conocía la ubicación física, los límites que definían el vecindario, y que se estaba desarrollando lo que parecía una relación muy fructífera con *Adams Elementary*. Pero eso era todo, y no bastaba para realizar un ministerio eficaz dirigido por el evangelio. El equipo empezó a hacer sus deberes. Recorrían las calles para conversar con los expertos del barrio: sus habitantes. De manera más específica, buscaban gente que hubiera vivido en FPSE durante largo tiempo. Reunieron información anecdótica y de observación, y consultaron los datos del censo y los resultados de las estadísticas locales y estatales. Los resultados proporcionaron a Josh y su equipo una idea reveladora del barrio al que Dios los había llamado a servir.

«Hace cientos de años, San Luis era una ciudad pujante, con una población de 575.000, una de las mayores de la nación», indica Josh. Y tiene toda la razón. Durante la década de los cincuenta, el «vuelo blanco»* de la mayoría de los centros de población estadounidenses no fue distinto al de San Luis. Las familias de ingresos medio-altos se marchaban del centro urbano para desarrollar los suburbios comercial y residencialmente, dejando atrás a muchos habitantes de bajos recursos. La pobreza aumentó y las tasas de delincuencia también. En el año 2000 las cifras de población descendieron a 348.000. Hoy esta tendencia ha empezado a cambiar, con un incremento de población del 0,7% en el periodo 2000-2007, un hecho significativo en vista de los cincuenta años anteriores de rápido declive. Con todo, San Luis se enfrenta a unas tasas más elevadas de pobreza y delincuencia que todo el estado en su conjunto, y en el 2006 las noticias de la CBS informaron que San Luis estaba catalogada como «la ciudad más peligrosa de los Estados Unidos»[3].

De muchas maneras FPSE es un microcosmos de la difícil situación de San Luis. Según los datos del censo del año 2000, el 70% de los residentes de FPSE son afroamericanos. La media de edad en ese mismo año era de veintidós, catorce menos que la media estatal (treinta y seis) y diez años menor que el conjunto de la ciudad (treinta y dos). El mismo censo muestra que la mayoría de las viviendas del barrio de Forest Park Southeast estaban ocupadas (el 66%). Esta tasa

---

* En la década de 1950 muchas familias estadounidenses optaron por marcharse del área metropolitana por los altos impuestos. Se le llamaba «vuelo blanco», porque las que se marchaban eran principalmente familias de raza blanca, mientras que los negros quedaban confinados al este de la ciudad [N.T.].
[3] Estudio recopilado por Mario Quinto Press y publicado en las noticias de la CBS; http://www.cbsnews.com/stories/2006/10/30/national/main2135998.shtml.

de ocupación en viviendas alquiladas es superior a la de la ciudad y la del estado, del 53% y el 30% respectivamente. Aunque no son convincentes por sí mismas, estas estadísticas nos proporcionan un esquema básico del vecindario. Otras estadísticas entran en mayor profundidad.

Una de las estadísticas más desconcertantes que Josh y *Mission: St. Louis* revelaron proporcionó una idea sorprendente del deterioro económico de FPSE. El índice de pobreza es del 36%, superior al de la ciudad de San Luis que asciende al 25% y el del estado que es del 12%. «En 2007 FPSE contaba con una población de 3.670 personas, de las que el 36% se hallaba por debajo del umbral de la pobreza, es decir 1.321 personas que constituyen nuestra población objetivo. No obstante, entendemos que el verdadero cambio a nivel de comunidad conllevará contar también con los 2.349 residentes restantes. En el último año hemos servido a 585 personas, que representan el 44% de la población objetivo», señala el pastor Josh.

Que el 35% de los residentes de FPSE —un porcentaje que duplica el del estado— por encima de los veinticinco años no hayan acabado la escuela secundaria hace que las estadísticas de pobreza sean aun más inquietantes. Se evidenció de inmediato la necesidad de una estabilidad económica y más educación. Y aun hay más: una encuesta dirigida durante el semestre de otoño de 2003 por el Departamento de Educación Elemental y Secundaria de Missouri formuló a los padres una variedad de preguntas sobre ellos mismos, su vida familiar y cómo les iba a sus hijos en la escuela. En la que se realizó en *Adams Elementary School*, situada en el corazón de FPSE participaron un total de 189 padres: 82% eran las madres, 6% los padres, 3% las abuelas y 8% otros familiares. Parecían confirmar la evidencia anecdótica que Josh y su equipo habían recopilado y que indicaba que los padres de FPSE no se hallaban por ninguna parte. A continuación proporcionamos datos adicionales que indican la grave necesidad de las familias de dicho barrio:

- 57% de las familias cuentan con un único ingreso, el 16% con ninguno;
- 25% de los padres señalan que sus hijos ven la televisión durante más de cuatro horas diarias;
- 62% de las familias son monoparentales;

- 61% de las familias no tienen computadora en casa;
- 68% de las familias no tienen acceso a la Internet en casa;
- 90% de los estudiantes son aptos para los programas de comedor gratuito o a coste reducido.

No es de sorprender que la necesidad académica de los estudiantes sea tan enorme. *Adams Elementary* forma parte del sistema público escolar de San Luis. Los propios funcionarios escolares informan que la escuela no ha tenido un Adequate Yearly Progress (AYP) [Progreso anual adecuado] durante tres años consecutivos. Las puntuaciones escolares representan el nivel en el que los estudiantes no están alcanzando su potencial. En 2007 los alumnos de sexto grado puntuaron un 15% de la porción de matemáticas del Missouri Assessment Program (MAP) test [examen del Programa de Evaluación de Missouri], mientras que la media del estado ascendió al 49%. Además, solo alcanzaron un 5% en la parte correspondiente a las Artes de la Comunicación, mientras que el promedio estatal fue del 44%. Las necesidades académicas de los estudiantes de *Adams Elementary* siguen sin suplirse, situándolos en un riesgo de fracaso y, posteriormente, de abandono escolar. «La juventud en riesgo»[4], como la define la Asociación Nacional de Niños Superdotados, describe a unos «estudiantes cuyas necesidades económicas, físicas, emocionales o académicas no se suplen o sirven de barreras para el reconocimiento del talento o del desarrollo, colocándolos por tanto en peligro de fracaso o de abandono escolar». Los estudiantes de *Adams Elementary School* responden a esta definición.

Mission: St. Louis empezó a desarrollar algunas estrategias para resolver algunas de las necesidades más apremiantes de FPSE, según un criterio muy claro.

Suplir las necesidades

El conjunto de evidencias sacó a la palestra tres ámbitos específicos que precisaban atención en FPSE. *Mission: St. Louis* empezó a desplegar unas estrategias y programas para hacer frente a la baja educación, a una capacitación centrada en el evangelio, y a la inestabilidad

4 Véase http://www.nagc.org, http://txgifted.org/gifted-glossary.

económica. El resultado actual es que *Mission: St Louis* opera unos programas basados en indicadores de medición del éxito y mejores prácticas, asegurando así una mayor probabilidad de conseguir los resultados más óptimos posibles. A continuación encontrará una idea sobre cómo está tratando *Mission: St. Louis* algunas de las necesidades más apremiantes en FPSE[5].

Educación

Programa de lectura matinal

El Morning Reading Program (MRP) [Programa de lectura matinal] fue diseñado por un especialista de lectura de postgrado y miembro de *Journey*, Brandy Greiner, en colaboración con instructores de alfabetización de las escuelas públicas de San Luis. El programa utiliza los seis pilares de la alfabetización: conciencia fonémica, fonética, fluidez, vocabulario, soltura y comprensión de lectura. Los voluntarios dedican la mayor parte de los veinticinco a treinta minutos a leer con los niños, y una vez al mes le entregan a cada estudiante un libro para que se lo lleve a casa. Durante el resto del tiempo con los alumnos, se centran en enseñar conciencia fonémica, y habilidades de comprensión de nivel superior a quienes no tienen acceso en casa ni con tanta frecuencia en clase.

Adopte una clase

Este programa es el resultado directo de la petición de los profesores y administradores de *Adams Elementary* para recibir ayuda en las clases. Dado que la investigación demuestra rotundamente que las clases con menos alumnos aprenden mejor, este plan les facilita a los maestros un voluntario que dedicará al menos una hora a la semana a una clase en particular[6].

---

[5] Para una información más detallada sobre estos y otros ministerios de Mission: St. Louis, por favor, visite http://www.missionstl.org.
[6] F. Mosteller, «The Tennessee Study of Class Sixe in the Early School Grades», *The Future of Children: Critical Issues for Children and Youths* [El futuro de los niños: cuestiones críticas para niños y jóvenes], vol. 5, n° 2 (1995), 113-127.

Potenciación

Una Navidad asequible

El evento de potenciación característico de *Mission: St. Louis* es «una Navidad asequible». En años anteriores, *The Journey* participó en unos programas vacacionales enteramente basados en la caridad. Los voluntarios compraron regalos y los entregaron a las familias. El pastor Josh observó algo que no iba bien en uno de estos procesos de entrega. «Noté que los niños, las madres, las abuelas se quedaban extáticos: sonreían, reían, lloraban, y todo lo que hiciera falta. Sin embargo, los padres, si es que estaban allí , hacían lo posible para salir sigilosamente por la puerta de atrás» comentó. Lo que Josh captó fue vergüenza. Aunque la caridad era muy útil y proporcionaba una Navidad decente a un montón de niños, resultaba terrible a la hora de estimular y fortalecer a las personas en general, y a los hombres en particular.

Inspirado por un programa desarrollado por Bob Lupton[7], Josh empezó a cambiar las cosas. Trabajó con el Departamento de Servicios a la Familia para identificar a las familias con ingresos más bajos en FPSE y los vecindarios alrededor, y utilizó miles de regalos donados por miembros de *Journey* y asistentes regulares, haciendo que «una Navidad asequible» se centrara más en fortalecer que en la caridad. Proporciona a los padres con bajos ingresos la oportunidad de comprar regalos a sus hijos a bajo coste. Para estas familias, la Navidad ha pasado a ser una festividad de esperanza, gozo y orgullo en lugar de una ocasión llena de temor, inquietud y decepción. Y todo el dinero que se recoge de la venta de juguetes vuelve directamente al barrio de FPSE. En 2008 la tercera celebración de «una Navidad asequible» sirvió a ochenta familias y trescientos niños, con la ayuda de más de seiscientos cincuenta voluntarios.

Cruza la calle

Dos días a la semana, los voluntarios recorren el barrio para conocer a las personas mediante un programa llamado Cross the Street (CTS)

---

[7] Robert D. Lupton, *Compassion, Justice and the Christian Life: Rethinking Ministry to the Poor* [Compasión, justicia y la vida cristiana: reconsideración del ministerio a los pobres] (Ventura, CA: Regal Books, 2007), anteriormente publicado como *And You Call Yourself a Christian* [Y tú te llamas cristiano].

[Cruza la calle]. De seis a ocho voluntarios se reúnen en una casa del vecindario y durante unos noventa minutos aproximadamente, interaccionan activamente con los miembros de la comunidad en una conversación real y significativa.

Estudio bíblico comunitario

Después de recorrer el vecindario durante el programa Cross the Street, los voluntarios se reúnen para un Community Bible Study (CBS) [Estudio bíblico comunitario]. Se lleva a cabo en los hogares de las familias de FPSE y lo dirigen líderes indígenas de la comunidad siempre que sea posible. Estos estudios semanales enseñan sobre los libros de la Biblia con la ayuda de líderes voluntarios de *The Journey*.

Desarrollo económico

Cuando Josh trajo a nuestra atención las necesidades de FPSE, buscamos acercamientos con ellos «fuera de lo estipulado». Una de las ideas que surgió de ese concepto fue hacer que nuestros grupos comunitarios fueran a FPSE en misión. Inauguramos un nuevo culto en un espacio de renovación reciente en nuestro campus al sur de la ciudad, e invitamos a quince de nuestros grupos a que se comprometieran con este servicio. El propósito era que adoraran juntos tres fines de semanas al mes y sirvieran en FPSE el restante. Queríamos poder decir una vez al mes: «La iglesia ha salido del edificio».

La primera *Community Work Day* [Jornada laboral comunitaria] fue un éxito rotundo. Tras consultar con una guardería que tenía una inmensa lista de mejoras físicas necesarias, se estableció el programa. Más de ciento cincuenta voluntarios trabajaron durante todo aquel domingo cambiando ventanas, pintando habitaciones, colocando alfombras, diseñando el jardín y construyendo un patio de juegos para la guardería. En total, aquel día se donaron más de treinta mil dólares en trabajo y materiales. Estas mejoras no solo aportaron una sensación de satisfacción a los voluntarios y gente de FPSE, sino que muchos que no habían tenido ninguna conexión anterior con ese vecindario vieron de primera mano las necesidades de esta comunidad sufriente. La jornada laboral también transmitió el mensaje de que FPSE es un colectivo de personas que luchan por revivir y cuidar de su comunidad.

El futuro incluye más días laborales para ayudar a los propietarios a mantener sus casas y mejorar el vecindario mediante proyectos de embellecimiento. En el momento en que escribo este libro, hay planes en marcha para establecer una cafetería con venta de donas o rosquillas en el barrio con el fin de proporcionar empleos y un refugio seguro para que se desarrollen auténticas relaciones orientadas a la comunidad. La meta suprema es fortalecer los vecindarios para que se conviertan en comunidades económica y saludablemente sostenibles.

Amar a Dios y al prójimo

Mission: St. Louis no es perfecta. Costó años de intentos fallidos llevando a cabo cualquier ministerio de misericordia imaginable antes de percatarse de que se necesitaba algo más específico no solo para FSPE, sino también para *The Journey*. «Necesitábamos enfoque, dirección», explicó Josh. «Teníamos todo el corazón necesario y ningún ojo para ver lo que teníamos en nuestro propio patio trasero. Una vez Dios nos encendió la luz y fuimos capaces de ver que nuestros recursos se utilizan mejor en relaciones a largo plazo, y hemos sido capaces de, al menos, llamar la atención hacia las luchas de vivir en FPSE, y podemos servir a algunas familias desde la motivación del evangelio».

Resulta tentador para las iglesias concentrarse *en* justicia social *o* en la evangelización. Después de todo, los cristianos se inclinan hacia lo uno o lo otro como principal expresión del evangelio. Sin embargo, este fomenta ambas cosas; ha de ser la justicia social y la evangelización. Tiene que ser amar a Dios y al prójimo. Es un enfoque difícil de llevar adelante. *Mission: St. Louis* ha permanecido firmemente en la tensión, empleando a personal que representa ambos extremos del espectro. Algunos están orientados a la evangelización, mientras que otros lo están a la justicia social. Los resultados han sido prometedores. Al cerrar esta sección sobre la misión de Dios, quiero que conozcan a un residente veterano de FPSE. El señor Ben Jefferson (se ha cambiado el nombre a petición suya) es un hombre no muy distinto al apóstol Pablo en muchos sentidos. Su vida estuvo marcada por la hostilidad hacia el evangelio y todo aquel que abogara por él. Era un rebelde que no respondía a nadie y hacía lo que le venía en gana, cuando quería.

Entonces conoció a Jesús. Esta es su historia.

En realidad, el relato no comienza con Ben Jefferson, sino con un voluntario de *Mission: St. Louis* llamado James Allen. James se unió a la misión porque le gustaba la idea de entrar en la parte quebrantada de la ciudad, y tenía esperanzas de participar en su restauración. Entró en FPSE como voluntario para «Cruce la calle» con una visión del ministerio ligeramente mejor que la de un redomado optimista y con gafas color de rosa firmemente sujetas a la cara. Como hombre blanco de mediana edad que vende accesorios (*widgets*) para vivir, James es en muchos sentidos la última persona que uno esperaría ver caminando por las calles de FPSE. Si el color de su piel no lo destacara, el protector de su bolsillo sí lo haría. (¡Sí, de veras que lleva un protector de bolsillo!).

Sin embargo, James aprendió rápidamente que una cosa es valorar el desarrollo comunitario en la mente de uno, y otra totalmente distinta hacerlo con el pie, mientras patea algunas de las calles más peligrosas de la ciudad. «James me dijo que sentía un pánico de muerte cuando comenzó a caminar por las calles de FPSE», admite el pastor Josh. «Temía por su integridad física, claro está, y después de conocer a Ben Jefferson, también por su seguridad espiritual», añade Josh riéndose.

Pero a James no le apetecía reír entonces. Se encontró con Ben Jefferson en uno de los paseos que solía hacer dos veces a la semana por aquel vecindario. Ben era una presencia formidable en el barrio. Ya avanzados los sesenta, era famoso por su fuerte personalidad que es una forma suave de decir que Ben tenía la boca de un marinero francés y que insultaba a gritos a cualquiera que se acercara demasiado a su propiedad. Como un viejo centurión gruñón, se pasaba toda la primavera y el verano sentado en su porche, custodiando su propiedad, dando pequeños sorbos a su vodka puro o a la ginebra, y fumando Kools. Una verja cerrada con llave junto a la acera, también mantenía a raya a los posibles intrusos frente a la casa de Ben.

Cuando James se familiarizó con el barrio se dio cuenta de que Ben estaba siempre en el porche, independientemente del día o de la hora en que pasara por allí. Decidió entablar una conversación con él. «Hola, amigo. Me llamo Jim. Me gustaría hablar con usted acerca de Dios», le dijo. Fue una valiente línea de apertura que se encontró con una respuesta aun más atrevida por parte de Ben. «¡Usted no quiere hablarme acerca de Dios —rugió Ben—, porque yo soy el diablo!». James casi se ensucia en los pantalones, pero incluso en ese momento de temor y desazón, sabía que volvería.

Pidió información en el barrio acerca de Ben y descubrió que su mujer lo acababa de abandonar. Tenía seis o siete hijos y nietos, veintitantos entre unos y otros. Había sido adicto al crack y a la cocaína durante veinticinco años al menos, y también era alcohólico. No tenía trabajo, estaba esclavizado por sus malos hábitos y peores elecciones, y airado. James siguió pasando por la casa de Ben dos veces por semana y en cada ocasión intentaba iniciar una conversación con él acerca de Dios. Era recibido con insultos y una de las veces le lanzó una botella de ginebra vacía. Sin amilanarse, James siguió buscando tener una conversación significativa con aquel hombre.

Tres meses después le sorprendió que Ben casi le diera permiso para abrir la verja y entrar en su jardín. James aprovechó la ocasión. No se le permitió llegar al porche, por supuesto, pero una victoria menor seguía siendo un triunfo en la mente de James. Los dos hombres entablaron una vaga conversación sobre la razón por la que este se encontraba en aquel vecindario, y sobre asuntos generales con respecto a la espiritualidad y a la Biblia. James se marchó alentado. En su siguiente visita, Ben lo invitó al porche y mientras hablaban, James pudo testificar sobre la historia de la transformación de su propio corazón al encontrarse con Jesús. En el transcurso de la conversación, James percibió que Ben aflojaba y que su lenguaje se volvía más personal y vulnerable, permitiéndole atisbar en el interior del desastre de vida de aquel cascarrabias. ¡Fue hermoso!

James se enteró de que Ben era un hombre profundamente herido. Echaba de menos a su esposa. Se sentía sumamente decepcionado y en extremo preocupado por la integridad física y la salud de sus hijos, enredados en el tráfico de droga. Anhelaba volver a tener trabajo. Estaba cansado de ser esclavo del crack y del alcohol. En resumen, estaba destrozado. Su ruda apariencia era el resultado de malas elecciones, rebeldía, amargura, adicción, ira, escepticismo y desesperanza. Cuanto más hablaba, más consciente era James de que Ben necesitaba algo más que un buen amigo, un buen consejo y alguien que lo escuchara. Todo esto era importante, pero lo que necesitaba era un rescate. Mejor dicho, Ben precisaba a un Rescatador.

James compartió, pues, el evangelio, el verdadero evangelio de la gracia. Habló sobre cómo podemos experimentar la liberación de nuestro pecado y malas elecciones, gracias a lo que Jesús hizo en la cruz. Le explicó que el cristianismo no se trata de la cantidad de cosas buenas que podamos mostrar para agradar a Dios, sino de aquel que vivió una vida de perfecta obediencia, porque nosotros éramos incapaces de hacerlo; aquel que asumió la muerte en nuestro lugar para que pudiéramos conocer el amor de Dios de forma objetiva y experimentar el perdón de manera subjetiva.

En medio de la conversación, en algún lugar profundo de su mente y más hondo aún en su corazón, Ben tiró la toalla. Había tocado fondo. Se bajó de la rutina del autoesfuerzo, reconoció su maldad y como un niño que necesita consuelo cuando se raspa la rodilla, aceptó el fuerte y consolador abrazo de su Padre.

Las cosas empezaron a cambiar rápidamente para Ben. La llama del evangelio no solo se encendió en su cabeza y en su corazón, sino que prendió también en sus huesos. Como Jeremías, sintió el llamado a hacer algo con la salvación que había experimentado. A los cuatro meses Ben estaba completamente sobrio (¡y sigue estándolo!), su esposa volvió con él, encontró un empleo, empezó a asistir a *The Journey* semanalmente, y leía la Biblia con voracidad. «He oído hablar de Génesis y de Apocalipsis —decía con una sonrisa—, ¡pero desconozco todo lo que hay entremedio!».

Ben también hizo una conexión inmediata entre su nuevo amor por Jesús y el que había sentido durante largo tiempo por su vecindario. Le planteó una idea a *Mission: St. Louis*: «Es necesario que traslademos ese estudio bíblico a mi casa», le soltó un día con toda naturalidad a Josh. Y eso fue lo que ocurrió. Había nacido un líder indígena y acogía a diez personas cada martes en su casa para el estudio bíblico. Empezó con Ben, una pareja de vecinos, y todo un montón de jóvenes blancos del seminario. Una noche, después de que unos cuantos vecinos más de FPSE aceptaran su invitación, Ben habló al grupo como un encendido profeta. «Lo que estamos haciendo aquí no tiene sentido alguno si estos blancos siguen viniendo aquí y recorren las calles, encontrándose con las personas y nosotros no hacemos lo mismo». Había lanzado el guante. Y el barrio respondió. El estudio bíblico creció. En pocos meses, la casa de Ben ya no tenía capacidad para todos los que asistían los lunes por la noche. «Había gente de pie en el porche, escuchando y mirando a través de las ventanas abiertas», describe el pastor Josh. «Era hermoso». En el momento de escribir estas líneas, el estudio bíblico de FPSE cuenta con setenta y cinco asistentes los lunes y martes por la noche.

La vida no ha sido fácil para Ben desde su conversión. Su salida del reino de la muerte para entrar en el de la luz no ha tenido como resultado una vida ordenada y cómoda. El matrimonio sigue siendo una lucha en algunas ocasiones. Sigue sobrio, pero sus hijos no han dejado sus adicciones. Los compañeros voluntarios de *Mission: St. Louis* llegaron a llamarle la atención por haber arremetido con demasiada dureza contra algunos de los delincuentes del vecindario a los que intenta alcanzar: ¡qué ironía! La vida no es perfecta para Ben. Pero es *vida*. Una vida real, con propósito, con relaciones relevantes, libertad y perdón de los pecados, y la satisfacción que le embarga a uno cuando se da cuenta de que sus malas elecciones, e incluso sus buenas obras, no tienen la palabra final en cuanto a cómo acabará todo. Jesús es quien tiene la última palabra. Y Ben le pertenece.

17

La esperanza de la misión: la transformación de la ciudad

Mi amigo Matt Carter[1] y yo hablamos a menudo de nuestro deseo de ser «buenos predicadores en grandes iglesias» en lugar de ser «grandes predicadores en una buena iglesia». Esta distinción es el deseo del corazón de los hombres de *Acts 29*: mostrar la belleza del evangelio a través de la iglesia y no solo los dones de comunicación del pastor[2]. En la misma línea, no solo deseamos tener grandes iglesias, sino mejores ciudades. «¿Lloraría su ciudad si su iglesia no existiera?». Esta es una de las preguntas más inquietantes y desafiantes que he tratado a lo largo de los últimos años. Muchas de nuestras iglesias indican en las declaraciones de misión que su deseo es ser una iglesia no solo *en* la ciudad, sino también *para* ella.

La realidad es que algunos llorarían en nuestras ciudades si nuestras iglesias no estuvieran en ellas... ¡derramarían lágrimas de alegría! Ni siquiera en su forma más pura ven a la iglesia como una bendición para su ciudad, sino más bien como una maldición. Esta es la realidad a la que se enfrentaron Pablo y Silas cuando llegaron a Tesalónica. Pablo predicó a los judíos que se habían reunido en la sinagoga sobre el enfoque central del Antiguo Testamento: el sufrimiento y la resurrección de Cristo[3]. La exégesis de las Escrituras centrada en el evangelio que el apóstol presentó hizo que muchos vinieran a la fe ese día, que es lo que suele ocurrir cuando se expone a Cristo como el héroe de la Biblia. Sin embargo, otra consecuencia de esta clara predicación centrada en el evangelio fue el disturbio que surgió a continuación, y varias personas de aquella gran ciudad quisieron matar a Pablo y a Silas[4].

---

[1] Matt es el pastor de una iglesia de *Acts 29* llamada *Austin Stone Community Church*; http://www.austinstone.org.

[2] *Cf.* Efesios 3:10: «El fin de todo esto es que la sabiduría de Dios, en toda su diversidad, se dé a conocer ahora, por medio de la iglesia, a los poderes y autoridades en las regiones celestiales».

[3] Hechos 17:1-4.

[4] Hechos 17:5-10.

Reconozco, desde luego, que cuando la iglesia proclama con claridad la verdad de la Palabra de Dios, muchos en nuestras grandes ciudades nos odiarán y nos desearán la muerte por declarar el evangelio. Mi propósito en este capítulo es hablar desde el otro lado de la ecuación: aunque nuestra declaración del evangelio, mediante la proclamación, pueda provocar un disturbio en nuestra ciudad, nuestra declaración del mismo, mediante la demostración, puede hacer que la gente acabe apreciándolo.

Realidades de ciudad

Consideremos algunos hechos acerca del funcionamiento de las ciudades de hoy por todo el globo. El crecimiento de las mismas es uno de los cambios más sobresalientes de los últimos siglos.

Alrededor de la mitad de la población mundial vive en la actualidad en ciudades. En 1800, solo un tres por ciento vivía en zonas urbanas[5]. Más de ciento sesenta mil personas se mudan a diario a las ciudades[6].

Hace dos siglos exactamente, solo había dos «ciudades millonarias» en el mundo (es decir, ciudades con un millón o más de habitantes Londres y Beijing (Pekín). Hacia 1950, eran ochenta; hoy son más de trescientas. La mayoría de ellas se encuentran en África, Asia y América Latina, y muchas de ellas tienen una población que se ha multiplicado más de diez veces desde entonces. Brasilia, la capital de Brasil, no existía en 1950 y ahora cuenta con más de dos millones de habitantes.

Las megaciudades de más de diez millones de habitantes son un fenómeno nuevo. La primera que alcanzó ese tamaño fue Nueva York, alrededor de 1940. En 1990 había doce megaciudades y en el momento en que se publique este libro, serán veinticinco. Los expertos esperan que alrededor de 2015, el número global de las mismas haya llegado a los cuarenta, de las que veintitrés se encontrarán en Asia. Por el contrario, en 1800, el tamaño promedio de las cien ciudades más grandes del mundo era menor a los doscientos mil habitantes; hoy día supera los cinco millones[7].

---

[5] Véase http://www.prb.org/Educators/TeachersGuides/HumanPopulation/Urbanization.aspx.
[6] Véase http://www.unep.org/geo2000/english/0049.htm.
[7] Véase http://www.ippnw.org/Resources/MGS/V6N2Schubel.html.

Aunque muchos consideran esta tendencia hacia la urbanización como algo perjudicial, y las ciudades son inherentemente sucias y peligrosas, la migración a las mismas es, en realidad, un rasgo positivo de globalización. La concentración de las personas en ciudades proporciona oportunidad para mejorar la salud y la calidad medioambiental. La urbanización es mucho más eficaz en lo que a medio ambiente y a economía se refiere[8].

Postura de la ciudad

Cuando el pueblo de Dios se encontró en una tierra extraña a causa de su pecado, sintió la tentación de evitar involucrarse en la ciudad, de eludir el contagio manteniéndose apartado de la cultura y de la gente de aquella ciudad.

> Así dice el Señor Todopoderoso, el Dios de Israel, a todos los que he deportado de Jerusalén a Babilonia: «Construyan casas y habítenlas; planten huertos y coman de su fruto. Cásense, y tengan hijos e hijas; y casen a sus hijos e hijas, para que a su vez ellos les den nietos. Multiplíquense allá, y no disminuyan. Además, busquen el bienestar de la ciudad adonde los he deportado, y pidan al Señor por ella, porque el bienestar de ustedes depende del bienestar de la ciudad» (Jer 29:4-7).

De este pasaje creo que podemos recoger algunos principios que nos ayudarán en nuestra búsqueda por llevar el evangelio a nuestras respectivas ciudades.

Arráiguese profundamente en su ciudad

Por medio de los profetas, Dios da instrucciones a su pueblo en una ciudad extranjera para que construyan casas donde vivir, huertos y coman de sus cosechas. Edificar una casa es algo que lleva tiempo, como también plantar y cuidar un huerto. Tengo la sensación de que Dios está ordenando a su pueblo que se arraiguen profundamente en la estructura de esa perversa ciudad.

[8] Véase http://www.pubmedcentral.nih.gov/articlerender.fcgi?artid=1118907.

Construir una casa es escoger ser vecino de la gente en la ciudad. Una de las cosas más trágicas que he oído decir, una y otra vez, es que los cristianos no dejan buenas propinas. He hablado con numerosos camareros y camareras a lo largo de los años, y me han confirmado que la gente que menos les gusta son los cristianos porque tienden a ser maleducados, exigentes y roñosos. Si esto es verdad cuando pasamos dos horas comiendo en un restaurante, ¿cómo será en el lugar donde residimos la mayor parte de las horas del día? Si somos malos dando propinas, ¿qué tipo de vecinos somos?

Resulta extraña la manera en que muchos cristianos donan tanto dinero cada año para los esfuerzos de misión en el extranjero, sin considerar siquiera la necesidad de ser un misionero en sus propios vecindarios. ¿Qué ocurriría si empezáramos a vernos como misioneros para la gente que vive a nuestro alrededor, siendo buenos vecinos? ¿Cómo sería si todos en el barrio supieran que si necesitan pacificación, amabilidad, hospitalidad o refugio, podrían venir a nuestra residencia para hallarlo? ¿Qué sucedería si de verdad intentásemos ser sal y luz[9] para aquellos que nos rodean?

La instrucción de plantar un huerto podría aplicarse a nuestra necesidad de participar en «producir» para la ciudad. Una aplicación de esto es que podemos contribuir de verdad en los beneficios culturales de la ciudad participando en el terreno de lo que convierte a la ciudad en ciudad. Tal como observa Richard Mouw, «la directriz de "llenar la tierra" (Gn 1:28) no es principalmente un mandato de reproducción. "Llenar" la tierra es una actividad cultural»[10]. Este mandamiento nos indica que cultivemos la materia prima de la tierra y la sometamos ejerciendo dominio sobre ella, mediante el desarrollo de una cultura que glorifique a Dios. Este es el corazón de lo que significa ser cristiano de cultura: participar en la creación y la evolución de relaciones, organizaciones, academias, gremios y negocios que glorifiquen a Dios.

Consideremos los alcances de esto. Cuando los cristianos inician negocios, pueden proporcionar empleos a la gente de la ciudad, a la vez que les proporcionan productos y servicios que hacen que puedan disfrutar de la vida. Cuando los cristianos trabajan en el

---

[9] *Cf. Mateo 5:13-16.*
[10] Citado por Henry R. Van Til en *The Calvinistic Concept of Culture* [El concepto calvinista de la cultura] (Grand Rapids: Baker, 1972), xiii.

mundo académico, pueden influir en los jóvenes, hombres y mujeres, que serán los que muevan y sacudan la ciudad en las generaciones siguientes. Cuando los cristianos trabajan en empresas y en comunicaciones, pueden estar en el centro de lo que ejerce una influencia desmesurada en nuestras ciudades. La producción cultural equivale a la influencia cultural. «La cultura es, pues, todo tipo de esfuerzo y trabajo humano invertido en el cosmos para desenterrar sus tesoros y riquezas, y ponerlos al servicio del hombre para el enriquecimiento de la existencia humana para la gloria de Dios»[11].

Tenemos la oportunidad de meternos en el terreno mismo que produce los catalizadores de nuestras ciudades, contribuyendo en todos los distintos campos de la cultura. Esto significa que la gente de nuestras iglesias deberían ser catedráticos en las universidades locales, investigadores y médicos en nuestros hospitales locales, músicos en las bandas locales, artistas en las galerías locales, escritores en los medios de comunicación locales y políticos en el gobierno local. Al participar en la cultura, conseguiremos el poder cultural que ahora disfrutan muchos de los que son hostiles a la iglesia. Es probable que mucha gente de la ciudad escuche el mensaje de la iglesia porque los miembros han hecho una profunda inversión de sí mismos en la ciudad. Podemos pasar de protestar sencillamente por todo lo que va mal en la ciudad a aportarle justicia. Podemos dejar de formar parte de quienes son reconocidos buscadores de problemas en la ciudad para ser de los que son famosos por resolverlos.

Multiplíquense en la ciudad

En lo que se ha denominado el mandato cultural, se les dijo a Adán y Eva: «Sean fructíferos y multiplíquense; llenen la tierra y sométanla», es decir que tuvieran hijos, que amaran a Dios y desarrollaran una cultura que glorificara a Dios[12]. Ciertamente, era un mandamiento hasta cierto punto exclusivo para Adán y Eva como primeros padres de la raza humana, sin que esto significara que todas las familias deberían ser grandes. Sin embargo, es interesante que Dios dé instrucciones a su pueblo por medio de Jeremías a que tengan hijos

---

[11] Van Til, *The Calvinistic Concept of Culture* [El concepto calvinista de la cultura], 29-30.
[12] Génesis 1:28.

en una ciudad hostil como forma de influenciarla positivamente. ¿Podría ser que una de las formas principales en que podemos influir en nuestra ciudad sea teniendo más hijos, y que no solo sean más, sino que amen a Dios y sirvan a la ciudad?[13].

Con anterioridad Ethan Burmeister, padre de dos hijos, habría dicho lo segundo, pero dos años después de un «proceso», Dios le habló sobre las bendiciones de los hijos y ahora celebra con su esposa y sus *cuatro* hijos el gozo de la bendición de Dios. He aquí su historia:

La Biblia dice que los hijos son una bendición. Yo reconocí este hecho de forma intelectual y teológica después de tener dos hijos, pero no lo creía de verdad. La forma en que yo actuaba, mi estructura fundamental de creencias y los patrones funcionales principales mostraban que yo era en verdad un secularista y creía que los hijos eran una maldición. Yo tenía dos hijos extraordinarios. Hermosos ojos azules, rubios rizos, y llenos de energía. Era suficiente. El sueño americano. ¿Para qué tener más? Si se analizaban las razones prácticas que yo podía dar, como el tiempo y el dinero, no sonaba mal. Sin embargo, yo tenía una lente que en realidad se basaba en las conveniencias personales, la comodidad, y, francamente, quería limitar mis inconvenientes.

Llevaba cuatro años de casado con una hermosa esposa, teníamos dos hijos, una hipoteca, acababa de plantar una iglesia nueva y estábamos muy ocupados. Cuando mi mujer me preguntó cuántos hijos más quería tener, le devolví la pregunta. Contestó que quería adoptar algún día, pero que se sentía muy satisfecha como estábamos. Me pregunté a mí mismo: «Seguimos bajo el plan de seguro médico de nuestra anterior iglesia, de modo que ¿por qué no *hacerlo*?». Tenía amigos que decían que era la clave para buenas relaciones sexuales. No más preocupaciones, inconvenientes, preguntas, protecciones… ¡pero todo parecía tan permanente!

Llamé para pedir una cita. Me dijeron que era un proceso rápido. Uno va tal como está, y cuarenta y cinco minutos después se encuentra afeitado, rapado, lacerado, empaquetado en hielo y a la calle… cojeando. La mañana del evento, mi esposa me preguntó: «¿Estás seguro? Me están entrando dudas». Las esposas pueden ser

---

[13] No digo que todo el mundo debería tener un cierto número de hijos, ni que uno sea más espiritual por tenerlos. Para un buen debate sobre este asunto del control de la natalidad, véase la pregunta 9 del libro de Mark Driscoll *Religion Saves* [La religión salva] (Wheaton, IL: Crossway, 2009).

tan temperamentales. Era evidente que estaba teniendo una reacción emocional y que deberíamos seguir adelante con la sensata decisión tomada unas semanas antes.

Recibir un golpe accidental en los genitales durante un acontecimiento deportivo es una cosa. Todos los hombres saben de lo que hablo: el pase te toma por sorpresa y te pega duro —demasiado abajo— el impacto. Luego —lo esperas, todavía no, ¡AHORA!— un dolor fulgurante recorre tu sistema nervioso, el reflejo involuntario de taparte unos segundos más tarde, y el residuo de una sensación persistente de náusea mientras la visión se te va haciendo cada vez más gris y te preguntas si vas a perder el conocimiento. Los accidentes son una cosa, te pillan por sorpresa, no los ves venir. Pero ir voluntariamente para un jeringazo masivo en la ingle, con cuchillos y todo, es diferente. Yo soy la clase de tipo que no quiere ni las llaves del coche en el bolsillo por la proximidad. Recuerdo haber llegado al estacionamiento no solo *sabiendo* lo que me esperaba, sino *pidiéndoles* que lo hicieran y pagándoles por ello. ¿Acaso había perdido el juicio? «Yo amo de verdad a mi esposa», me dije a mí mismo al poner un pie en la clínica.

Me condujeron a una habitación bañada de una luz blanca. Era como una cena en casa de Hannibal Lecter. Una mesa de acero inoxidable cubierta con una sábana blanca especialmente para mí, el invitado, preparada con los utensilios de la comida, todo listo para empezar. La enfermera me asustó. Era lo bastante mayor como para ser mi abuela. Caminaba pavoneándose como Steve McQueen en *Los siete magníficos*. En mi memoria, recuerdo su rostro y un gruñido. Se ocupó minuciosamente del «trabajo de preparación». El temor se apoderó de mí al sentir la tentación de hacer una pausa, y empezaron a dirigir todas las luces a mi sección media. Empecé a tener sudores fríos.

En ese momento oré sinceramente pidiendo protección contra las fuerzas del mal. Cuando todo comenzó, empecé a sentirme angustiado, pero me giré como un ciervo que se entrega a los cazadores que hurgan en su carne. Las enfermeras podían percibir mi aprensión y comenzaron a parlotear sobre el tiempo y otras bromas. ¿Por qué lo hacen? ¿Alguna clase sobre cuidados al paciente incluye esto? Boletín informativo: hablar del tiempo o de golf no hace que una operación en tus partes privadas salga mejor. El doctor incluso comenzó a contar chistes mientras cauterizaba los conductos y el humo empezó a flotar en el aire. ¿Me engañaban mis ojos? ¿Era la medicación? ¡Mi entrepierna estaba ardiendo! Yo me tenía por un buen amante para mi esposa, pero nunca me había pasado nada igual. A continuación, fui renqueando hasta mi auto y, suavemente, con una S mayúscula, me senté.

Dos años después estaba sentado en mi oficina, estudiando el relato de la creación en Génesis. Dios creó el mundo en esplendor y majestad. Colocó a nuestro padre Adán en el jardín con todos los animales, pero no se encontró ayuda idónea para él. Dios le dio a su hijo una hermosa esposa. Le dio una misión a la pareja y emitió el mandato cultural a la humanidad, ordenándole que fueran fructíferos y se multiplicaran. La palabra «fructíferos» saltó de la página. Estos momentos de claridad y poder no ocurren todos los días. Percibí una reseña personal en los pensamientos que vinieron a mi mente. «Me importan los niños. Son una bendición y no una maldición. La decisión que tomaste no salió de la oración ni de la fe, sino de la conveniencia. Has cortado uno de los principales medios de mi bendición sobre tu vida». No creo que esta sea la aplicación para todas las parejas en todas las situaciones, y la vida no se nos entrega en una caja con un manual de instrucciones; Dios me hablaba a mí personalmente. Me sentí embargado por la vergüenza y la esperanza al mismo tiempo. Cuando le conté a mi esposa la sensación que había tenido, me respondió llorando: «Hace meses que vengo sintiendo lo mismo, pero esperaba que Dios te lo dijera porque necesitabas oírselo a él».

Una cosa es arrepentirse y admitir que has cometido un error, y otra tener que pagar miles de dólares y tener que ser operado en tu parte más vulnerable para mostrar el fruto de tu arrepentimiento. Obtuvimos el importe exacto que necesitábamos de la devolución de la declaración de impuestos de aquel año, y encontramos a un especialista de fama mundial que «casualmente» tenía su consulta a unas cuantas cuadras de nuestra casa.

Cuando presenté a nuestra hija Anna en la iglesia, un año más tarde, expliqué que Anna significa «Dios es misericordioso». También tenemos un hijo llamado Samuel, que quiere decir «Dios oye».

Cuatro hijos son muchos para manejarlos en un contexto urbano y la vida no ha sido más fácil, pero me siento lleno de un gozo indecible por la decisión que tomamos y por las bendiciones de Dios sobre nosotros mientras lo seguimos. Jim Elliot, misionero y mártir, declaró que los hijos son flechas en una aljaba, y que deben ser entrenados como misioneros y disparos al diablo. Espero que mis dos niños y mis dos niñas sean grandes para Dios como extensiones del reino para un mundo perdido y moribundo.

Sé una bendición en la ciudad

«Además, busquen el bienestar de la ciudad adonde los he deportado, y pidan al SEÑOR por ella, porque el bienestar de ustedes depende del bienestar de la ciudad» (Jer 29:7).

En su primera epístola, Pedro desafió a sus lectores, perseguidos por su fe, a que aceptaran la realidad de que eran residentes extranjeros, peregrinos en la hostil ciudad de Roma. Eran «residentes temporales y exiliados» que significa que debían aferrarse a los distintivos de su fe en el contexto de la cultura en la que se hallaban. Debían permanecer leales a la verdad, aunque centrándose en el bien de la ciudad. Aquí vemos esta paradoja:

> Queridos hermanos, les ruego como a extranjeros y peregrinos en este mundo, que se aparten de los deseos pecaminosos que combaten contra la vida. Mantengan entre los incrédulos una conducta tan ejemplar que, aunque los acusen de hacer el mal, ellos observen las buenas obras de ustedes y glorifiquen a Dios en el día de la salvación (1 P 2:11-12).

Pedro está diciendo a la iglesia que se abstenga de los deseos de la carne (sin duda provocados y alentados por la ciudad) manteniendo una conducta santa entre los moradores de la ciudad. Desafía a la iglesia a que no se acomoden a la cultura, sino que sean contraculturales y distintos en todo su comportamiento. Al vivir de un modo claramente cristiano, la iglesia será perseguida como aquel a quien intentan emular. Independientemente de lo puras que sean nuestras motivaciones, del bien que hagamos, de lo amable y compasivo que sea nuestro servicio, la iglesia será perseguida exactamente como lo fue su Salvador[14].

Asimismo, Pedro afirma que una de las formas en las que el evangelio avanza en una ciudad hostil es cuando la iglesia hace «buenas obras». En contexto, estas «buenas acciones» parecen referirse a ser un buen ciudadano. Pedro declara que cuando la iglesia mantiene una vida del reino valiente, generosa y virtuosa, los ciudadanos quizás querrán conocer al Rey que ha inspirado tales actos[15]. Esto significa que cuando encontremos una cultura, procuremos ser una bendición para la gente que esté dentro de ella. Poseemos una identidad única y distinta como quienes han sido bañados por la gracia; por tanto, intentemos cubrir la ciudad con gracia mientras sirvamos de forma sacrificial y trabajemos en ella.

Jeremías parece decir que al procurar el pueblo de Dios el bienestar o *shalom* de la ciudad, esta los beneficiará. Casi con toda seguridad se está refiriendo a favores sociales y económicos. Jeremías, pues, no solo está afirmando que deberíamos procurar el bienestar espiritual de la ciudad, sino también el financiero y el social. Al parecer, lo que Jeremías y Pedro están diciendo es que los del pueblo de Dios deben ser extraordinarios ciudadanos de sus perversas ciudades. Pueden conseguirlo porque son extranjeros, distintos y apartados de los valores no bíblicos de la ciudad, pero comprometidos y conectados con los elementos comunes de gracia dentro de la ciudad, esperando convertirla en un buen lugar para todos los ciudadanos.

Ser una bendición para la ciudad significa que no adoptamos la cultura, limitándonos a imitar su estilo de vida. Este fue el plan de los babilonios para el pueblo exiliado de Dios. Lo vemos con mayor claridad en el caso de Daniel y sus amigos. Intentaron obligarlos a adoptar su cultura dándole buena comida y adoctrinándolos en su filosofía y religión[16]. Asimismo, les cambiaron el nombre.

---

[14] Para más información sobre la iglesia perseguida, véase http://www.persecution.com.

[15] Richard Mow observa que, a causa de la gracia común, incluso los no redimidos sienten «impulsos hacia la justicia y se esfuerzan por el bien común». Citado por Van Til en *Calvinistic Concept of Culture* [El concepto calvinista de la cultura], xiii.

[16] Daniel 1—2.

Figura 17-1

Daniel: Dios es mi juez	Beltsasar: guardián de los tesoros de Bel
Ananías: Yahvé es Dios	Sadrac: inspiración del sol (adoración del sol)
Misael: el que pertenece a Dios	Mesac: de la diosa Shaca (adoración de Venus)
Azarías: Yahvé ayuda	Abednego: siervo del fuego

No solo les cambiaron los nombres a estos jóvenes de Dios, sino que les pusieron nombres de dioses babilonios. Sin duda era una táctica para que perdieran su identidad espiritual como adoradores del único Dios verdadero, y empezaran a construir otra nueva basada en deidades paganas. De una manera muy similar, la ciudad nos presiona para que adoptemos su cultura, sus doctrinas y sus dioses. Las buenas nuevas del evangelio es que no tenemos que comprometer la verdad bíblica con el fin de ser una bendición para la ciudad.

No quiere decir que formemos un enclave y nos retiremos de la ciudad para ser puros, y ser así una bendición para la ciudad. Este era el plan de los falsos profetas para el pueblo exiliado de Dios en Jeremías 28, cuando Ananías profetizó falsamente que el exilio solo duraría dos años (y no setenta como Jeremías había anunciado). La idea era que el pueblo desistiera de echar raíces profundas en la ciudad como Dios había ordenado. Del mismo modo, habrá una presión tremenda sobre nosotros para que nos limitemos a crear una subcultura en la ciudad y evitemos así el dolor y los problemas de la misma. Las buenas nuevas del evangelio es que podemos entrar en la cultura de la ciudad y convertirnos en agentes de transformación.

Ser una bendición para la ciudad significa que nos tomamos en serio sus problemas. El evangelio no necesita ser únicamente de palabra, sino también de hechos[17]. Indudablemente tenemos que ser fieles a los credos que definen la ortodoxia histórica, pero también necesitamos hechos motivados por el evangelio si debemos proclamarlo fielmente. Richard Stearns argumenta que cuando Jesús reinterpretó la profecía mesiánica de Isaías 61 en Lucas 4:18-19 estaba diciendo que el mensaje del reino no era menos que la proclamación de las buenas nuevas para la conversión personal, sino mucho más. Significaba ayudar al enfermo, «dar vista a los ciegos», traer justicia, dar

---

[17] 2 Juan 3:18.

«libertad a los oprimidos». Stearns, presidente de World Vision, lo expresa de este modo:

> Proclamar todo el evangelio [...] abarca una compasión tangible por el enfermo y el pobre, así como justicia bíblica, esfuerzos para corregir los errores tan imperantes en nuestro mundo. Dios se preocupa de las dimensiones espirituales, físicas y sociales de nuestro ser. La totalidad del evangelio constituye, en verdad, buenas nuevas para los pobres y es el fundamento para una revolución social que tiene el poder de cambiar el mundo. Y si esta fue la misión de Jesús, también es la de todos los que afirman seguirlo. Es mi misión, es la misión suya y es la misión de la iglesia[18].

La base del deseo cristiano de que la ciudad se renueve en lo cultural, lo social y lo espiritual está arraigada en el pasado por medio de la resurrección de Jesucristo, y en el futuro de todos los creyentes en él. Esta es un anticipo de lo que Dios quiere hacer. No quiere tirar sencillamente lo viejo e introducir algo nuevo, sino hacer algo nuevo mediante la restauración de lo viejo. Jesús no se despojó de su cuerpo, y los creyentes no se desharán del suyo a favor de algo nuevo. El antiguo cuerpo es restaurado y mejorado. Lo mismo ocurrirá con este mundo material. «Dios no está ideando destruir por completo este mundo presente y construir desde cero uno nuevo y flamante, sino que planea un proyecto radical de renovación para el mundo en el que vivimos hoy. La Biblia nunca dice que todo se quemará y será reemplazado, sino que todo será purgado a través del fuego y restaurado»[19]. Por tanto, cuando demostramos misericordia y justicia, no solo damos testimonio de nuestras vidas cambiadas por la resurrección, sino que le indicamos a la gente la consumación de la resurrección, que es la renovación de este mundo material. Al vivir una vida distinta y generosa, testificamos que Jesús resucitó en el pasado,

[18] Richard Stearns, *The Hole in Our Gospel: What Does God Expect of Us? The Answer that Changed My Life and Might Just Change the World* [El agujero en nuestro evangelio: ¿qué espera Dios de nosotros? La respuesta que cambió mi vida y que podría cambiar el mundo] (Nashville, TN: Thomas Nelson, 2009), 22.
[19] Tullian Tchividjian, *Unfashionable: Making a Difference in the World by Being Different* [Pasado de moda: cómo marcar la diferencia en el mundo siendo diferente] (Sisters, OR. Multnonah, 2009), 52. Tullian se basa en el estudio de Thomas Schreiner sobre 2 Pedro 3:10 en Crossway's *ESV Study Bible*, 2422-2423 para fundamentar este punto.

pero que está obrando continuamente en el mundo, y se puede ver en nuestros hechos como iglesia de Dios.

Las tres partes de este libro se titulan «El hombre», «El mensaje» y «La misión». Hemos visto cuidadosamente todo lo que estas secciones significan para aquellos de nosotros que seamos lo suficientemente valientes (o estemos lo bastante locos) para afrontar los desafíos del ministerio, seamos los bastante fuertes para no abandonar, y lo suficientemente débiles para saber que es imposible hacerlo sin el poder absoluto de Dios que obre en nosotros y por medio nuestro. Sin embargo, al acabar, es importante considerar otro significado para el título de estas secciones.

Jesús es «el Hombre». La capacidad que tenemos de convertirnos en los hombres que Dios nos ha llamado a ser depende de nuestra entrega al Hombre que tiene un carácter perfecto. Todo lo que esperamos para los hombres que dirigen nuestras iglesias se encuentra en la vida perfecta de nuestro Señor.

Jesús es «el Mensaje». El poder para que otros cambien está arraigado en el evangelio que rescata al pecador y hace crecer al santo. Todo lo que necesitamos saber, experimentar y proclamar se halla en la persona y la obra de Cristo.

Jesús es «la Misión». La esperanza que tenemos de que este mundo cambie está enraizada en la resurrección que faculta a la iglesia para vivir y proclamar el evangelio, pero también proporciona una vista previa al mundo de cómo Dios hace nuevas todas las cosas. Nuestra única esperanza para un mundo roto y acelerado es la restauración, y nuestra única esperanza para ello se encuentra en aquel que conquistó para siempre los efectos radicales del pecado por medio de su resurrección.

El apóstol Pablo lo expresa muy bien en su alentadora carta a la iglesia de Filipos. Toda su meta en la vida y su propósito para la misión descansaban en la resurrección: «A fin de conocer a Cristo, experimentar el poder que se manifestó en su resurrección, participar en sus sufrimientos y llegar a ser semejante a él en su muerte. Así espero alcanzar la resurrección de entre los muertos» (Fil 3:10-11).

La resurrección capacita al hombre para que sea apto, autentifica el mensaje y por medio de la resurrección, ofrece una vista preliminar de la esperanza de que este mundo puede ser renovado y que será restaurado.

Soñar con la ciudad

¿Qué ocurriría si nuestras ciudades estuvieran plagadas de nuevas iglesias en todos los barrios? ¿Qué sucedería si los pastores pusieran de verdad el evangelio y la iglesia por encima de su comodidad, su ego y sus preferencias? ¿Qué pasaría si gastáramos menos energía intentando hacer que la gente se sienta más cómoda, y más en explicar el evangelio? ¿Qué acontecería si hombres y mujeres fuertes y piadosos fueran alentados a utilizar sus dones en la iglesia, sabiendo que Dios es capaz de trazar líneas rectas con palos torcidos? ¿Qué acaecería si los pastores fueran en verdad aptos en su carácter? ¿Qué ocurriría si el pueblo de Dios tuviera verdaderamente alguien a quien mirar e imitar? ¿Qué sucedería si el pueblo de Dios se diera cuenta de que el papel del pastor consiste en prepararlos para que ellos lleven a cabo el ministerio en lugar de ministrar por ellos? ¿Cuántas cosas iniciaría el pueblo de Dios sin ánimo de lucro para llegar a las zonas deprimidas de la ciudad? ¿Cuántos niños en situación de riesgo se apadrinarían y cuántos adolescentes sin padres tendrían orientadores? ¿A cuántas madres solteras podrían apoyarse? ¿Cuántos inmigrantes recurrirían a la iglesia como lugar de ayuda y esperanza? ¿Cuánta más gracia de Dios entenderíamos si sirviéramos a los pobres y los marginados de forma sacrificial? ¿Cuánta gente perdida y quebrantada dejaría de ser su propio salvador y confiaría en Jesús?

Terminaré con una historia que me contó un amigo, Dave Ferguson, que pastorea la iglesia *Christ Community Church* de Chicago. En una conferencia en la que ambos fuimos oradores, me contó de una conversación humillante que tuvo con Lyle Schaller, famoso gurú del crecimiento eclesial. Dave (como todo pastor inteligente) estaba aprovechándose de la sabiduría de Schaller, mayor que él y experimentado, para ver cómo podría su iglesia alcanzar mejor la ciudad de Chicago con el evangelio. Mientras Dave articulaba su visión, Schaller lo interrumpió. «Dave —preguntó—, ¿por qué tengo yo un sueño mayor que el tuyo para la iglesia de tu ciudad?».

Como le ocurrió a Dave, mi corazón sintió la punzada de la convicción al oír la pregunta de Schaller. Lo veía tan claro como el agua. De alguna manera, a través del temor o de la inseguridad, había dejado que mis sueños para nuestra iglesia encogieran. Había dejado de pensar en las cosas ilimitadas que Dios podía hacer y me había dejado distraer por mis propias limitaciones. Oré en ese mismo instante pidiendo a Dios que me perdonara por mi estrechez de miras. Le pedí perdón por mi falta de fe en que Dios podía usar a un hombre como yo para llevar el mensaje del evangelio por medio de nuestra iglesia misionera a nuestra ciudad perdida. Le supliqué que renovara mi corazón y mi mente con una visión más parecida a la de Cristo para nuestra ciudad.

Si está leyendo esto, usted podría estar en el mismo barco. Ya sea que haya pastoreado una iglesia durante años, o que sea un futuro plantador de iglesias que contempla una ciudad necesitada del evangelio, todos podemos aprender del desafío de Schaller. Únase a mí en oraciones de arrepentimiento y renovación para que el evangelio sea predicado y vivido en nuestras ciudades por medio de nuestras iglesias. Amén.

Nos agradaría recibir noticias suyas.
Por favor, envíe sus comentarios sobre este libro
a la direccieon que aparece a continuación.
Muchas gracias.

Vida@zondervan.com
www.editorialvida.com